CONTEÚDO DIGITAL PARA ALUNOS

Cadastre-se e transforme seus estudos em uma experiência única de aprendizado:

1

Entre na página de cadastro:

https://sistemas.editoradobrasil.com.br/cadastro

2

Além dos seus dados pessoais e dos dados de sua escola, adicione ao cadastro o código do aluno, que garantirá a exclusividade do seu ingresso à plataforma.

1048682A3673512

3

Depois, acesse:

https://leb.editoradobrasil.com.br/

e navegue pelos conteúdos digitais de sua coleção **:D**

Lembre-se de que esse código, pessoal e intransferível, é valido por um ano. Guarde-o com cuidado, pois é a única maneira de você acessar os conteúdos da plataforma.

CB023350

Editora do Brasil

SUZANA D'AVILA
- Mestre em Língua Portuguesa e Linguística
- Professora do Ensino Fundamental e do Ensino Médio de Língua Portuguesa e Literatura Brasileira
- Professora do Ensino Superior

APOEMA

GRAMÁTICA

9

1ª edição
São Paulo, 2020

Dados Internacionais de Catalogação na Publicação (CIP)
(Câmara Brasileira do Livro, SP, Brasil)

D'Avila, Suzana
    Apoema gramática 9 / Suzana D'Avila. -- 1. ed. --
São Paulo : Editora do Brasil, 2020. -- (Apoema)

    ISBN 978-85-10-08312-6 (aluno)
    ISBN 978-85-10-08313-3 (professor)

    1. Gramática 2. Português (Ensino fundamental)
I. Título. II. Série.

20-38248   CDD-372.6

Índices para catálogo sistemático:

1. Português : Ensino fundamental   372.6
    Cibele Maria Dias - Bibliotecária - CRB-8/9427

Direção-geral: Vicente Tortamano Avanso

Direção editorial: Felipe Ramos Poletti
Gerência editorial: Erika Caldin
Supervisão de arte: Andrea Melo
Supervisão de editoração eletrônica: Abdonildo José de Lima Santos
Supervisão de revisão: Dora Helena Feres
Supervisão de iconografia: Léo Burgos
Supervisão de digital: Ethel Shuña Queiroz
Supervisão de controle de processos editoriais: Roseli Said
Supervisão de direitos autorais: Marilisa Bertolone Mendes

Supervisão editorial: Selma Corrêa
Edição: Camila Gutierrez
Assistência editorial: Márcia Pessoa
Auxílio editorial: Laura Camanho
Especialista em copidesque e revisão: Elaine Silva
Copidesque: Gisélia Costa, Ricardo Liberal e Sylmara Beletti
Revisão: Amanda Cabral, Andréia Andrade, Fernanda Sanchez,
Flávia Gonçalves, Gabriel Ornelas, Jonathan Busato, Mariana Paixão,
Martin Gonçalves e Rosani Andreani
Pesquisa iconográfica: Lucas Alves, Odete Ernestina Pereira e Priscila Ferraz
Assistência de arte: Daniel Campos Souza
Design gráfico: Patrícia Lino
Capa: Megalo Design
Imagem de capa: © Appel, Karel/ AUTVIS, Brasil, 2020. Eric Lafforgue/
Art In All Of Us/Getty Images
Pesquisa: Tatiana Lubarino
Ilustrações: Cristiane Viana, Desenhorama, Fabio Nienow,
Jane Kelly/Shutterstock.com (ícones seções), Leonardo Conceição
e Sandra Lavandeira
Editoração eletrônica: Viviane Yonamine
Licenciamentos de textos: Cinthya Utiyama, Jennifer Xavier,
Paula Harue Tozaki e Renata Garbellini
Controle de processos editoriais: Bruna Alves, Carlos Nunes, Rita Poliane,
Terezinha de Fátima Oliveira e Valeria Alves

1ª edição / 3ª impressão, 2025
Impresso na Forma Certa Gráfica Digital

Editora
do Brasil

Avenida das Nações Unidas, 12901
Torre Oeste, 20º andar
São Paulo, SP – CEP: 04578-910
Fone: +55 11 3226-0211
www.editoradobrasil.com.br

Respeite o direito autoral

APRESENTAÇÃO

Um idioma é utilizado como forma de comunicação e só se realiza, como língua, nesse uso. No Brasil, empregamos o português em nossas interações sociais, em nossas trocas comunicativas.

Em tudo que dizemos ou escrevemos, existe sempre uma finalidade, um objetivo, e essa finalidade interferirá no modo pelo qual vamos falar ou escrever.

As diferentes formas de utilizar o português são capazes de caracterizar quem o está usando. Você reconhece um gaúcho (ou um carioca, ou um baiano etc.) por sua pronúncia; você sabe quando está falando ao telefone com uma criança por causa de seu vocabulário; você tem dificuldade de entender uma notícia sobre uma descoberta científica, a não ser que esteja familiarizado com os assuntos tratados nela.

É claro que qualquer brasileiro, como você ou eu, sabe falar português, uma vez que precisa dele no dia a dia para se comunicar. Só que o fazemos sem sentir, sem pensar, porque há aspectos básicos de nossa língua que conhecemos e usamos automaticamente. Por outro lado, há usos que desconhecemos e que vamos aprendendo durante a vida, na escola e até fora dela, ouvindo uma frase aqui, lendo um relatório ali, e assim por diante.

Para sistematizar esse conhecimento, que nem todos temos a respeito de algumas formas de uso de nossa língua, precisamos "aprender" gramática. Aprender português é melhorar nossa capacidade de expressão e de compreensão, é saber manusear cada vez melhor esse instrumento de comunicação que é a língua, nas diversas situações do cotidiano e com diferentes finalidades.

Nosso material de estudo é a história que narramos ou lemos, a notícia de jornal, a propaganda que vemos nas ruas, uma conversa nas mídias sociais, o caso que nos contam, o *podcast* que ouvimos, a música que cantarolamos, a história em quadrinhos, o formulário que preenchemos, as imagens grafitadas pelas cidades etc.

Quem se comunica bem consegue atuar à sua volta, entender melhor o que vê ou lê, é capaz de influir, interagir, dar opinião, discordar, enfim, participar dessa vida e, certamente, exercer melhor sua cidadania.

Espero que este livro possa ajudá-lo nessa aventura.

A autora

Desenhorama

Desenhorama

Nós, representantes do povo brasileiro, reunidos em Assembleia Nacional Constituinte para instituir um Estado Democrático, destinado a assegurar o exercício dos direitos sociais e individuais, a liberdade, a segurança, o bem-estar, o desenvolvimento, a igualdade e a justiça como valores supremos de uma sociedade fraterna, pluralista e sem preconceitos, fundada na harmonia social e comprometida, na ordem interna e internacional, com a solução pacífica das controvérsias, promulgamos, sob a proteção de Deus, a seguinte CONSTITUIÇÃO DA REPÚBLICA FEDERATIVA DO BRASIL.

Brasil (1988).

Anton Watman/Shutterstock.com

Um dos direitos sociais assegurados aos brasileiros é o direito à educação, que está relacionado ao desenvolvimento das capacidades linguísticas: falar e escrever com proficiência. Quem sabe se expressar com facilidade está mais apto a defender seus direitos como cidadão. O desenvolvimento da linguagem é relacionado ao aperfeiçoamento das competências e habilidades sociais que desempenham um papel considerável na promoção do sucesso individual e coletivo em vários contextos da vida.

Neste volume, você descobrirá muitas novidades a respeito de nosso idioma que o ajudarão a obter sucesso profissional e individual.

Mas, antes, vamos retomar alguns conhecimentos. Você vai utilizar essas noções como base para as que vêm por aí.

Leia o texto a seguir.

Ao som do mar e à luz do céu profundo

TEXTO 1

Bombril fez as apresentações, indicando com um gesto de mão: "Carol, Bola; Bola, Carol".

"Regra número um", Bombril fingiu que estava sério, "a bola só gosta de quem gosta dela, trate bem dela que ela
5 vai fazer tudo que você quiser. Nunca chute de bico, não chute com raiva, não maltrate a bichinha, chute com força mas com carinho. Ela gosta de ser chutada ou com os lados ou com o peito do pé. De bico, jamais. Então vamos lá."

Recuou dois passos e tocou a bola de leve para o pé
10 direito de Carol, que devolveu com o lado de dentro do pé. Bombril rolou-a para a canhota de Carol, que teve mais dificuldade para devolver. Direita, esquerda, direita, esquerda.

Aos poucos, Bombril foi se afastando
15 de Carol e chutando com um pouquinho mais de força, tornando o controle da bola mais difícil. Mas a aluna correspondia, séria como uma atleta americana. Uma hora depois, Bombril
20 deu por encerrada a aula inaugural e passou o dever de casa: usar o muro branco para treinar o chute. Sempre com o lado de dentro e o peito do pé. Cem
25 chutes – com cada pé – estava bom para começar. O jogador completo bate com as duas.

– "OK. Tomorrow is our English class."

– "Hein?", Bombril se espantou.

30 – "Nossa aula de inglês, professor", Carol sorriu, levou-o até a porta, deu-lhe dois beijinhos e *good night*.

Tun-tun, tun-tun, tun-tun, os chutes na bola ecoavam na memória e se misturavam às batidas do coração de Bombril, deitado de costas no beliche, olhando para o teto e sonhando acordado – como se visse um filme – com todos os detalhes de tudo que acabara de acontecer, gestos, frases, cenários, barulhos, cheiros. Só depois de rever tudo pela terceira vez, conseguiu dormir.

Leonardo Conceição

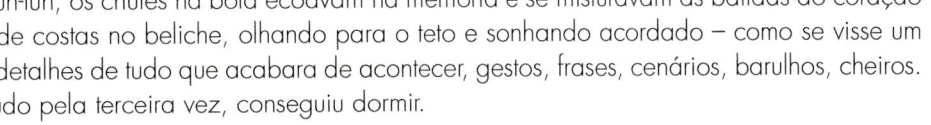

MOTTA, Nelson. *Ao som do mar e à luz do céu profundo*. Rio de Janeiro: Objetiva, 2006. p. 62-63.

O jornalista, escritor e produtor musical Nelson Motta, em seu terceiro romance, cujo título é um trecho de nosso Hino Nacional, cria uma história cheia de suspense, que se passa no Bairro Peixoto, uma pequena cidade encravada em Copacabana, no Rio de Janeiro. A chegada de uma garota americana louca por futebol e carnaval vem agitar o bairro e seus habitantes.

1 Embora seja pequeno, o trecho lido apresenta algumas características de Carol e Bombril. Que contrato ou acordo existe entre eles?

_____

2 Qual é o método escolhido por Bombril para trabalhar com Carol?

_____

3 Nos dois primeiros parágrafos, Bombril trata a bola de uma maneira diferente. Diga que figura de linguagem está por trás desse jeito de se relacionar com a bola. Cite um exemplo do texto que apoie sua resposta.

_____

_____

4 O texto nos dá mais alguma dica sobre a personalidade de Carol? Que tipo de pessoa é ela?

_____

_____

5 Essa pista sobre Carol está em forma de figura de linguagem. Qual?

_____

_____

6 Em relação a Bombril, a maneira como ele age e fala também nos comunica algo sobre seu jeito de ser. Vamos analisar o período a seguir.

Nunca chute de bico, não chute com raiva, não maltrate a bichinha, chute com força mas com carinho.

a) Sublinhe os verbos.

b) No trecho acima, Bombril dá instruções a Carol. Você acha que ele faz essa ação de modo cuidadoso? Por quê? Como o autor nos dá indícios disso?

_____

_____

c) Que modo verbal é usado por Bombril nas orações citadas? Que formas verbais são empregadas?

_____

_____

d) Justifique a escolha desse modo verbal nesse trecho do texto.

_____

_____

e) Para fazer as negativas citadas anteriormente, foram usados adjuntos adverbiais de negação. Identifique-os.

_____

f) Para ensinar a Carol o modo certo de chutar a bola, Bombril usou vários adjuntos adverbiais de modo. Relacione-os e responda: eles são formados por advérbios ou locuções adverbiais?

_____

g) Em "com força mas com carinho", que palavra faz a união entre dois termos? Circule-a.

h) Qual é a classe dessa palavra, e que ideia ela acrescenta à oração? Explique sua resposta.

_____

_____

i) Você sabe que oração é o enunciado que se organiza em torno de um verbo ou de uma locução verbal e pode ou não ter sentido completo. Quantas orações há no trecho lido? Indique-as.

_____

_____

_____

j) Você sabe que período é um enunciado de sentido completo e com verbo(s), organizado em uma oração (período simples) ou em mais de uma (período composto). O trecho citado é um período? Se sim, de que tipo?

_____

k) Complete: Reconhecemos facilmente um período porque ele termina sempre em uma pausa

que, na escrita, se marca com ponto _____, ponto de _____,

ponto de _____ ou _____.

l) No trecho citado, as orações estão encadeadas de que forma? Há conectivos unindo umas às outras?

_____

m) Unir termos ou orações sem conectivos, usando apenas a pontuação, é uma figura de sintaxe. Qual? Que ideia essa sequência de orações justapostas traz para o sentido do texto?

_____

_____

7 Releia o trecho a seguir e faça o que se pede.

Cem chutes – com cada pé – estava bom para começar. O jogador completo bate com as duas.

a) Reescreva o trecho unindo os dois períodos com uma conjunção adequada e indique qual ideia esse conectivo atribui ao período.

_____

_____

_____

_____

b) Classifique a conjunção que você usou.

_____

8 No último parágrafo do texto, o que a atitude de Bombril sugere sobre seus sentimentos com relação a Carol?

9 Que comportamentos do menino levam a essa conclusão?

10 Nesse último parágrafo, qual é a onomatopeia empregada e o que ela representa?

_____

_____

11 Uma oração, no âmbito da gramática, é um enunciado que se constrói em torno de um verbo ou locução verbal. Nos períodos a seguir, separe as orações, circule os conectivos e sublinhe os verbos. Lembre-se de que os conectivos (conjunções) iniciam as orações e as ligam a outra(s).

a) Bombril fez as apresentações [....].

b) Bombril tocou a bola para Carol.

c) Trate bem dela que ela vai fazer tudo [...].

d) Bombril se afastou de Carol?

e) Bombril encerrou a aula inaugural e passou o dever de casa.

f) Recuou dois passos e tocou a bola de leve para o pé direito de Carol.

g) [...] os chutes na bola ecoavam na memória e se misturavam às batidas do coração de Bombril [...].

12 **Período** é a frase com verbo, organizada em uma ou mais orações. O período pode ser:

> • **simples** (formado por uma só oração, chamada de oração absoluta); ou
> • **composto** (formado por duas ou mais orações).

Classifique os períodos da atividade anterior, dizendo se são período simples (**I**) ou período composto (**II**).

_____

Leia o texto a seguir.

http://oglobo.globo.com/cultura/megazine/monica-cebolinha-sobem-ao-altar-em-casamento-do-seculo-6165971

Mônica e Cebolinha sobem ao altar em "O casamento do século"

Entre tapas e beijos, Mônica e Cebolinha vão subir ao altar. Os dois personagens mais famosos de Mauricio de Sousa vão se casar na edição comemorativa nº 50 da revista "Turma da Mônica
5 Jovem", publicação em estilo mangá que chega às bancas a partir do dia 27 de setembro, por R$ 7,50. Toda a emoção deste dia está retratada nas 132 páginas que compõem a história "O casamento do século".

10 Em meio a discussões por ciúmes e ego, disputas de pontos de vista, brigas e reconciliações, os adolescentes Mônica e Cebola vão descobrindo os caminhos **tortuosos** do relacionamento a dois. Será que Cascão vai tomar banho para ir à cerimônia, e Magali vai acabar com a comida da festa?

15 — Muitos leitores vinham pedindo para nós criarmos esse momento especial. Mas para saberem como Mônica e Cebola chegaram a esse altar, só lendo a revista – despista Mauricio de Sousa.

Os dois já tiveram suas diferenças na infância. Ele sempre bolando mil planos mirabolantes para sequestrar o Sansão e se tornar o novo dono da rua, ela sempre furiosa com as armações e conspirações acabava distribuindo coelhadas. Mas o tempo passou, a turminha cresceu e se
20 tornou adolescente.

Mauricio de Sousa Editora Ltda.

Quadrinho da página 62 da edição especial do casamento da Mônica com o Cebolinha.

Mônica e Cebolinha sobem ao altar em "O casamento do século". *O Globo*, Rio de Janeiro, 21 set. 2012. Disponível em: http://oglobo.globo.com/cultura/megazine/monica-cebolinha-sobem-ao-altar-em-casamento-do-seculo-6165971. Acesso em: 2 abr. 2020.

13 Qual é o gênero do texto 2? Justifique sua resposta. Se estiver em dúvida, consulte os *post its*, que resumem o que vimos anteriormente sobre o assunto.

_____

_____

14 O que levou Mauricio de Sousa e sua equipe a tomarem a decisão de fazer o casamento de Mônica e Cebola?

15 No texto, há um trecho em discurso direto. Diga em qual parágrafo está esse trecho e explique como você reconheceu esse modo de organizar o texto.

A **notícia** é um relato de fatos de interesse público que realmente ocorreram, por isso deve ser verdadeira, objetiva e imparcial. Pode ser ilustrada (com imagens, gráficos, tabelas, filmes etc.). Quase sempre se pode perceber a opinião do periódico na maneira de apresentar os fatos.

Vocabulário

Tortuoso: que não é reto; retorcido, sinuoso, torto.

A **reportagem** é mais do que uma notícia, porque, além de verificar os fatos, investiga as origens, as causas e os efeitos; também pode ser ilustrada. É redigida de forma impessoal e direta.

_____

_____

16 O que é narrado no último parágrafo?

atividade oral

17 Releia o trecho e faça o que se pede: "[...] ela sempre furiosa com as armações e conspirações acabava distribuindo coelhadas. Mas o tempo passou, a turminha cresceu e se tornou adolescente.".

a) Indique conjunções equivalentes a **mas**, com o mesmo sentido do trecho.

_____

b) Qual é a função da conjunção **mas** nesse parágrafo? Que ideia ela traz ao trecho? Como a classificamos?

_____

18 Separe as orações dos períodos a seguir e sublinhe os verbos (ou locuções verbais). Depois, diga se esses períodos são simples (**S**) ou compostos (**C**).

a) ☐ Entre tapas e beijos, Mônica e Cebolinha vão subir ao altar.

b) ☐ Em meio a discussões por ciúmes e ego, disputas de pontos de vista, brigas e reconciliações, os adolescentes Mônica e Cebola vão descobrindo os caminhos tortuosos do relacionamento a dois.

c) ☐ Os dois já tiveram suas diferenças na infância.

d) ☐ Ele sempre bolando mil planos mirabolantes para sequestrar o Sansão e se tornar o novo dono da rua.

e) ☐ Ela sempre furiosa com as armações e conspirações acabava distribuindo coelhadas.

f) ☐ Mas o tempo passou, a turminha cresceu e se tornou adolescente.

19 Classifique os predicados e indique o núcleo de cada um.

a) Mônica e Cebola são personagens de uma revista para jovens. _____

b) Mônica e Cebola subirão ao altar. _____

c) Cascão anda preocupado com a necessidade de banho. _____

d) Os dois já foram inimigos à infância. _____

e) A turma agora é adolescente. _____

f) Os jovens chegaram animados à festa do casamento. _____

20 Observe: "mil planos mirabolantes [para sequestrar o Sansão] [e se tornar o novo dono da rua]".

Os objetivos dos planos do Cebola estão resumidos em duas orações no período acima. Que palavra liga as orações? Qual é a classe dessa palavra? Por que as orações estão ligadas?

_____

_____

21 Faça a correspondência entre as frases e as afirmações.

a) ☐ Entre tapas e beijos, Mônica e Cebolinha vão subir ao altar.

b) ☐ Mas o tempo passou, a turminha cresceu e se tornou adolescente.

I. Uma frase com três verbos → período composto com três orações.

II. Uma frase com uma locução verbal → período simples com uma oração (absoluta).

22 Releia o trecho e responda às questões.

Ele sempre bolando mil planos mirabolantes para sequestrar o Sansão e se tornar o novo dono da rua, ela sempre furiosa com as armações e conspirações acabava distribuindo coelhadas.

a) Esse é um período ☐ simples ou ☐ composto?

b) Ele é formado por quantas orações? _____

c) A conjunção coordenativa aditiva **e** foi usada duas vezes. Em cada uma delas, a conjunção uniu palavras ou orações?

_____

Leia o texto a seguir.

TEXTO 3

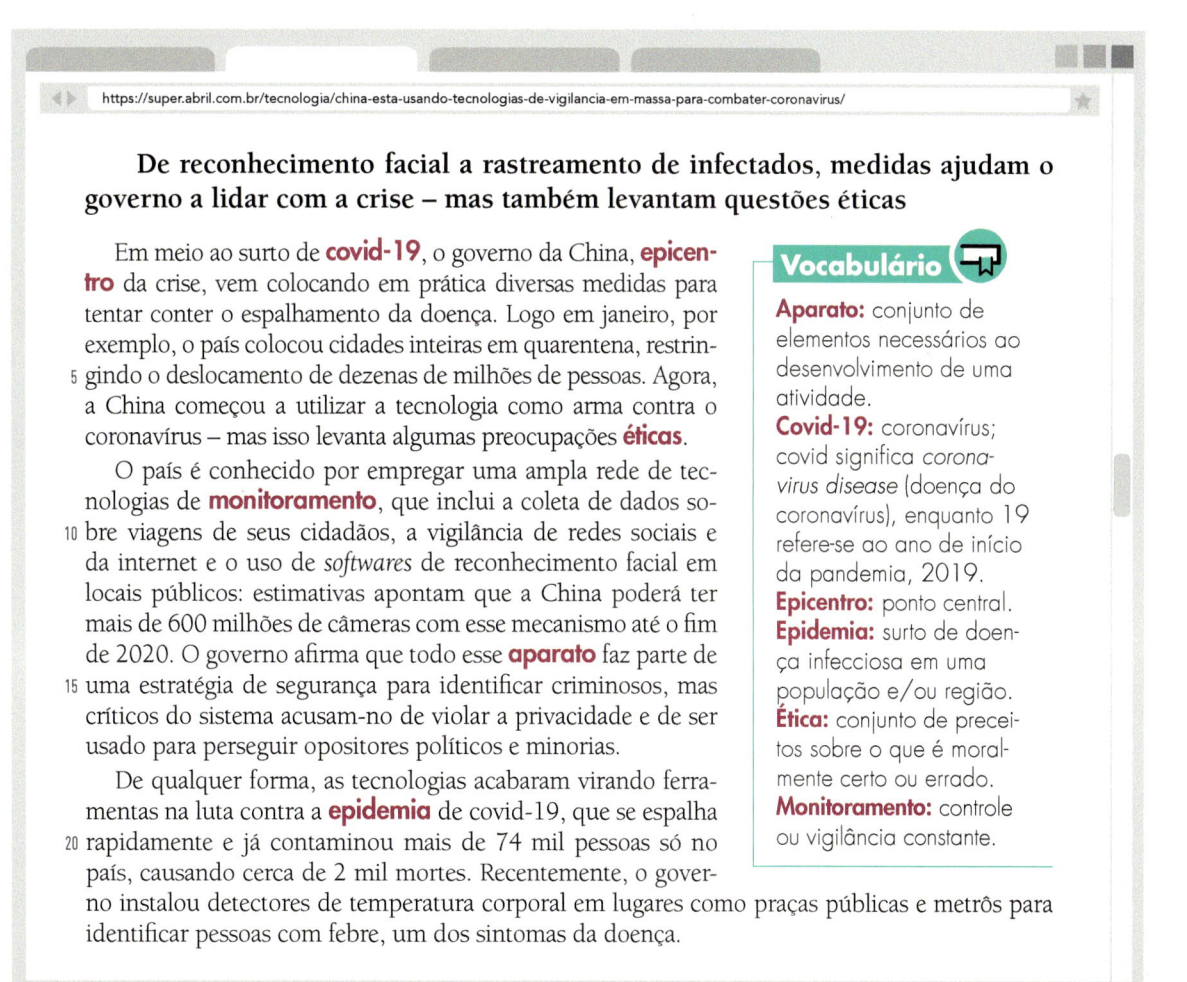

https://super.abril.com.br/tecnologia/china-esta-usando-tecnologias-de-vigilancia-em-massa-para-combater-coronavirus/

De reconhecimento facial a rastreamento de infectados, medidas ajudam o governo a lidar com a crise – mas também levantam questões éticas

Em meio ao surto de **covid-19**, o governo da China, **epicentro** da crise, vem colocando em prática diversas medidas para tentar conter o espalhamento da doença. Logo em janeiro, por exemplo, o país colocou cidades inteiras em quarentena, restrin-
5 gindo o deslocamento de dezenas de milhões de pessoas. Agora, a China começou a utilizar a tecnologia como arma contra o coronavírus – mas isso levanta algumas preocupações **éticas**.

O país é conhecido por empregar uma ampla rede de tecnologias de **monitoramento**, que inclui a coleta de dados so-
10 bre viagens de seus cidadãos, a vigilância de redes sociais e da internet e o uso de *softwares* de reconhecimento facial em locais públicos: estimativas apontam que a China poderá ter mais de 600 milhões de câmeras com esse mecanismo até o fim de 2020. O governo afirma que todo esse **aparato** faz parte de
15 uma estratégia de segurança para identificar criminosos, mas críticos do sistema acusam-no de violar a privacidade e de ser usado para perseguir opositores políticos e minorias.

De qualquer forma, as tecnologias acabaram virando ferramentas na luta contra a **epidemia** de covid-19, que se espalha
20 rapidamente e já contaminou mais de 74 mil pessoas só no país, causando cerca de 2 mil mortes. Recentemente, o governo instalou detectores de temperatura corporal em lugares como praças públicas e metrôs para identificar pessoas com febre, um dos sintomas da doença.

Vocabulário

Aparato: conjunto de elementos necessários ao desenvolvimento de uma atividade.
Covid-19: coronavírus; covid significa *coronavirus disease* (doença do coronavírus), enquanto 19 refere-se ao ano de início da pandemia, 2019.
Epicentro: ponto central.
Epidemia: surto de doença infecciosa em uma população e/ou região.
Ética: conjunto de preceitos sobre o que é moralmente certo ou errado.
Monitoramento: controle ou vigilância constante.

CARBINATTO, Bruno. China está usando tecnologias de vigilância em massa para combater coronavírus. *Superinteressante*, São Paulo, 19 fev. 2020. Disponível em: https://super.abril.com.br/tecnologia/china-esta-usando-tecnologias-de-vigilancia-em-massa-para-combater-coronavirus/. Acesso em: 23 mar. 2020.

23 Segundo o texto, como a tecnologia tem ajudado no surto de coronavírus na China? atividade oral

24 Ainda no primeiro parágrafo, o texto tece comentários sobre preocupações éticas relacionadas ao uso de tecnologia para controle da população. Que preocupações são essas? Qual é sua opinião a respeito desse assunto?

Releia e responda:

"[Agora, a China (a) começou a utilizar a tecnologia como arma contra o coronavírus –] [mas isso (b) levanta algumas preocupações éticas]".

25 Classifique os predicados e diga o sujeito e o objeto direto de cada um.

a) _____

b) _____

26 Os dois períodos estão ligados por uma conjunção. Qual é a conjunção e que circunstância ela acrescenta à ligação das orações?

_____

27 Complete as orações com os sujeitos indicados a seguir acrescentando um predicado do tipo sugerido entre parênteses. Atenção à concordância. Depois, identifique o verbo de cada predicado e classifique-o em verbo de ligação ou significativo.

a) A vigilância de redes sociais e o uso de *softwares* de reconhecimento facial (predicado verbal)

_____

_____

b) O governo da China (predicado nominal) _____

_____

c) As tecnologias (predicado verbal) _____

_____

d) Mais de 70 mil pessoas (predicado nominal) _____

_____

28 Em uma oração há vários termos que se combinam para formar textos, desempenhando diferentes funções. Vamos estudar mais um pouco essas funções. Com base nos trechos a seguir, faça o que se pede.

I. Um novo coronavírus chinês infectou centenas de pessoas desde o início do surto em Wuhan, na China.

a) Identifique os verbos e a quantidade de orações encontradas no período.

_____

b) Que tipo de período é esse? _____

c) Qual é o sujeito da oração? _____

d) Esse sujeito é simples ou composto? _____

e) Qual é a função do termo **desde o início**? _____

f) Qual é a função dos termos destacados em: **um novo** coronavírus **chinês**? _____

II. Para o cientista Leo Poon, virologista da Universidade de Hong Kong, esse vírus teve origem em um animal e se espalhou para os seres humanos.

g) Identifique e classifique a conjunção usada nesse período. _____

h) Qual é a função sintática da expressão "virologista da Universidade de Hong Kong"?

_____

i) Qual é a função sintática de **em um animal**? _____

III. De reconhecimento facial a rastreamento de infectados, medidas ajudam o governo a lidar com a crise – mas também levantam questões éticas.

j) Qual é a função sintática do termo **também**? _____

k) Que conjunção une as orações dos verbos **ajudam** e **levantam**? Classifique-a.

_____

29 Vamos lembrar os predicados para corrigir a tabela. Estabeleça a relação correta entre cada tipo de predicado, sua definição e seu exemplo.

a) **Predicado verbal**	I. é aquele que tem **dois núcleos**: um **verbo** significativo (intransitivo ou transitivo) e um **nome** (substantivo, adjetivo ou pronome), que mostra os atributos do sujeito ou do objeto, chamado **predicativo**.	1. Mari **é linda**.
b) **Predicado nominal**	II. é aquele que tem um **verbo** significativo como núcleo, pode ser **intransitivo** ou **transitivo**. Esse **núcleo (N)** do predicado é o elemento principal da declaração que o predicado faz sobre o sujeito.	2. Ju **viajou resfriada**.
c) **Predicado verbo-nominal**	III. é formado por um **verbo de ligação** que une o sujeito a seus atributos (suas características, seu estado ou suas qualidades). Seu núcleo não é o verbo, são esses atributos do sujeito que formam o **predicativo**.	3. Ric **arrumou a casa**.

_____

_____

30 Junte as orações para formar períodos compostos usando as conjunções ou locuções conjuntivas do quadro a seguir. Escreva também a ideia que cada conjunção acrescenta ao período.

> e   nem   no entanto
> ou   por isso   porque

a) Amanheceu chovendo muito. Eu não vou à praia.

_____

b) Antônio ainda não arrumou a cama. Antônio ainda não escovou os dentes.

_____

c) Estou telefonando. Eu quero me desculpar com você.

_____

d) Jaime vai fazer a *pizza*? Jaime vai preparar um sanduíche gostoso?

_____

e) Letícia pretendia acabar logo o teste. Ela achou o exame muito difícil.

_____

_____

f) Vou ao mercado comprar a sobremesa. Vou encomendar as flores.

_____

_____

31 As conjunções subordinativas integrantes são **que** e **se**. Nos períodos a seguir:

- indique as conjunções/locuções conjuntivas subordinativas adverbiais ou as integrantes;
- separe com colchetes as orações;
- no caso das conjunções ou locuções conjuntivas adverbiais, diga que ideia elas conferem ao período.

a) A verdade é que ela é muito chata.

_____

b) Acredito que o *show* será um sucesso.

_____

c) Aqui está a chave, conforme combinamos.

_____

d) Avise quando a febre passar, mesmo que seja muito tarde.

_____

e) Célio não ligou porque o celular estava fora de área.

_____

f) É preciso que você se anime com o projeto!

_____

g) Ela se calou quando você pediu.

_____

h) Faço um bolo de chocolate se você quiser.

_____

i) Gosto de que me elogiem.

_____

j) Não sei se o *show* já começou.

_____

k) Tenho vontade de que eles fiquem amigos.

_____

l) Tossiu tanto que ficou rouco.

_____

m) À medida que a hora da audição chegava, ela ficava mais ansiosa.

_____

Orações coordenadas

Leia o cartaz ao lado.

1 Qual é o assunto do cartaz?  atividade oral

2 Em "O cigarro afeta <u>o meio ambiente e a sociedade</u>":

a) Qual é o sujeito?

b) E o predicado?

c) Qual é a função da expressão sublinhada?

d) Nesse termo há duas expressões nominais ligadas por qual palavra?

MARABÁ. Câmara Municipal de Marabá. *Fumar: faz mal pra você, faz mal pro planeta.* Marabá, [20--]. 1 cartaz. Disponível em: www.maraba.pa.leg.br/institucional/noticias/campanha-contra-o-tabagismo/image/image_view_fullscreen. Acesso em: 3 abr. 2020.

DISQUE SAÚDE
136
Ouvidoria Geral do SUS
www.saude.gov.br

Fumar: Faz mal pra você, faz mal pro planeta.

Além dos danos à saúde de quem duma, o cigarro afeta o meio ambiente e a sociedade com desmatamento, uso de agrotóxicos, agricultores doentes, incêndios e poluição do ar, dar ruas e das águas.

O SUS ajuda você a ter uma vida mais saudável sem o cigarro. Mais informações ligue 136.

INCA — INSTITUTO NACIONAL DE CÂNCER | SUS + | Ministério da Saúde | BRASIL — PAÍS RICO É PAÍS SEM POBREZA

Instituto Nacional do Câncer – INCA, 2012

3 No cartaz afirma-se que fumar causa danos ao planeta e não apenas aos fumantes. Escolha um (ou mais) desses danos causados pelo cigarro enumerados no cartaz e explique por que isso é verdade.

4 Fumar: faz mal pra você, faz mal pro planeta.

a) Separe as orações do período acima e sublinhe os verbos que encontrar.

b) Qual é o sujeito de cada oração?

_____

c) Essas duas orações estão conectadas por alguma conjunção ou isoladas? Como se apresentam?

_____

d) Reescreva o período ligando as orações com uma conjunção que considere adequada ao sentido.

_____

e) O uso de duas orações curtas e bem parecidas logo no início do cartaz nos faz refletir melhor sobre a mensagem. Considerando o que foi anunciado, o que a repetição da ideia de **danos** e a sugestão de repetição sugerem a respeito do alvo da campanha?

_____

As duas orações do período inicial do cartaz estão encadeadas apenas pelo sentido; sintaticamente, nenhuma delas depende da outra. São orações coordenadas.

Orações coordenadas são aquelas que se encontram encadeadas, mas são independentes do ponto de vista sintático, porque não exercem funções sintáticas umas em relação às outras.

O **período composto por coordenação** é formado apenas por orações coordenadas. É um processo de encadeamento das unidades.

Período composto por coordenação

Em um coral, todos os cantores exercem a mesma função e fazem um trabalho independente, porém, coordenado (**coordenação**). Cantam juntos sob a direção do maestro, a quem estão subordinados e de quem dependem para que o trabalho fique sincronizado e harmonioso no conjunto de vozes (**subordinação**).

Também na língua podemos observar relações semelhantes entre palavras, expressões, orações, períodos etc.

Na coordenação, uma oração não exerce nenhuma função sintática na outra à qual está coordenada. Do ponto de vista sintático, cada oração é completa e independente das outras orações coordenadas.

Monkey Business Images/Shutterstock.com

Do ponto de vista do sentido, é bom lembrar que cada conjunção coordenativa tem um valor semântico diferente e acrescenta esse valor semântico à relação entre as orações (e ideias) que conecta.

Fique atento ■■

Lembre-se: a oração é **coordenada**. As conjunções são **coordenativas**.

1 Leia o seguinte período, observando como ele se organiza.

> Todos cantam, a orquestra acompanha, e o maestro rege tudo.

a) Separe as orações do período.

b) Como essas orações estão conectadas? Há algum conectivo entre elas?

_____

_____

> ↑ No período composto por coordenação, as orações coordenadas podem estar uma ao lado da outra, sem conectivo algum que as ligue. Nesse caso, são **orações coordenadas assindéticas**.

[Os cantores cantam,] [a orquestra acompanha.]

As orações coordenadas podem estar iniciadas por uma conjunção coordenativa.

> A conjunção coordenativa liga uma oração à que é anterior a ela. Nesse caso, são orações **coordenadas sindéticas**.

[Procuro um trabalho] [mas não faço questão de horário.]

> **Assíndeto** é a **ausência** de conjunção coordenativa entre palavras, termos da oração ou orações de um período. É a mesma coisa que justaposição. As orações que estão coordenadas sem a presença de uma conjunção recebem o nome de **assindéticas**.
> **Síndeto** é a **presença** da conjunção coordenativa entre palavras, termos da oração ou em orações coordenadas. As orações que estão coordenadas com a presença de uma conjunção recebem o nome de **sindéticas**.

2 No período que examinamos, "Fumar: faz mal pra você, faz mal pro planeta", as orações são sindéticas ou assindéticas? Explique sua resposta.

_____

3 Nos períodos a seguir:

> - sublinhe os verbos e circule as conjunções;
> - classifique cada oração em coordenada assindética ou coordenada sindética.

a) Não se perca de mim nem desapareça. _____

b) Era tarde, mas ela ainda dormia. _____

c) O menino escorregou, caiu, se machucou feio!

_____

d) Fui à festa, encontrei com Taís e falei com ela!

_____

Classificação das orações coordenadas sindéticas

Você já sabe que cada conjunção coordenativa tem um sentido diferente. Assim, além de ligar duas orações de mesmo valor sintático, elas acrescentam esse valor semântico à relação entre as orações (e ideias) que conectam.

> - Avisaram que ia chover e caiu logo um toró! (ideia de adição)
> - Avisaram que ia chover mas o Sol apareceu. (ideia de oposição, contraste)

As orações coordenadas sindéticas são classificadas de acordo com as conjunções que as iniciam.

Reveja as conjunções coordenativas.

Tipos de conjunção	Conjunções	Ideia básica
aditivas	e, nem (e não), não só... mas também	adição, junção, união
adversativas	mas, porém, todavia, contudo, no entanto, entretanto etc.	contraste, oposição, quebra de expectativa
alternativas	ou, ora... ora, já... já, quer... quer, seja... seja	alternância, escolha
conclusivas	logo, portanto, pois, por isso, assim, consequentemente, por conseguinte, então etc.	conclusão, consequência
explicativas	que, porque, pois, porquanto, tanto que, assim que etc.	explicação, esclarecimento

Oração coordenada sindética aditiva

Leia a fábula a seguir.

A coruja, o buraco e as estrelas

A coruja andava e sonhava com os olhos no mar de estrelas. Sentiu-se leve e livre. Viu mundos muito mais belos que este. Enquanto andava, imaginava. Imaginando, caiu num buraco.

SCHÜLER, Donaldo. *Refabular Esopo*. Rio de Janeiro: Lamparina, 2004. p. 124.

1 Leia a fábula e escreva uma frase que expresse a "moral da história".

_____

2 A conjunção **e** é usada algumas vezes nesse texto. Copie essas ocorrências e diga, em cada uma, se ela liga palavras ou orações.

_____

_____

3 Em "A coruja andava e sonhava com os olhos no mar de estrelas":

a) separe as orações;

b) diga que ideia a conjunção **e** traz ao período; _____

c) classifique essa conjunção; _____

d) considerando a história contada, que importância essa adição de ações tem para o resultado da narrativa?

_____

_____

e) classifique a segunda oração de acordo com a conjunção que a inicia.

_____

A **oração coordenada sindética aditiva** exprime ideia de adição, de soma. É iniciada por uma conjunção coordenativa aditiva. Observe a segunda oração no exemplo a seguir.

[Entrou na área] [**e** fez o gol.].
or. coord. assindética + or. coord. sindética aditiva

Veja outros exemplos:

- [Ele não quer ir ao cinema] [**nem** jogar futebol.]
- [Preciso falar com você] [**e** combinar nosso passeio.]
- [Vamos entrar na biblioteca] [**e** procurar os livros em silêncio.]
- [Por causa da vitória, o time **não só** foi premiado], [**como também** (**mas também**) foi inscrito no campeonato estadual.]

Oração coordenada sindética adversativa

Leia o poema a seguir.

Sorriso audível das folhas

Sorriso audível das folhas,
Não és mais que a brisa ali.
Se eu te olho e tu me olhas,
Quem primeiro é que sorri?
5 O primeiro a sorrir ri.

Ri, e olha de repente,
Para fins de não olhar,
Para onde nas folhas sente
O som do vento passar.
10 Tudo é vento e disfarçar.

Mas o olhar, de estar olhando
Onde não olha, voltou;
E estamos os dois falando
O que se não conversou.
15 Isto acaba ou começou?

FERNANDO PESSOA.
Obra poética. Rio de Janeiro:
Companhia José Aguilar Editora,
1974. p. 164.

Leonardo Conceição

Vocabulário

Audível: que se pode ouvir.

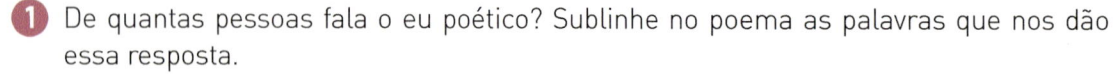

1 De quantas pessoas fala o eu poético? Sublinhe no poema as palavras que nos dão essa resposta. *atividade oral*

2 Explique os versos 6 a 10, da segunda estrofe. O que eles tentam disfarçar?

3 E esse disfarce continua? O que acontece nos versos 11 a 15?

4 Explique o último verso.

5 Ocorre, portanto, um contraste entre o resto do poema e os cinco últimos versos. Que palavra introduz essa mudança?

6 Que relação de sentido essa palavra estabelece entre a oração que ela inicia e as que a antecedem?

> [Estava tarde,] [**mas** ela ainda dormia.]
> or. coord. assindética + or. coord. sindética adversativa

A segunda oração, por expressar uma ideia que se opõe, que contrasta com a da primeira oração, é uma **oração coordenada sindética adversativa**.

Veja outros exemplos:

> [Preciso falar com você,] [**porém** estou ocupado agora].
> [Ele parece interessado em ir ao passeio,] [**no entanto** ainda não se inscreveu].
> [O doente tomou a medicação,] [**contudo** ainda não melhorou].

As conjunções coordenativas adversativas não precisam vir sempre no início da oração a que pertencem, veja a seguir.

> [Achei o filme bom,] [as críticas, **no entanto**, foram desfavoráveis].
> [Todas as meninas escolheram seus pares,] [Laura, **porém**, ainda está em dúvida].

Para um texto melhor, gramática! 🔳🔳▮
Conjunções adversativas

Cuidado para não exagerar no emprego das conjunções adversativas! Lembre-se de que basta uma delas em cada oração. Use:

> Estou com fome, **mas** não quero este sanduíche.
> Estou com fome, **porém** não quero este sanduíche.

Evite usar:
> Estou com fome, **mas porém** não quero este sanduíche.

1 Complete as orações coordenadas sindéticas adversativas a seguir com uma conjunção que melhor as complemente. Evite usar sempre a mesma conjunção.

a) Acordou tarde, _____ ainda está com sono.

b) Silvia me disse que aprecia ir ao teatro, _____ ela ainda não foi ver esta peça.

c) Encontrei Gabriel voltando do parque; Patrícia, _____, não estava com ele.

d) Fiz dieta a semana inteira, a balança, _____, não mostra isso.

e) Gosto de ir ao cinema com você, _____ hoje preciso estudar.

f) O atleta aplicou gelo no tornozelo, _____ a contusão ainda não desinchou.

Oração coordenada sindética alternativa

Leia a tira a seguir.

GONSALES, Fernando. *Níquel Nausea.*

1 O que acontece na tirinha? **atividade oral**

2 Vamos reescrever o primeiro quadrinho usando duas orações e não apenas duas expressões nominais.

> [Escolho essa cor] [ou uso a outra?]

a) Qual oração apresenta uma alternativa para substituir o desejo?

_____

b) Que palavra inicia essa oração? Que ideia ela acrescenta ao período?

_____

_____

A **oração coordenada sindética alternativa** exprime ideia de alternância, de escolha entre dois fatos (ou coisas) que não podem existir ao mesmo tempo. É iniciada por uma conjunção coordenativa alternativa.

> [Você trouxe o livro] [**ou** esqueceu em casa?]
> or. coord. assindética + or. coord. sindética alternativa

A segunda oração, por expressar um fato que se alterna com o da primeira oração e por ser iniciada com uma conjunção, é uma oração coordenada sindética alternativa.

Veja outros exemplos.

> [**Ou** você escuta rádio,] [**ou** você vê televisão.]
> [Todos farão o teste,] [**quer** já tenham média,] [**quer** não (tenham).]
> [**Ora** chora,] [**ora** ri.]

Quando a conjunção alternativa aparece nas duas orações coordenadas, ambas são sindéticas.

Oração coordenada sindética conclusiva

1 Leia a fala a seguir e responda ao que se pede.

Leonardo Conceição

a) Indique os verbos. _____

b) Quantas orações há nesse período? _____

c) Que conectivo foi usado para unir as orações desse período? _____

d) Que ideia esse conectivo acrescenta ao período? _____

e) Complete: A conjunção une orações (ou períodos), geralmente, marca o início da oração que introduz e passa para essa oração o seu sentido. Assim, podemos afirmar que a segunda oração desse período é uma oração coordenada _____ .

2 Escolha uma das conjunções coordenativas conclusivas do quadro a seguir e crie, no caderno, um período composto por duas orações coordenadas; a segunda oração deve ser conclusiva.

logo	pois	assim	por conseguinte
portanto	por isso	consequentemente	então

A **oração coordenada sindética conclusiva** exprime ideia de conclusão. É iniciada por uma conjunção coordenativa conclusiva.

[Já é meio-dia,] [**portanto** está na hora de nosso almoço].
or. coord. assindética + or. coord. sindética conclusiva

Veja outros exemplos:

[Já são 8 horas;] [é, **pois**, hora de levantar].
[Você quer sair com sua amiga,] [**logo** termine rápido a tarefa].
[Ele não tem nada com isso,] [**então** fique quieta].

Você não precisa se atrapalhar com a palavra **pois**. Veja aqui um resumo de alguns de seus principais usos.

a) Como **conjunção coordenativa explicativa**, inicia a oração que explica o que foi dito anteriormente.

- Deve fazer muito frio aqui, **pois** vocês estão todos agasalhados! (= porque, visto que, já que)

b) Como **conjunção coordenativa conclusiva**, inicia uma conclusão para o que foi dito anteriormente. Em geral, vem depois do verbo da segunda oração ou da oração conclusiva.

- Ainda está com febre, não pode, **pois**, ir à aula. (= por conseguinte, portanto)
- Você está com medo da prova? **Pois** enfrente! (= nesse caso, então)

1 Sublinhe a oração coordenada sindética introduzida pela conjunção **pois** e classifique-a.

a) A aula já terminou, todos, pois, precisam sair. _____

b) A chuva foi muito forte, pois muitas árvores foram derrubadas. _____

c) Ainda está dormindo, não pode, pois, atender o telefone. _____

d) Deve ter sido uma piada engraçada, pois todo mundo está rindo! _____

e) O nosso time ganhou, joga, pois, muito melhor. _____

f) Você quer concorrer com a Virgínia? Pois tome uma atitude! _____

Oração coordenada sindética explicativa

Leia o cartum a seguir.

MOISÉS. Disponível em: https://2.bp.blogspot.com/-8AsJVjZrHNQ/XHcJWKTRqFI/AAAAAAAAdU4/9cR5lyLI-xw aVlJ2e7CR7ezxVVPnZFXMcQC lcBGAs/s400/meio-ambiente.jpg. Acesso em: 6 abr. 2020.

1 Que questionamento é feito no cartum? Qual é a dúvida do peixe?

2 E qual é a resposta, segundo o cartum?

3 Como o desenho nos ajuda a entender a resposta?

4 No período "Os humanos evoluíram porque ficaram mais inteligentes?", que ideia a segunda oração acrescenta à primeira?

_____

5 A segunda oração é iniciada por que palavra? Classifique-a.

_____

6 Então a segunda oração é sindética ou assindética?

_____

7 E a primeira oração do período começa com conjunção? Como ela se classifica?

_____

A **oração coordenada sindética explicativa** exprime ideia de explicação, de justificativa. É iniciada por uma conjunção coordenativa explicativa.

> [Espera um pouco,] [que ainda está cedo].
> or. coord. assindética + or. coord. sindética explicativa

A segunda oração justifica a ideia contida na primeira e é, portanto, uma oração coordenada sindética explicativa. A **oração coordenada explicativa** vem, geralmente, precedida de vírgula.
Veja outros exemplos.

> [Empreste-me seu caderno,] [**porque** no meu não tem esse assunto.]
> [Basta um sanduíche,] [**pois** estou com pouca fome.]
> [Vamos sentar,] [**que** o filme já vai começar.]

8 Diga se as orações coordenadas sindéticas a seguir são alternativas, explicativas ou conclusivas.

a) Anderson é seu primo **ou é seu irmão?**

b) Fiquei preocupado, **que ele demorou muito a telefonar.**

c) Já é dezembro, **portanto, logo começa um novo ano.**

d) Leve o guarda-chuva, **pois vai chover.**

e) O ônibus acabou de passar, **então é melhor ir a pé mesmo.**

f) Telefone para Marta, **porque hoje ela faz aniversário.**

g) Vamos jantar, **que já está na hora.**

h) Vânia está morrendo de sono, **logo deve ir para a cama.**

Editora Escrita Fina

Pão e arte,
de Ana Lucia
Merege (Escrita Fina)

Pão e arte mistura o universo medieval a referências fictícias, numa irresistível aventura que, com muito suspense, constrói um cenário contra a injustiça social e a favor da lealdade. Num universo ora encantado, ora bastante parecido com o nosso, o jovem Zemel se depara com a vida árdua de uma região em miséria, oprimida por um governo tirano. Ao mesmo tempo, o garoto descobre que a verdadeira nobreza – generosa em essência – persiste naqueles que a carregam, apesar de todos os perigos.

Fique atento

Coesão textual e relações semânticas entre orações coordenadas

Muitas vezes, imaginamos que, não havendo conectivos entre as orações no período composto por coordenação, não há também relação semântica entre elas.

No entanto, o que aparenta ser uma simples enumeração de orações pode revelar o sentido e a coerência do texto. O leitor consegue estabelecer relações semânticas entre os vários grupos de orações encadeadas. A ausência de elementos coesivos em um período com orações coordenadas assindéticas não impede que o texto se estruture de forma coesa e com sentido.

Observe como o valor aditivo e sequencial também existe entre estas orações:

- O homem acordou, lavou o rosto, escovou os dentes.

Atividades ▪▪

Leia o texto a seguir.

TEXTO 1

https://agenciadenoticias.ibge.gov.br/agencia-noticias/2012-agencia-de-noticias/noticias/23894-carnaval-inclusivo-levanta-importancia-do-tema

Carnaval inclusivo levanta importância do tema população com deficiência

O carnaval consegue reunir pessoas dos mais variados gostos e perfis. Considerando que essa festa popular é para todos, alguns blocos carnavalescos aderem à inclusão social como seu principal **estandarte**. É o caso do bloco Eficiente, que desde 2014 faz a folia em diversos pontos da cidade do Rio de Janeiro reunindo principalmente
5 crianças com deficiência, além de seus familiares e amigos.

"Dessa forma as pessoas se sensibilizam com a causa, com a inclusão, que é tão difícil", explica Bruna Saldanha, jornalista que idealizou o bloco. [...]

O último Censo Demográfico, realizado em 2010, mostrou que o país tinha 45,6 milhões de pessoas com deficiência, o que correspondia a 23,9% da população. Nes-
10 se total, foram considerados os indivíduos que tinham pelo menos alguma dificuldade de enxergar, ouvir, caminhar ou subir degraus e aqueles com deficiência mental permanente. Para as três primeiras deficiências também foi perguntado o grau de impedimento: "não consegue de modo algum", "grande dificuldade" ou "alguma dificuldade".

15 Porém, em 2018, o IBGE divulgou uma nota técnica com uma releitura dessas estatísticas. [...] Com isso, passaram a ser identificadas como pessoa com deficiência apenas os indivíduos que tinham "muita dificuldade" ou "não conseguiam de modo algum" enxergar, ouvir, caminhar ou subir degraus. Ao
20 aplicar a nova linha de corte, os dados do Censo 2010 mostraram que o Brasil tinha 12,7 milhões de pessoas com deficiência, equivalente a 6,7% da população – incluindo as pessoas com deficiência mental.

25 A pesquisadora do IBGE Juliana Queiroz prevê que, no Censo 2020, a escala de gradação do nível de dificuldade também deverá ser aplicada para a deficiência mental [...]. Ela explica que a investigação sobre os graus de impedi-
30 mento acompanha as mudanças no conceito de deficiência **biopsicossocial**, que hoje considera a interação da pessoa com o meio, e não apenas a estrutura e funcionalidade corporal.

"Dois corpos que tenham os mesmos impe-
35 dimentos podem ter níveis de deficiência muito diferentes. Por exemplo, uma pessoa que tenha algum nível de cegueira: se ela vive em um país que tenha facilitadores, como sinais de trânsito sonoros para que ela possa atravessar a rua, ela
40 tem uma deficiência muito menor do que uma pessoa que não consegue enxergar e mora em uma favela, em que o meio só lhe oferece impedimentos", explica a pesquisadora.

Gentilmente cedida pelo Bloco Eficiente

Vocabulário

Biopsicossocial: que envolve conjuntamente aspectos biológicos, psicológicos e sociais.
Estandarte: símbolo, lema.

PERISSÉ, Camille. Carnaval inclusivo levanta importância do tema população com deficiência. *Agência IBGE Notícias*, Rio de Janeiro: Revista Retratos, 1 mar. 2019. Disponível em: https://agenciadenoticias.ibge.gov.br/agencia-noticias/ 2012-agencia-de-noticias/noticias/23894-carnaval-inclusivo-levanta-importancia-do-tema-populacao-com-deficiencia. Acesso em: 2 abr. 2020.

1 Comente o nome do bloco, considerando o público que ele reúne e o objetivo com que foi idealizado.

_____

_____

_____

_____

_____

_____

_____

2 Segundo o texto, a escala de gradação do nível de dificuldade dos indivíduos com necessidades especiais usada no Censo de 2010 mudou em 2018. Que mudanças foram essas e que consequências houve para os resultados do Censo com esta releitura?

atividade oral

3 Explique como, segundo o texto, um meio ambiente que se preocupa em facilitar a vida de diferentes tipos de pessoa pode "diminuir" a deficiência de alguém.

_____

_____

4 Modifique os períodos a seguir trocando os trechos sublinhados por orações adverbiais com as circunstâncias pedidas entre parênteses.

a) **(Tempo)** O último Censo Demográfico mostrou <u>em 2010</u> que o país tinha 45,6 milhões de pessoas com deficiência.

_____

b) **(Finalidade)** Considerando que essa festa popular é para todos, alguns blocos carnavalescos aderem à inclusão social <u>como seu principal estandarte</u>.

_____

_____

c) **(Finalidade)** Porém, em 2018, o IBGE divulgou uma nota técnica <u>com uma releitura dessas estatísticas</u>.

_____

d) **(Proporção)** Dois corpos que tenham os mesmos impedimentos podem ter níveis de deficiência muito diferentes <u>eventualmente</u>.

_____

_____

Leia o texto a seguir.

www.arte.seed.pr.gov.br/modules/conteudo/conteudo.php?conteudo=253

História do mangá

Portal Dia a Dia Educação e Multimeios

Cena da animação *A História do Mangá*, produzido pelo Portal Dia a Dia Educação e Multimeios, Curitiba (PR), (s.d.).

Mangá é o nome usado para designar as histórias em quadrinhos em estilo japonês. Ao contrário das histórias em quadrinhos convencionais, sua leitura é feita de trás para frente. Teve origem por meio do Oricom Shohatsu (Teatro das Sombras), que na época feudal percorria diversos vilarejos contando lendas por meio de fantoches. Essas lendas acabaram sendo escritas
5 em rolos de papel e ilustradas, dando origem às histórias em sequência, e consequentemente originando o mangá. Essas histórias passaram a ser publicadas por algumas editoras na década de [19]20, porém sua fama só veio por volta da década de [19]40.

A produção de mangá foi interrompida durante a Segunda Guerra Mundial e retomada somente em 1945 [...]. A prática de ler mangá aumentou consideravelmente nesse período, pois
10 com a guerra poucas atrações culturais restaram. Foi nessa época que surgiu o que podemos chamar de "Walt Disney Japonês", o Ossamu Tezuka, criador dos traços mais marcantes do mangá: Olhos grandes e expressivos.

Os personagens de mangá costumam ter uma forma bem peculiar, além dos grandes olhos, a cabeça grande em relação ao restante do corpo.
15 O mangá abrange um público muito grande tanto de mulheres, quanto de homens de todas as idades. O mangá para meninas chama-se Shojo e suas principais características são: olhos grandes, laços, corações, estrelas e aventuras românticas. Já os mangás de meninos chamam-se Shonen e suas características são: fisicamente as mesmas das meninas, porém com temáticas de torneios de lutas e invenções mecânicas.
20 Com o passar do tempo o mangá saiu do papel e foi parar na televisão, transformando-se em animes (desenhos animados), ganhando mais popularidade e aumentando o número de fãs em todo o mundo. As histórias são sempre variadas e com roupagem sempre nova, personagens expressivos e heroicos como, por exemplo, "Dragon Ball Z" (personagem principal: Goku), "Yu Gi Oh" (personagem principal: Yu Gi).

PARANÁ. Secretaria de Educação. *História do mangá*. Curitiba: Secretaria da Educação do Paraná, [201-]. Disponível em: www.arte.seed.pr.gov.br/modules/conteudo/conteudo.php?conteudo=253. Acesso em: 2 abr. 2020.

5 Você já viu algum desenho em estilo mangá? Qual? Converse com os colegas e o professor a respeito.

atividade oral

6 Segundo o texto, como nasceram os mangás?

_____

7 Como o fim da Segunda Guerra Mundial aumentou a prática de ler mangá?

_____

8 Qual é o traço marcante do mangá, criado por Ossamu Tezuka?

_____

9 Além dos grandes olhos, que outro traço é característico do mangá?

_____

10 Em que parágrafo do texto encontramos informações sobre o público leitor de mangá? Sublinhe.

11 O que são animes?

_____

12 Leia a frase e faça o que se pede.

> A forma de leitura de um mangá japonês é inversa à da leitura de quadrinhos convencionais: inicia-se na última capa do livro, ou seja, é feita de trás para frente.

a) Sublinhe os verbos.

b) Classifique os predicados em que os verbos estão.

_____

13 Nos períodos a seguir:

> • sublinhe os verbos e circule as conjunções;
> • classifique os períodos em simples (**PS**) ou compostos (**PC**).

a) [   ] No Japão, a palavra mangá se refere a qualquer história em quadrinhos.

b) [   ] Os mangás abordam temas variados, como vida escolar, trabalho, esportes, amor, guerra, medo, literatura japonesa e chinesa, economia, finanças, e muito mais.

c) [   ] Essas lendas acabaram sendo escritas em rolos de papel e ilustradas, dando origem às histórias em sequência e consequentemente originando o mangá.

d) [   ] Com o passar do tempo, o mangá saiu do papel e foi parar na televisão,

e) [   ] A ordem de leitura de um mangá japonês é inversa da ocidental, pois a leitura das páginas é feita da direita para a esquerda.

Leia a receita a seguir.

T E X T O 3

Bolo da tribo

Tempo de preparo: 20 min.
Ingredientes

1 copo de requeijão
2 colheres de sopa de salsa picada
5 1 pacote de pão de forma sem casca
1 xícara e meia de chá de maionese
250 gramas de presunto
galhos de salsa e tomate-cereja para decorar

Como fazer

10 Bata no liquidificador o requeijão, o presunto
e a salsa e reserve.
Arrume as fatias de pão em uma bandeja sem bordas e espalhe a pasta por cima.
Empilhe camadas de pão e alterne com a pasta, até terminar o pão.
Cubra o bolo com a maionese e decore com os galhinhos de salsa e o tomate.

BOLO de tribo. *Receitas Nestlé*, [s. l.], c2017. Disponível em: www.receitasnestle.com.br/receitas/bolo-da-tribo. Acesso em: 6 abr. 2020.

14 Esse texto é uma receita culinária. Como em todos os textos desse gênero, o que é apresentado aqui?
atividade oral

15 O título da receita está adequado a ela? Explique sua resposta.

_____

_____

16 Qual substantivo seria melhor do que **bolo** para o título? _____

17 A explicação de como fazer a receita está organizada em orações, agrupadas em períodos. Vamos examiná-los.

a) Separe as orações em cada período.

I. Bata no liquidificador o requeijão, o presunto e a salsa e reserve.

II. Arrume as fatias de pão em uma bandeja sem bordas e espalhe a pasta por cima.

III. Cubra o bolo com a maionese e decore com os galhinhos de salsa e tomate.

b) Esses períodos são de que tipo?

_____

c) As orações de cada período estão unidas de que forma?

_____

d) Que noção as segundas orações de cada período acrescentam? Classifique essas orações.

_____

e) As primeiras orações de cada período são iniciadas por conjunção? Classifique-as.

_____

18 Classifique as orações coordenadas destacadas nos períodos a seguir.

a) Convidei-o para uma partida de dominó **e ele aceitou.** _____

b) Estava morrendo de fome, **porém não comia, pois estava em jejum.** _____

_____

c) Não encontrei os deveres feitos **nem vi o quarto arrumado.** _____
d) Meu pai deixou eu ir, **minha mãe, no entanto, não quer nem ouvir falar em escalada.**

_____

e) Ou você fala no celular, **ou dirige o carro.** _____

f) Já acabou a semana; **é, pois, dia de descanso.** _____

g) Sei que não tem chovido por aqui, **porque a grama está muito seca.** _____

h) Estou esperando a Paty, **não quero comer sem ela.** _____

19 Crie um período com cada dupla de orações coordenadas usando, para uni-las, uma conjunção do quadro a seguir. Faça as alterações necessárias e preste atenção à pontuação.

> nem   mas   ou... ou   logo   que

a) Vou fechar a janela./O vento está forte

_____

b) Gosto muito de chocolate./Estou fazendo dieta.

_____

c) Hoje é domingo./Não tenho aula.

_____

d) O macaco não desceu da árvore./O macaco não comeu a banana.

_____

e) Maria acorda cedo./Maria fica vendo TV até tarde.

_____

20 Em cada item da atividade anterior, diga qual é a noção que a conjunção confere ao período.

_____

_____

21 Leia o trecho de um conto do escritor cearense Mino. É possível entender o texto e acompanhar sua coesão e coerência sem a presença de palavras que exerçam a função de conectivos.

Como se conjuga um empresário

Acordou. Levantou-se. Aprontou-se. Lavou-se. Barbeou-se. Enxugou-se. Perfumou-se. Lanchou. Escovou. Abraçou. Beijou. Saiu. Entrou. Cumprimentou. Orientou. Controlou. Advertiu. Chegou. Desceu. Subiu. Entrou. Cumprimentou. Assentou-se. Preparou-se. Examinou. Leu. Convocou. Leu. Comentou. Interrompeu. Leu. Despachou. Conferiu. Vendeu. Vendeu. Ganhou. Ganhou. Ganhou. Lucrou. Lucrou. Lucrou. Lesou. Explorou. Escondeu. Burlou. Safou-se. Comprou. Vendeu. Assinou. Sacou. Depositou. Depositou. Depositou.

MINO. Como se conjuga um empresário. *In*: SOUZA, Luiz Marques de; CARVALHO, Sérgio Waldeck de. *Compreensão e produção de textos*. Petrópolis: Vozes, 1995. p. 461.

a) O que o narrador descreve nesse texto?

b) Como ele faz isso? O texto segue uma ordem?

c) Que classe de palavra ele usa para alcançar seu objetivo? _____

d) Pensando nisso, explique o título "Como se conjuga um empresário", se, na verdade, ele narra um dia na vida do empresário.

_____

e) Em que tempo e modo estão flexionados os verbos do texto? Justifique sua resposta.

_____

f) Como sabemos qual é o sujeito desses verbos e onde ele está? Qual é o único substantivo do texto?

_____

g) Alguns verbos se repetem. Explique por quê.

_____

h) Há um trecho em que são descritos aspectos negativos do tipo de empresário apresentado no texto. Identifique esse trecho.

_____

i) O texto é todo construído com pequenos períodos. De que tipo são eles? _____

j) Reescreva os trechos a seguir transformando cada item em um só período formado de orações coordenadas, que devem ser unidas com a noção sugerida entre parênteses.

I. Acordou. Levantou-se. (adição)

_____

II. Vendeu. Vendeu. Ganhou. (conclusão)

_____

III. Lucrou. Lucrou. Lucrou. (adição)

_____

IV. Lesou. Explorou. Escondeu. (contraste, oposição)

_____

Retomar

PERÍODO COMPOSTO POR COORDENAÇÃO

Orações coordenadas assindéticas

Marcos adoeceu. Não quer comer, brincar, ir à escola.

Orações coordenadas sindéticas

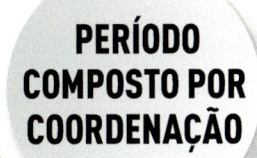
Para um texto melhor, gramática! Conjunções adversativas

Coesão textual e relações semânticas entre orações coordenadas

Cristiane Viana

Já é tarde! Preciso desligar o computador e ir dormir.

Aditiva

Queria tanto brincar lá fora, **mas** começou a chover.

Adversativa

Ou você arruma seu quarto, ou vai estudar. Brincar só depois das obrigações.

Alternativa

Eu estudei muito, **logo** mereço uma boa nota nesta prova.

Conclusiva

Eu não consegui comprar os ingressos, **pois** a fila estava grande.

Explicativa

Sete pecados sociais: política sem princípios, riqueza sem trabalho, prazer sem consciência, conhecimento sem caráter, comércio sem moralidade, ciência sem humanidade e culto sem sacrifício.

Mahatma Gandhi.

Keystone/Hulton Archive/Getty Images

Mahatma Gandhi, Londres, 1948.

Período composto por subordinação

Leia a tira a seguir.

WATTERSON, Bill. *Calvin & Haroldo.*

Boa tentativa, Calvin! Mas sua mãe não caiu mesmo nessa...

1. Explique qual era o plano de Calvin.

2. Cite duas razões que impediram a mãe de Calvin de acreditar na história dele.

_____

_____

3. Explique o pensamento de Calvin no último quadrinho.

_____

4. Nas tirinhas, até por causa do pouco espaço disponível nos balões, a linguagem costuma ser enxuta; por isso, as frases ou períodos tendem a ser curtos. Nos três primeiros quadrinhos, lemos:

   I. Alienígenas pousaram no quintal!

   II. Vai lá! Eu cuido dos biscoitos na cozinha!

   III. Rápido! Corra!

   a) Sublinhe os verbos ou locuções verbais e separe as orações.

   b) As orações que você separou estão sintaticamente ligadas umas às outras?

   _____

   c) Em: "Vai lá! Eu cuido dos biscoitos na cozinha!" temos duas orações coordenadas? Explique sua resposta.

   _____

   _____

   _____

5 Mas na fala da mãe de Calvin, no último quadrinho, não há oração coordenada. Observe:

Calvin, você acha que eu sou idiota?

a) Sublinhe os verbos desse período.

b) Qual é a classe da palavra **que** no período?

_____

c) Lembrando que as conjunções geralmente iniciam uma oração, separe as orações.

d) Diga qual é a função de cada termo na primeira oração e explique como você chegou a essa conclusão.

_____

_____

_____

e) Em relação à predicação, como se classifica o verbo **achar**? _____

f) Então, qual é o complemento desse verbo, ou seja, o que "você acha"? _____

g) Esse período é simples? Explique sua resposta.

_____

h) Indique os termos que completam a tabela escolhendo-os entre os relacionados a seguir.

| objeto direto | sujeito | verbo transitivo direto | vocativo |

Período simples	I. [Calvin,	você	**acha**	isto?]
Período composto	II. [Calvin,	você	**acha]**	[que eu sou idiota?]
	a) _____	b) _____	c) _____	d) _____

Em **I**, o objeto direto é a palavra **isto**.

Em **II**, o objeto direto é a oração **[que eu sou idiota?]**.

O período **II** é composto por subordinação.

> **Período composto por subordinação** é aquele em que há uma oração principal e uma ou mais orações subordinadas.

Em um período composto por subordinação, pelo menos um dos termos da oração principal é uma oração subordinada, que desempenha uma função sintática na oração principal.

Oração subordinada

As orações subordinadas desempenham diferentes funções em relação à oração principal e são classificadas de acordo com a função que exercem.

As orações subordinadas podem ser: **substantivas**, **adjetivas** ou **adverbiais**.

As orações subordinadas são iniciadas por conjunções subordinativas (integrantes ou adverbiais) ou por pronomes relativos.

Nesta unidade, vamos conhecer diferentes tipos de orações subordinadas substantivas.

Oração subordinada substantiva

Oração subordinada substantiva é aquela que tem valor de substantivo. Ela exerce a função sintática de substantivo em relação à oração principal e pode ser: sujeito, objeto direto, objeto indireto, predicativo, complemento nominal ou aposto.

1 Compare estes dois períodos e faça as atividades.

> **I.** Elias esperou a chegada do amigo.   **II.** Elias esperou que o amigo chegasse.

a) O período _____ é simples (uma só oração); o período _____, composto (tem mais de uma oração).

b) Sublinhe os verbos e separe as orações de **II**.

c) Compare a função do termo "a chegada do amigo" em **I** com a função da oração "que o amigo chegasse" em **II**. Qual é essa função?

_____

2 Complete o quadro escrevendo as funções a seguir em seus devidos lugares: sujeito; predicado; OD.

• Período simples (uma oração):

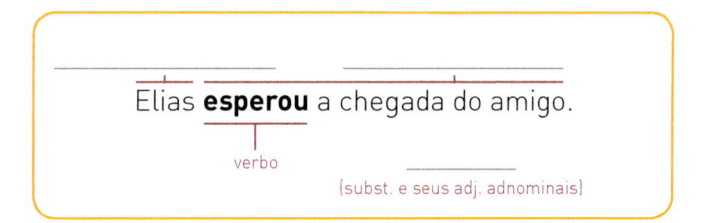

• Período composto (mais de uma oração):

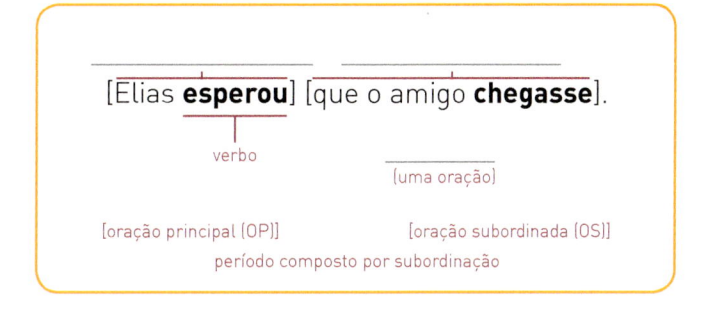

As orações subordinadas substantivas são, geralmente, iniciadas por uma conjunção subordinativa integrante: **que** ou **se**.

sujeito — [Elias queria] predicado — [**que** Flávio chegasse logo].
verbo — OD (conjunção + sujeito + predicado)

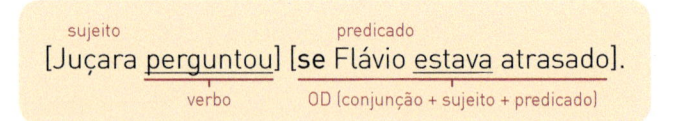

sujeito — [Juçara perguntou] predicado — [**se** Flávio estava atrasado].
verbo — OD (conjunção + sujeito + predicado)

Em alguns casos, elas podem ser iniciadas por um pronome indefinido, por um pronome ou advérbio interrogativo ou exclamativo.

Perguntei **por que** estava dormindo. (**se, como, onde, quem, quando**)

Para reconhecer uma oração subordinada substantiva, você pode substituí-la:
- por um substantivo que tenha o mesmo sentido da oração que queremos classificar;

Pedi [**que** fizessem silêncio].
or. subord. subst. objetiva direta

Pedi **silêncio**.
OD

- pelos pronomes **isso**, **isto** ou **aquilo**.

Achei [**que** o problema não tinha solução].
or. subord. subst. objetiva direta

Achei **isso**.
OD

Lembre-se de incluir a preposição, se ela estiver na oração original.

Não se esqueça [de **que** ele chega amanhã].
or. subord. subst. objetiva indireta

Não se esqueça **da chegada dele** amanhã.
OI (prep. de + subst. chegada)

Não se esqueça **disso**.
OI (prep. de + subst. chegada)

3 Nas frases a seguir:
- sublinhe os verbos;
- circule as conjunções subordinativas integrantes;
- separe, com colchetes, as orações substantivas; e

Veja o modelo.

- reescreva, no caderno, cada período substituindo a oração substantiva por um substantivo de sentido parecido com o da oração.

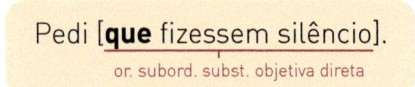

Tenho certeza [de que ela é inocente]. Tenho certeza da inocência dela.

a) Carlinhos viu que o irmão chegou.

b) Descobri que você é culpado.

c) É importante que você esteja presente.

d) Esperei que Elisa voltasse.

e) Estela pediu ao pessoal que fizesse silêncio.

f) Quero que a primavera chegue logo.

Funções das orações subordinadas substantivas nos períodos

As orações subordinadas substantivas podem desempenhar diferentes funções nos períodos: sujeito, objeto direto, objeto indireto, complemento nominal, predicativo e aposto.

De acordo com a função sintática que exercem, podemos classificá-las em:

> subjetivas objetivas diretas objetivas indiretas
> completivas nominais predicativas apositivas

Veja como é fácil!

Oração subordinada substantiva subjetiva

1 No título da notícia:

FLORESTI, Felipe. "É importante que [...]". *Galileu*, São Paulo, 14 nov. 2017. Disponível em: https://revistagalileu.globo.com/Sociedade/noticia/2017/11/e-importante-que-os-brasileiros-se-manifestem-favor-da-ciencia.html. Acesso em: 7 abr. 2020.

a) Quais são os verbos e quantas orações há nele? _____

b) Separe essas orações.

c) Qual é o sujeito do verbo **é**, ou seja, o que "é importante"?

_____

d) Circule a conjunção integrante e classifique as duas orações.

- É importante: _____

- que os brasileiros se manifestem a favor da ciência: _____

Vimos que a segunda oração exerce a função sintática de **sujeito** da oração principal. É uma **oração subordinada substantiva subjetiva**. Essas orações são geralmente, iniciadas por uma conjunção subordinativa integrante (**que**, **se**).

Oração principal (predicado)	Oração subordinada substantiva subjetiva (sujeito)
É importante É importante	[**que** você não falte!] isso!
Parece Parece	[**que** o filme é muito bom!] isso!

Quase sempre, as orações desse tipo estão na **ordem inversa**. Para reconhecê-las, fica mais fácil se você as colocar na ordem direta.

Oração subordinada substantiva subjetiva	Oração principal
[**Que** você não falte] sujeito Isso	é importante! predicado é importante!
[**Que** o filme é muito bom] sujeito Isso	parece! predicado parece.

Conheça **alguns verbos e expressões** que, em geral, têm como sujeito uma oração subordinada substantiva.
- **Acontecer**, **constar**, **cumprir**, **ocorrer**, **parecer**, **convir**, quando empregados na terceira pessoa.
- **Sabe-se**, **conta-se**, **diz-se**, verbos na voz passiva sintética.
- **É bom**, **é claro**, **é certo**, **é preciso**, verbos de ligação + predicativo. Nesse caso, os verbos ficam na terceira pessoa do singular.

2 Sublinhe as orações subordinadas substantivas subjetivas.

a) Acontece que eu cheguei primeiro.

b) Conta-se que ele praticou surfe desde pequeno.

c) Convém que você arrume seu quarto direitinho.

d) Diz-se por aí que a escola vai fechar.

e) É claro que vou ao seu aniversário!

f) É preciso que arrumem logo o palco.

g) Ocorre que esta turma é muito esperta.

h) Parece que ninguém te escutou.

Oração subordinada substantiva objetiva direta

Leia a charge ao lado.

1 O cartum apresenta as expectativas para 2020 sob o ponto de vista de pessoas e do próprio ano que se aproxima.

a) O que as pessoas esperam?

b) E o ano, o que espera das pessoas?

c) O que esse cartum nos sugere sobre nossa atitude diante da vida?

EXPECTATIVAS...

EU ESPERO QUE ESTE ANO SEJA MELHOR QUE O ANO ANTERIOR!

E EU ESPERO QUE AS PESSOAS SEJAM MELHORES!

Gazo

CAZO. *Diário Popular (RS)*. Disponível em: www.facebook.com/diariopopularRS/posts/3094810177213596/. Acesso em: 8 abr. 2020.

2 Leia:

> Eu espero que este ano seja melhor que o anterior.
> E eu espero que as pessoas sejam melhores.

a) Separe as orações.

b) Quais são as orações principais de cada período? Sublinhe.

c) Qual é a conjunção que introduz as orações subordinadas? Classifique-a.

_____

d) Qual é a função das orações subordinadas desses períodos?

_____

Essas são **orações subordinadas substantivas objetivas diretas**.

Exercem a função sintática de **objeto direto** de um verbo da oração principal. São, geralmente, iniciadas por uma conjunção subordinativa integrante (**que**, **se**).

Para reconhecer uma oração subordinada substantiva objetiva direta, você deve procurar um verbo transitivo direto na oração principal.

Oração principal	Oração subordinada substantiva objetiva direta
Não sei VTD Não sei	[**se** a sessão já começou]. OD isso.
Quero VTD Quero	[**que** o Carnaval chegue logo]. OD isso.

3 Relacione a coluna da direita com a da esquerda: junte a oração principal com uma subordinada objetiva direta em um período que faça sentido.

Orações principais

a) ( ) Regina nos pediu

b) ( ) A diretora declarou

c) ( ) O noticiário avisou

d) ( ) O porteiro permitiu

e) ( ) Perguntei a Lena

f) ( ) O Ibama recomendou

g) ( ) O passageiro solicitou

h) ( ) Os pesquisadores temem

Orações subordinadas substantivas objetivas diretas

I. que os ingressos já esgotaram.

II. que os meninos entrassem sem convite.

III. que a ajudássemos na arrumação.

IV. que o ônibus parasse fora do ponto.

V. que a nossa turma ganhou a gincana.

VI. que os visitantes respeitassem os animais.

VII. se ela se alegrou com a vitória.

VIII. que os pinguins se machuquem.

Oração subordinada substantiva objetiva indireta

Leia a placa abaixo.

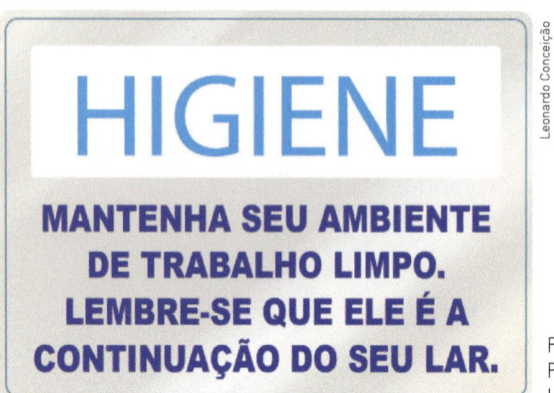

Leonardo Conceição

Fonte: https://sinatran.com.br/loja/image/cache/catalog/PLACA/15%20-%20SA%C3%9ADE/03%20-%20HIGIENE/HI%20-46-350x350.jpg. Acesso em: 8 abr. 2020.

1 A placa tem o objetivo de alertar a todos sobre a limpeza no ambiente de trabalho. Como pretende ser compreendida por muitas pessoas, a linguagem escolhida é formal ou informal?

_____

Podemos reconhecer esse tipo de linguagem na maneira como foi usado o verbo **lembrar-se**, que é transitivo indireto: eu me lembro **de** alguma coisa ou **de** alguém.

2 Reescreva a oração da placa na linguagem formal.

Lembre-se que ele é a continuação do seu lar.

_____

a) Agora separe as orações do período que você escreveu na atividade anterior. Indique a oração principal e a subordinada.

_____

_____

b) Que função a oração subordinada substantiva exerce na oração principal?

_____

Por isso, ela é uma oração subordinada substantiva objetiva indireta.

Esse tipo de oração exerce a função sintática de **objeto indireto** da oração principal. É, geralmente, iniciada por uma conjunção subordinativa integrante (**que**, **se**), precedida de **preposição**.

Para reconhecê-la, você deve procurar, na oração principal, um verbo transitivo indireto, ou seja, que venha necessariamente seguido de preposição (**duvidar de, insistir em, gostar de, confiar em, corresponder a** etc.).

Oração principal	Oração subordinada substantiva objetiva indireta
Lembre-se VTI	[de **que** você será o primeiro no desfile]. OI
Lembre-se	disso.
Ele confiou VTI	[em **que** você ficaria calada]. OI
Ele confiou	nisso.

Dependendo do verbo ou do registro do texto (formal ou informal), a preposição que precede a oração objetiva indireta pode ser suprimida.

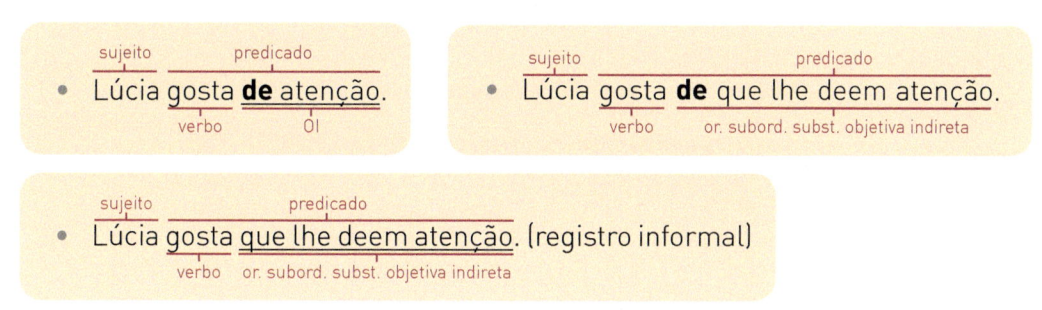

- Lúcia gosta **de** atenção.
  verbo / OI

- Lúcia gosta **de** que lhe deem atenção.
  verbo / or. subord. subst. objetiva indireta

- Lúcia gosta que lhe deem atenção. (registro informal)
  verbo / or. subord. subst. objetiva indireta

3 Sublinhe os objetos indiretos. Depois reescreva, no caderno, os períodos substituindo os objetos indiretos por orações subordinadas substantivas objetivas indiretas.

a) Nunca esqueci da sua declaração de amor.

b) Mamãe duvidou da verdade da história de Priscila.

c) A professora precisava de mais giz.

d) Prefiro bom comportamento a bagunça.

e) Não acredito em bom tempo no domingo.

f) Ester não gosta de abobrinha.

Oração subordinada substantiva completiva nominal

Leia o texto a seguir.

https://brasil.elpais.com/brasil/2018/03/08/internacional/1520503255_226048.html

As líderes mundiais se somam à luta feminista no Dia Internacional da Mulher mais global

Chefes de Governo como Theresa May, Angela Merkel e Jacinda Ardern defenderam a necessidade de equiparar os direitos entre homens e mulheres

AS LÍDERES mundiais [...]. *El País*, Madri, 8 mar. 2018. Disponível em: https://brasil.elpais.com/brasil/2018/03/08/internacional/1520503255_226048.html. Acesso em: 8 abr. 2020.

1 Na apresentação da reportagem acima, lemos:

I. [Chefes de Governo defenderam a necessidade] [de equiparar os direitos entre homens e mulheres]

Complete. Outra forma de escrever esse período, sem usar o infinitivo na segunda oração, seria:

II. [Chefes de Governo defenderam a necessidade] [de _____]

a) Tanto em **I** quanto em **II**, a segunda oração completa qual termo da principal?

_____

b) Introduzida pela preposição **de**, ela tem a função de _____.

Trata-se de uma **oração subordinada substantiva completiva nominal**, que exerce a função sintática de complemento nominal de um nome da oração principal. É, geralmente, iniciada por conjunção subordinativa integrante (que, se), precedida de preposição.

Para reconhecer uma oração subordinada substantiva completiva nominal, você deve procurar, na oração principal, um nome (**substantivo**, **adjetivo** ou **advérbio**) de sentido incompleto.

Oração principal	Oração subordinada substantiva completiva nominal
Ele tem certeza Ele tem certeza	[de **que** vai ganhar a eleição]. disso.
No Brasil há necessidade No Brasil há necessidade	[de **que** se acabe com o analfabetismo]. disso.

Complemento nominal (CN) é o termo da oração que completa a significação de um **nome** (substantivo, adjetivo ou advérbio), e é normalmente iniciado por uma **preposição**.

• Fumar é prejudicial **à saúde**.
  adjetivo   CN

Você pode notar que o nome (adjetivo) **prejudicial** funciona como um nome transitivo, ou seja, nome cujo sentido precisa ser completado.

• Prejudicial a que ou a quem? ——▶ **À saúde**.

O complemento nominal representa o paciente ou recebedor, o alvo da declaração expressa por um nome. É regido pelas mesmas preposições do objeto indireto. Difere deste apenas porque, em vez de complementar **verbos**, complementa nomes (**substantivos**, **adjetivos**) e alguns **advérbios** terminados em **-mente**.

Oração subordinada substantiva predicativa

Leia o texto a seguir.

http://g1.globo.com/jornal-hoje/noticia/2015/03/serie-do-jornal-hoje-fala-sobre-lingua-coloquial-falada-nas-ruas.html

Série do *Jornal Hoje* aborda a língua portuguesa coloquial falada nas ruas

[...]

A série "A Língua Que a Gente Fala" aborda a língua falada em conversas coloquiais, espontâneas, com os amigos, por exemplo. [...]

A repórter Ana Zimmerman viajou para seis estados e para o
5 Distrito Federal para mostrar como os brasileiros falam no dia a dia.

A primeira reportagem da série mostra que a língua falada nas ruas é sempre viva e muda a cada dia. É errado falar "É nóis", "tá ligado", "veio", "vem ni mim"? Para os pesquisadores do Museu da Língua Portuguesa, o importante é que as pessoas se entendam. [...]

Museu da Língua Portuguesa, São Paulo, 2015.

Martha MGR/Moment/Getty Images

ZIMMERMAN, Ana. Série do *Jornal Hoje* [...]. *G1*, São Paulo, 21 mar. 2015. Disponível em: http://g1.globo.com/jornal-hoje/noticia/2015/03/serie-do-jornal-hoje-fala-sobre-lingua-coloquial-falada-nas-ruas.html. Acesso em: 8 abr. 2020.

1 Leia o período a seguir.

> **I.** Para os pesquisadores do Museu da Língua Portuguesa, o importante é o entendimento entre as pessoas.

a) Sublinhe os verbos e diga se é um período simples ou composto.

b) Que tipo de verbo foi usado e como se classifica o predicado?

_____

c) Qual é a função dos termos a seguir?

• o importante: _____

• o entendimento entre as pessoas: _____

2 Compare agora o período **I** com o período **II** abaixo, como está no texto.

> **II.** Para os pesquisadores do Museu da língua Portuguesa, o importante é que as pessoas se entendam.

a) Sublinhe os verbos e diga se é um período simples ou composto.

_____

b) Diga quais são as diferenças entre os predicativos dos dois períodos.

_____

c) Como se inicia a segunda oração do período **II**?

_____

d) Classifique as orações do período **II**.

• Para os pesquisadores do Museu da Língua Portuguesa, o importante é:

_____

• que as pessoas se entendam: _____

A oração subordinada substantiva predicativa exerce a função sintática de **predicativo de um sujeito** que está na oração principal. É, geralmente, iniciada por conjunção subordinativa integrante (**que**, **se**).

Para reconhecê-la, você deve procurar na oração principal um verbo de ligação (VL), como ser, estar, permanecer etc.

Oração principal	Oração subordinada substantiva predicativa
Meu medo é sujeito VL	[**que** ele se atrase]. predicativo do sujeito
Meu medo é	isso.
A verdade é sujeito VL	[**que** ele acreditava na vitória]. predicativo do sujeito
A verdade é	isso.

Ampliar

Editora Boa Companhia

A menina sem palavra: histórias de Mia Couto, de Mia Couto (Boa Companhia)

Os 17 contos dessa antologia compõem um panorama surpreendente do universo infantil de Moçambique. Habituado a ler sobre a violência e a miséria dos povos africanos, o leitor encontra aqui uma abordagem delicada e diferente. As histórias tratam de relações familiares, da orfandade como resultado dos anos de guerra, da realidade de crianças submetidas a trabalho infantil e dos sinais que restaram da luta pela independência. A construção das narrativas é inspirada na linguagem oral, no fantástico e no religioso.

3 Sublinhe os predicativos do sujeito. Depois reescreva os períodos substituindo os predicativos por orações subordinadas substantivas predicativas.

a) A ideia da avó é uma festa surpresa para a neta.

_____

b) A maior preocupação dos pais é a segurança dos filhos.

_____

c) A preocupação do treinador era a câimbra no nadador por causa da água fria.

_____

d) Meu desejo era uma nova oportunidade.

_____

e) O aviso do salva-vidas foi: cuidado com a correnteza.

_____

f) O certo seria a Elisa em primeiro lugar.

_____

g) O problema foi a sua teimosia.

_____

h) O receio da menina era a água muito gelada.

_____

i) O último boato é greve dos funcionários.

_____

Oração subordinada substantiva apositiva

As orações subordinadas substantivas apositivas são muito menos frequentes do que as outras substantivas, e são empregadas para realçar a informação que contêm.

1 Nas frases a seguir, copie os apostos.

a) Ontem, quinta-feira, foi o dia da estreia da peça. _____

b) José, pai de Marina, é meu colega de trabalho. _____

c) Paulo tinha um grande sonho: a chegada de sua formatura. _____

d) Esse era meu maior receio: chuva no dia do passeio. _____

e) Não consigo aceitar uma coisa: a sua falta à prova. _____

2 Reescreva no caderno os períodos do item 1 transformando os apostos em orações subordinadas, começadas por **que**.

As orações subordinadas substantivas apositivas exercem a função sintática de aposto de um nome da oração principal. São, geralmente, iniciadas por conjunção subordinativa integrante (que, se) e precedidas de vírgula ou de dois-pontos.

Para reconhecê-las, você deve procurar, na oração principal, um substantivo, pronome ou equivalente que seja explicado pela oração apositiva.

Oração principal	Oração subordinada substantiva apositiva
O problema é este: pronome	[que ninguém me avisou do perigo].
O problema é este:	isso.
Ele só me pediu uma coisa: substantivo	[que ninguém faltasse ao ensaio].
Ele só me pediu uma coisa:	isso.

3 Separe as orações e substitua as orações subordinadas substantivas apositivas por um aposto que não seja oracional.

a) A amiga lhe disse apenas isto: que ela acreditasse na sua sinceridade.

_____

b) A senhora só tinha um desejo: que a levassem de volta para sua casa.

_____

c) Ela só pediu um favor: que a amiga a ajudasse com o trabalho.

_____

d) Ele só queria isto: que esperassem pelo seu amigo.

_____

e) O problem é este: que o mar está de ressaca.

_____

f) O que me disseram foi isto: que as aulas estão suspensas.

_____

4 Sublinhe os verbos, separe as orações e diga se as orações subordinadas têm a função de: sujeito (S), objeto direto (OD), objeto indireto (OI), complemento nominal (CN), predicativo (P) ou aposto (A).

a) ☐ A circular sobre a formatura se dirige a quem está no terceiro ano.

b) ☐ É importante para sua mãe que você coma bem.

c) ☐ O mais importante é que sejamos honestos.

d) ☐ Os meninos descobriram que fomos ao cinema.

e) ☐ Por que você tem certeza de que ele é culpado?

f) ☐ Só tenho uma preocupação: que ele não se resfrie.

Atividades

Leia o texto a seguir.

https://cienciafundamental.blogfolha.uol.com.br/2020/03/05/como-a-natureza-ajuda-a-nos-salvar-de-nos-mesmos/

Como a natureza ajuda a nos salvar de nós mesmos

De 1870 até hoje, atividades humanas como queimar **combustíveis fósseis** ou florestas despejaram 2 trilhões de toneladas de **gás carbônico** na atmosfera. Medições detalhadas, porém, indicam que o volume de CO_2 na at-
5 mosfera aumentou em "apenas" 840 bilhões de toneladas. Tal descompasso numérico foi muitas vezes usado pelos **céticos** das mudanças climáticas como prova de que os números por trás da teoria do aquecimento global não batiam.

Na verdade, a diferença aponta para algo muito impor-
10 tante: o papel que a natureza tem tido, tem e pode – ou não – continuar tendo no combate ao aquecimento global. Os quase 1,16 trilhões de toneladas de CO_2 que faltam para zerar a conta não estão na atmosfera por uma razão simples: os ecossistemas terrestres e marinhos absorveram
15 58% de tudo que emitimos até hoje. É por causa deles que hoje experimentamos um aquecimento médio de 1,1 °C, e não mais do que 2 °C. Sem eles, já estaríamos em um mundo onde a rotina diária seria de intensas secas, enchentes, tempestades e crises agrícolas, das quais resultariam colap-
20 sos de ordem social e econômica.

[...]

O desempenho colossal e comprovado da natureza no combate ao aquecimento global serve de inspiração para aqueles que buscam as chamadas "soluções baseadas na
25 natureza" (SBN) – ações para **maximizar** o papel da natureza no combate às mudanças climáticas. A maior delas é, disparado, de uma simplicidade a toda prova: o esforço para aumentar a área e a **integridade** dos **ecossistemas**. Ações de conservação para evitar a perda de florestas e ou-
30 tros ecossistemas naturais, além de ações de restauração dos ecossistemas desmatados ou degradados, respondem por grande parte do potencial das SBN. A outra parte diz respeito ao melhor manejo do solo e de terras onde se praticam agricultura e pecuária.
35 [...]

Se perdermos o auxílio da natureza, não há esperança de vencer essa luta. Se atuarmos para **incrementar** o papel dela, ganharemos de **bônus** incontáveis outros benefícios com profundos impactos no bem-estar humano. Parece-me um bom negócio.

Elvis Antson/Shutterstock.com

Vocabulário

Bônus: algo que se dá ou recebe além do esperado.

Cético: que duvida ou descrê.

Combustível fóssil: designação genérica dos combustíveis obtidos da transformação de matérias orgânicas preservadas do contato com o ar (turfa, gás natural, hulha, linhito, petróleo etc.).

Ecossistema: sistema que inclui os seres vivos, o meio ambiente e suas inter-relações; biossistema.

Gás carbônico: substância (CO_2), gasosa, incolor, inodora, produzida pela respiração e pela queima de substâncias que contêm carbono.

Incrementar: tornar maior, mais desenvolvido.

Integridade: característica do que está inteiro; inteireza.

Maximizar: dar mais valor ou importância a algo.

STRASSBURG, Bernardo B. N. Como a natureza ajuda a nos salvar de nós mesmos. *Folha de S.Paulo*, São Paulo, 5 mar. 2020. Disponível em: https://cienciafundamental.blogfolha.uol.com.br/2020/03/05/como-a-natureza-ajuda-a-nos-salvar-de-nos-mesmos/. Acesso em: 26 maio 2020.

1 Quais atividades humanas são citadas no texto como enormemente prejudiciais à atmosfera de nosso planeta?

 atividade oral

2 Em que parágrafo ficamos sabendo que no meio ambiente reside grande esperança para o combate às mudanças climáticas?

_____

_____

3 Sublinhe, nesse parágrafo, os trechos que informam quais ecossistemas têm nos ajudado e o prejuízo que teríamos se eles não atuassem.

4 Depois de reler o terceiro parágrafo, faça um resumo das "soluções baseadas na natureza" (SBN) – ações para maximizar o papel da natureza no combate às mudanças climáticas.

_____

_____

_____

5 Explique o título do texto.

_____

_____

_____

6 Nos períodos a seguir, diga as funções que as orações subordinadas substantivas destacadas exercem.

a) **[Que se aumentem ações de conservação de florestas e outros ecossistemas naturais]** [é uma das metas das chamadas SBN.]

_____

b) [O importante é] **[que a própria natureza tem tido papel fundamental no combate ao aquecimento global.]**

_____

c) [Medições detalhadas, porém, indicam] **[que o volume de CO_2 na atmosfera aumentou em "apenas" 840 bilhões de toneladas.]**

_____

d) [Os céticos duvidam] **[de que a teoria do aquecimento global seja verdadeira.]**

_____

e) [Tal descompasso numérico foi muitas vezes usado pelos céticos das mudanças climáticas como prova] **[de que os números por trás da teoria do aquecimento global não batiam.]**

_____

_____

7 Leia os períodos a seguir e:

- sublinhe os verbos;
- indique a oração principal;
- indique a oração subordinada e a conjunção subordinativa;
- lembre-se de que essa conjunção inicia a oração subordinada;
- diga a função que a oração subordinada exerce em relação à principal.

a) A verdade é que precisamos de amigos.

_____

_____

b) É fundamental que você compareça à reunião.

_____

_____

c) Lembre-se de que você é meu irmão.

_____

_____

d) Mandou que o cachorro se sentasse.

_____

_____

e) Só quero uma coisa: que você me deixe em paz.

_____

_____

f) Tenho a impressão de que ele se assustou comigo.

_____

_____

g) Nosso grupo foi elogiado por quem viu nosso trabalho.

_____

_____

_____

8 Reescreva as frases substituindo os termos em destaque por orações que tenham a mesma função. Inicie as orações pela conjunção **que** (precedida de preposição, se necessário) e faça nas frases as mudanças que precisar. Veja o exemplo.

> Espero **a chegada de meu irmão**. ⟶ Espero **que meu irmão chegue.**

a) Ele agora sabia de sua necessidade **de socorro**.

_____

b) No fundo, o que o manteve vivo foi a expectativa **de salvação**.

_____

c) O importante é **calma**.

_____

d) É preciso **cuidado** com os tubarões.

_____

e) Quero **a sua ajuda**.

_____

f) Eu só queria uma coisa: **salvação!**

_____

g) Preciso com urgência **de um tratamento**.

_____

Leia a tira a seguir.

ITURRUSGARAI, Adão. *Folha de S.Paulo*, 5 maio 2003.

9 Releia a oração do primeiro quadrinho.

Os homens são [...] uns insensíveis!...

a) Identifique o sujeito e o predicado.

_____

b) O verbo usado nessa oração é um verbo significativo ou verbo de ligação?

_____

c) Esse predicado é verbal, nominal ou verbo-nominal?

_____

d) Identifique e classifique o núcleo do predicado.

_____

_____

_____

_____

_____

10 Em que quadrinho encontramos o argumento que defende a ideia de Aline sobre os homens?

_____

11 A resposta do pai satisfez Aline? Explique sua resposta.

_____

_____

_____

_____

12 Classifique os termos sublinhados na oração:

- Eles nunca lembram de uma data importante!

_____

_____

_____

Leia a tira a seguir.

TEXTO 3

ZIRALDO. *O Menino Maluquinho*.

13 Um fora da lei é alguém que faz o quê?

_____

_____

14 **Cara de pau** refere-se a alguém que não tem vergonha das coisas erradas que faz. Logo, essa expressão faz parte da mesma área semântica de qual outro termo do segundo quadrinho?

_____

15 Por outro lado, entre as palavras que se juntaram para compor **cara de pau**, uma delas é da mesma área semântica de qual expressão encontrada no primeiro quadrinho?

_____

16 O que o Menino Maluquinho pensa a respeito do corte de árvores da floresta?

_____

17 Em "Quem entra na floresta e corta a madeira de lei é um fora-da-lei?", a quem se refere **um fora da lei**, ou seja, quem tem esse atributo?

_____

_____

18 Nesse sujeito encontramos quantos verbos?

_____

19 Logo, são quantas orações, unidas pela conjunção **e**?

_____

20 Podemos afirmar que o sujeito de "é um fora-da-lei" é oracional (ou seja, formado por oração)?

_____

_____

21 Classifique as orações a seguir.

[Quem entra na floresta] [e corta a madeira de lei] [é um fora da lei]?

_____

_____

Leia a charge abaixo.

Postei no facebook que nosso avião caiu no mar e que estamos perdidos em uma ilha deserta...

E aí?! Alguém comentou quando o socorro vem?!

Não, mas 35 pessoas curtiram...

Thiago Bertoni

22 O que aconteceu com a notícia que o rapaz postou no Facebook?

atividade oral

23 Mas o que, segundo a charge, era esperado e não aconteceu?

24 Qual é a crítica da charge sobre as relações nas redes sociais?

25 Responda às questões sobre o período a seguir.

> Postei no facebook que nosso avião caiu no mar e que estamos perdidos em uma ilha deserta...

a) Indique quantas orações compõem o período e quais são.

_____

b) Classifique o período. _____

c) Qual é a predicação do verbo **postar**? _____

d) De que tipo de complemento ele vem normalmente acompanhado? Exemplifique.

_____

e) Considerando sua resposta anterior, releia o período e classifique as orações que o compõem.

_____

_____

26 Nos períodos a seguir, diga qual é a função das orações subordinadas assinaladas.

a) Convém [que todos prestem atenção agora]. _____

b) Os torcedores desejam [que seus times ganhem sempre]. _____

c) Eu sou [quem sou]. _____

d) Tenho certeza [de que você não me esquecerá]. _____

e) Eu não sabia [que a festa estava tão animada]. _____

f) Lembrei-me [de que hoje é seu aniversário]. _____

g) Eu sei uma coisa — [que não sei de nada]. _____

h) É preciso [que vocês se apressem]. _____

27 Diga qual é o tipo de oração substantiva das orações assinaladas a seguir. Veja o exemplo.

> Pensei [que você estivesse doente]. ⟶ oração subordinada substantiva objetiva direta

a) Aconteceu [que no meu jardim nasceu um botão de rosa]. _____

_____

b) Veio um amigo e declarou [que ia dar uma grande festa]. _____

_____

c) Descobri [que tenho prova segunda-feira]. _____

d) O amigo do menino duvidou [de que ele conseguisse nadar 1 km]. _____

_____

e) O professor tinha necessidade [de que os alunos prestassem atenção]. _____

_____

f) É importante [que todos cheguem na hora certa]. _____

_____

Orações subordinadas reduzidas

Leia o cartaz.

1 O cartaz divulga uma campanha do estado do Ceará. Que campanha é essa?

2 Releia o trecho e responda ao que se pede: Não importa a raça, o importante é vacinar.

a) Sublinhe os verbos e separe as orações.

b) Que tipo de período é esse?

_____

c) Qual é a relação sintática entre as duas primeiras orações?

_____

d) Qual é a relação sintática entre a segunda oração e a terceira?

_____

3 Reescreva o trecho, substituindo a terceira oração por outra, com o mesmo sentido e função, que comece pela conjunção integrante **que**.

_____

As orações subordinadas que conhecemos até agora são iniciadas por conectivos (conjunção ou pronome relativo, veja adiante nesta unidade) e seus verbos são flexionados em tempos dos modos indicativo ou subjuntivo. Por isso, são chamadas de **orações desenvolvidas**.

Qualquer oração subordinada desenvolvida pode ter também uma forma de **oração reduzida**. Na forma reduzida, basta que o verbo esteja em uma das **formas nominais**: infinitivo, gerúndio ou particípio. A oração reduzida **não é iniciada por conectivo** (conjunção subordinativa ou pronome relativo).

A oração reduzida desempenha a mesma função da oração desenvolvida em relação à oração principal.

[O importante é] [que se vacine o gado.]
oração subordinada que funciona
como OD

[O importante é] [vacinar o gado.]
oração subordinada que
funciona como OD

Veja a seguir orações subordinadas desenvolvidas iniciadas por conectivos e as orações subordinadas reduzidas correspondentes – sem conectivos e com verbo na forma nominal.

Chefes de governo defenderam a necessidade [de que os direitos entre homens e mulheres sejam equiparados.]

Chefes de governo defenderam a necessidade [de **equiparar** os direitos entre homens e mulheres.]

As notícias [que Eliane trouxe] são assustadoras.

As notícias [**trazidas** por Eliane] são assustadoras.

Ele respondeu [que as vendas estavam encerradas].

Ele respondeu [**estarem** encerradas as vendas.]

[Quando retornei de férias], retomei o trabalho.

[**Retornando** de férias], retomei o trabalho.

4 Sublinhe as orações reduzidas dos exemplos acima e indique qual é a forma nominal do verbo usada (infinitivo, gerúndio ou particípio).

Correspondência entre oração reduzida e oração desenvolvida

Em uma **oração desenvolvida**:
- o verbo está conjugado em algum tempo do modo indicativo ou subjuntivo: presente, pretérito e futuro;
- o início é com uma **conjunção**, **locução conjuntiva** ou um **pronome relativo** (vamos conhecê-lo em outra unidade deste livro).

[Não seria ótimo] [**que** você tivesse alguém] [**que** prestasse atenção por você?]
or. principal   or. subord. desenvolvida   or. subord. desenvolvida

[**Quando** começou a partida,] [ficamos todos quietos.]
or. subord. desenvolvida   or. principal

Em uma **oração reduzida**:
- o verbo está em uma das formas nominais: infinitivo, gerúndio ou particípio;
- não se usa conectivo (conjunção, locução conjuntiva ou pronome relativo).

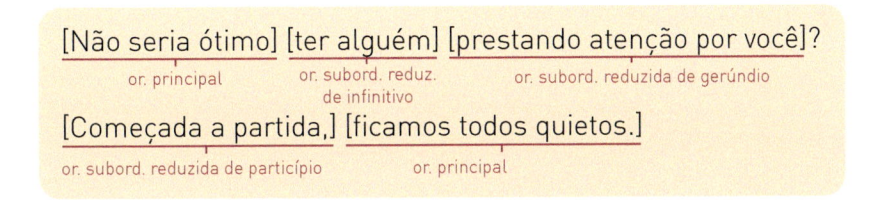

[Não seria ótimo] [ter alguém] [prestando atenção por você]?
or. principal   or. subord. reduz.   or. subord. reduzida de gerúndio
de infinitivo

[Começada a partida,] [ficamos todos quietos.]
or. subord. reduzida de particípio   or. principal

61

Leia a charge ao lado.

1 Explique por que o homem achou que estava bem agasalhado.

Frio...

IMPORTANTE É SE AGASALHAR BEM!

Ed Carlos

CARLOS, Ed. *Frio...* Disponível em: https://encrypted-tbn0.gstatic.com/images?q=tbn% 3AANd9GcSmZBd6Uleh6MjDXS1Wb3HyYft58 SEuxN2c7zP-L7pr14bVt7qn. Acesso em: 27 jun. 2020.

2 Faça o que se pede.

a) Classifique as orações do período "Importante é se agasalhar bem".

_____

b) Reescreva-o transformando a oração reduzida em desenvolvida.

_____

3 Nas orações subordinadas separadas a seguir, sublinhe o verbo e indique o tipo de oração reduzida: de infinitivo, gerúndio ou particípio.

a) Acreditando em suas palavras, desculpei-o. _____

b) Depois de iniciado o espetáculo, ninguém poderá entrar. _____

c) Encontrada a solução do último problema, ele entregou a prova. _____

d) Não convém agir assim. _____

e) O coordenador aconselhou Leo a sair imediatamente. _____

f) Querendo, você conseguirá preparar-se para a partida. _____

4 Vamos (re)conhecer os diferentes tipos de **oração subordinada substantiva reduzida**; você já sabe que a função desse tipo de oração é igualzinha à da oração desenvolvida. Mas antes, complete o quadro.

	Oração desenvolvida	Oração reduzida
inicia com conectivo (conjunção, locução conjuntiva ou pronome relativo)		
inicia sem conectivo		
verbo em forma conjugada		
verbo em uma forma nominal		

5 Vamos transformar as orações desenvolvidas a seguir (a) em orações reduzidas (b), com as mesmas funções sintáticas (use a forma nominal sugerida).

Orações subordinadas substantivas subjetivas reduzidas

a) É importante [que você não falte.]
_{or. subord. subst. subjetiva}

b) É importante [você não _____].
_{verbo (infinitivo)}

* (É importante isso.)
_{predicado}   _{sujeito}

Orações subordinadas substantivas objetivas diretas reduzidas

a) Eu quero [que o Carnaval chegue logo!]
_{or. subord. subst. objetiva direta}

b) Eu quero [o Carnaval _____ logo]!
_{verbo (gerúndio)}

* (Eu quero isso.)
_{OD}

Orações subordinadas substantivas objetivas indiretas reduzidas

a) Eu escolhi Maria [para que arrumasse a sala para a festa.]
_{or. subord. subst. objetiva indireta}

b) Eu escolhi Maria [para _____ a sala para a festa].
_{verbo}   _{prep. verbo (infinitivo)}

* (Eu escolhi Maria para isso.)
_{OD}   _{OI}

A oração subordinada substantiva objetiva indireta, seja desenvolvida, seja reduzida, também começa com uma preposição.

Orações subordinadas substantivas completivas nominais reduzidas

a) No Brasil há necessidade [de que se acabe com o analfabetismo].
_{or. subord. subst. completiva nominal}

b) No Brasil há necessidade [de se _____ com o analfabetismo].
_{substantivo}   _{verbo (infinitivo)}

* (No Brasil há necessidade disso.)
_{complemento nominal}

Orações subordinadas substantivas predicativas reduzidas

a) Meu medo é [que ele se atrase]
_{or. subord. subst. predicativa}

b) Meu medo é [ele se _____].
_{verbo (infinitivo)}

* (Meu medo é isto/este.)
_{predicativo}

Orações subordinadas substantivas apositivas reduzidas

a) Ele só me pediu uma coisa: [que ninguém faltasse ao ensaio].

or. subord. subst. apositiva

b) Ele só me pediu uma coisa: [ninguém _____ ao ensaio].

verbo (infinitivo)

- (Ele só me pediu uma coisa: isto.)

1 Reescreva os períodos trocando as orações reduzidas em destaque por outras cujo verbo não esteja no infinitivo e que comecem com a conjunção integrante **que**. Veja o exemplo.

> - Meu medo é **ele se atrasar**.
> - Meu medo é **que ele se atrase**.

a) Nossa única preocupação **é divertir o público**.

_____

b) Meu desejo era **me darem uma nova oportunidade**.

_____

_____

c) Minha sugestão seria **você servir brigadeiro de sobremesa**.

_____

_____

d) O certo seria **Lúcia ser a primeira a entrar**.

_____

_____

e) O fato é **o time ter jogado mal no segundo tempo**.

_____

_____

f) O ideal é **nos vermos toda semana**.

_____

_____

g) O lógico será **você me emprestar seu celular**, já que o meu está sem bateria.

_____

_____

Caleidoscópio ■■■

A PRESENÇA DO TUPI NO PORTUGUÊS

O tupi foi o primeiro idioma falado pelos índios quando os portugueses chegaram no Brasil em 1500. Até o século XVIII, foi a língua mais falada neste país. Só em 1758 foi proibido seu uso em escolas e órgãos públicos, para que o português se tornasse dominante.

Muitas palavras do tupi foram incorporadas ao português, vindas do meio ambiente e da cultura indígena, como plantas, animais, nomes de lugares e rios.

PITANGA
Tupi *pi'tanga* – avermelhado, pardo, cor de cobre.

CAPIM
Tupi *ka'pii* – de *ka'a* 'mato, erva, planta em geral, mata' + *pii* 'fino, delgado'.

ARARA
Tupi *a'rara* – nome comum a diversas aves de grande porte da família dos psitacídeos.

JIBOIA
Tupi *yi̇̃'mboya* – cobra não venenosa, que geralmente vive na água.

TATU
Tupi *ta'tu* – designação de mamíferos desdentados da família dos dasipodídeos.

ARAÇÁ
Tupi *ara'sa* (mesmo sentido).

MINGAU
Tupi *minga'u* – comida que gruda.

ABACAXI
Tupi *iwaka'ti* – de *ĩ'wa* 'fruta' + *ka'ti* 'que recende'.

ARAPONGA
Tupi *gwira'ponga* – de *gwi'ra* 'ave' + *ponga* 'sonante'.

JACARÉ
Tupi *yaka're* – nome comum a vários répteis crocodilianos.

AIPIM
Tupi *ai'pĩ* – o que nasce ou brota do fundo.

AMENDOIM
Tupi *mandu'wi* – nome comum a diversas plantas da família das leguminosas.

CUTIA
Tupi *aku'ti* – mamífero roedor.

JABUTI
Tupi *yawo'ti* herp 'jabuti'.

MANDIOCA
Tupi *mandi'oka* – mandioca, raiz da planta chamada *mandi'ĩwa*, no tupi.

CAJU
Tupi *aka'yu* (mesmo sentido).

CAPIVARA
Tupi *kapii'gwara* – de *ka'pii* 'capim' + *gwara* 'comedor'.

URUBU
Tupi *uru'wu* (mesmo sentido).

AÇAÍ
Tupi *iwasa'i* – fruto que chora, isto é, que deita água; fruta ácida.

TAMANDUÁ
Tupi *tamandu'a* – tipo de mamífero desdentado.

Cristiane Viana

Atividades

Leia a tira a seguir.

© MAURICIO DE SOUSA PRODUÇÕES - BRASIL/2006

PROIBIDO CAÇAR!

Mauricio de Sousa Editora Ltda.

SOUSA, Mauricio de. *Turma da Mônica*. Tira n. 194.

1 O que Chico Bento quer evitar?

_____

_____

2 Que providência ele tomou?

_____

_____

3 O verbo **caçar** se aplica a que tipo de seres vivos?

_____

4 Por que, então, foi usado na placa o verbo **caçar**, em lugar de **cortar** ou **podar** árvores?

_____

_____

5 Releia o texto da tirinha e responda às questões. Proibido caçar!

a) Que tipo de período é esse?

_____

b) No aviso, qual verbo foi omitido?

_____

6 Compare as frases: **A caça é proibida** e **Caçar é proibido**. Indique o sujeito de cada oração.

_____

7 Agora considere a frase: **É proibido caçar**. Separe as orações e classifique-as.

_____

_____

8 Reescreva o período **É proibido caçar** substituindo a oração reduzida de infinitivo por uma oração desenvolvida iniciada pela conjunção **que**.

_____

_____

9 Agora faça o mesmo com as orações a seguir, da seguinte forma:

- sublinhe as orações subordinadas substantivas objetivas indiretas;
- reescreva os períodos, transformando as orações reduzidas em orações desenvolvidas (iniciadas com preposição + conjunção). Atenção à flexão verbal.

a) A atriz se opôs a ser fotografada.

_____

b) Aconselhou o aluno a ficar mais atento.

_____

c) Uma criança gosta de poder brincar no recreio.

_____

d) Convenci-a a aprender violão.

_____

e) Ela gostaria de encontrar um sapato bonito e barato.

_____

f) Lembre-se de trancar a porta quando sair.

_____

g) Lembre-se de ingerir bastante líquido.

_____

h) Não gosto de você sair à noite.

_____

i) Renan insiste em José ser o goleiro.

_____

10 Sublinhe as orações subordinadas substantivas completivas nominais. Depois reescreva os períodos omitindo as conjunções e passe os verbos para o infinitivo. Veja o modelo.

> Ele tem certeza de que vencerá a eleição. ⟶ Ele tem certeza de vencer a eleição.

a) Tenho certeza de que ele vai ficar curado.

_____

b) Sou favorável a que os alunos sejam premiados.

_____

c) Não me oponho a que a janela seja fechada.

_____

d) Sentimos orgulho de que você se comportou.

_____

e) Ela tinha certeza de que chegaria a tempo.

_____

f) Estamos certos de que Dario virá.

_____

11 Nas frases a seguir:

> - separe e classifique as orações classifique a oração subordinada
> - transforme a oração subordinada desenvolvida em uma oração reduzida

a) Ele só pediu uma graça: que o filho se curasse.

_____

b) Ele sonhava com aquilo: que a sua equipe fosse vencedora.

_____

c) Não tenho dúvida disso: (de) que ela vai se arrepender da mentira.

_____

d) Só me interessa isto: que este ano acabe logo.

_____

e) Todos sabiam isto: que Beto era irmão dela.

_____

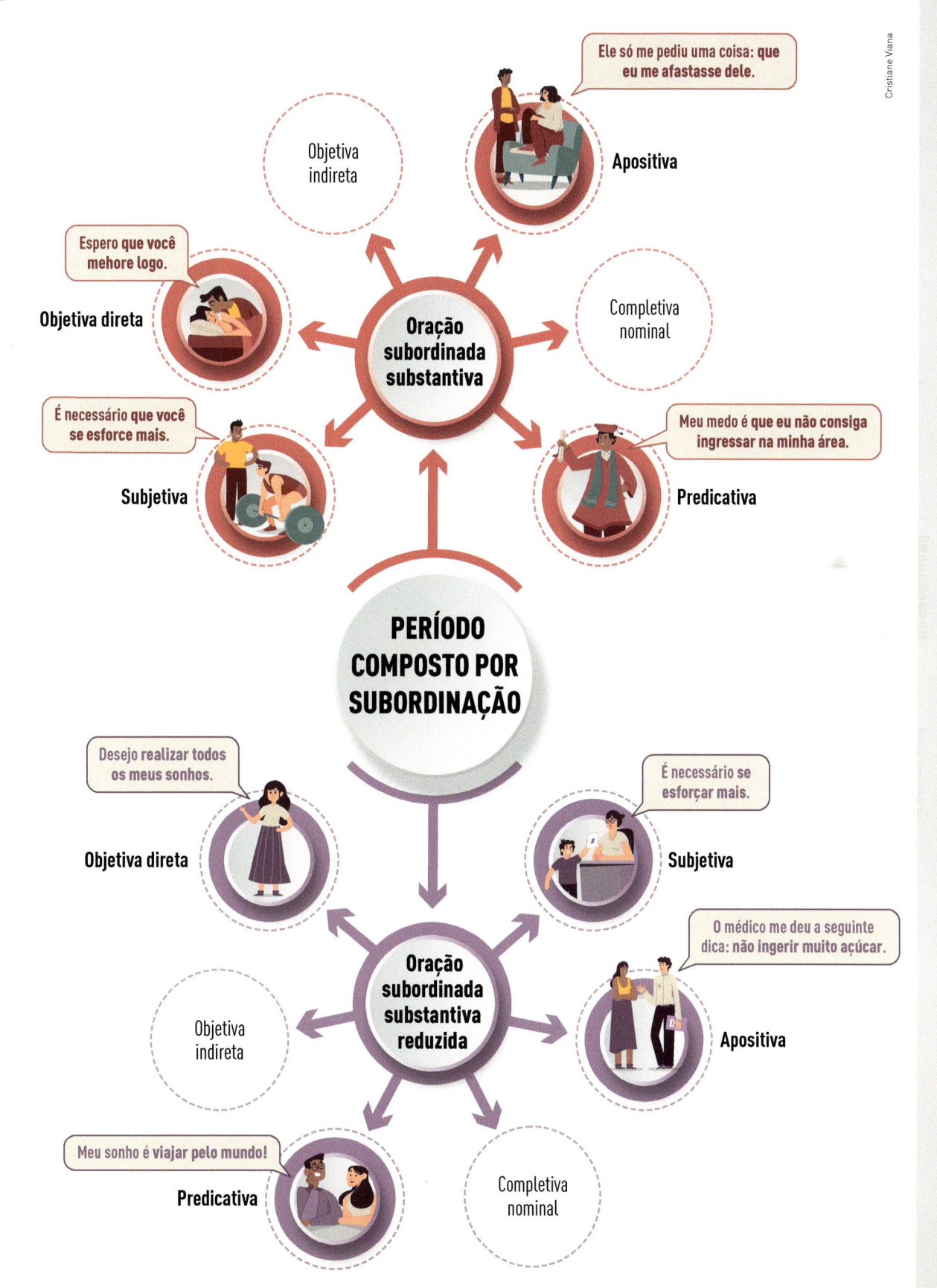

Cristiane Viana

PERÍODO COMPOSTO POR SUBORDINAÇÃO

Oração subordinada substantiva

- Objetiva indireta
- Apositiva — Ele só me pediu uma coisa: que eu me afastasse dele.
- Completiva nominal
- Predicativa — Meu medo é que eu não consiga ingressar na minha área.
- Subjetiva — É necessário que você se esforce mais.
- Objetiva direta — Espero que você mehore logo.

Oração subordinada substantiva reduzida

- Objetiva direta — Desejo realizar todos os meus sonhos.
- Subjetiva — É necessário se esforçar mais.
- Apositiva — O médico me deu a seguinte dica: não ingerir muito açúcar.
- Completiva nominal
- Objetiva indireta
- Predicativa — Meu sonho é viajar pelo mundo!

Afirmo ao senhor, do que vivi: o mais difícil não é um ser bom e proceder honesto; dificultoso, mesmo, é um saber definido o que quer, e ter o poder de ir até no rabo da palavra.

ROSA, João Guimarães. *Grande sertão*: veredas. Rio de Janeiro: José Olympio, 1965. p. 134.

Sandra Lavandeira

Pronome relativo

Leia o cartum a seguir.

LAERTE.

1 Descreva o ambiente onde o cartum se passa.

2 Qual parece ser a profissão do personagem ilustrado no cartum? Que pistas nos indicam essa profissão?

3 O personagem está procurando um documento. De que trata esse papel perdido?

4 Qual é a ironia no cartum?

5 Em "Cadê a maldita teoria do caos **que eu deixei aqui**?!!", qual é o conectivo que inicia a oração destacada? Circule-o.

Vimos que os conectivos têm a função de ligar orações.

As conjunções são conectivos: as conjunções coordenativas ligam orações coordenadas e as conjunções subordinativas ligam as orações subordinadas às orações principais.

Há outras classes de palavras que podem também funcionar como conectivos.

Vamos conhecer os pronomes relativos.

A teoria do caos "é uma das leis mais importantes do Universo, presente na essência de quase tudo o que nos cerca. A ideia central da teoria do caos é que uma pequenina mudança no início de um evento qualquer pode trazer consequências enormes e absolutamente desconhecidas no futuro. Por isso, tais eventos seriam praticamente imprevisíveis – caóticos, portanto".

O QUE é a teoria do caos. *Superinteressante*, São Paulo, 14 fev. 2020. Disponível em: https://super.abril.com.br/mundo-estranho/o-que-e-a-teoria-do-caos/. Acesso em: 9 abr. 2020.

Dessa forma, a teoria traz explicações de fenômenos não previsíveis.
A teoria do caos é um padrão de organização dentro de um fenômeno desorganizado, ou seja, dentro de uma aparente casualidade.

6 Em "Cadê a maldita teoria do caos que eu deixei aqui?!!", faça o que se pede.

a) Sublinhe os verbos e separe as orações.

b) Responda: Qual é a oração principal? _____

Os **pronomes relativos** ligam duas orações (a principal e uma subordinada iniciada por esse pronome) e desempenham ainda outra função. Eles substituem, na oração que iniciam, um substantivo ou um pronome que já apareceu na oração anterior, evitando, assim, sua repetição.

Esse substantivo ou pronome que o pronome relativo substitui é o seu **antecedente**.

1ª oração	2ª oração
I. A maldita teoria do caos.	Eu deixei a teoria do caos aqui.
II. A maldita teoria do caos	que eu deixei aqui.

Na frase II, **que** é o pronome relativo. Ele substitui o substantivo **teoria** (acompanhado de **a**, de **maldita** e de **do caos**) e liga as duas orações.

Também na frase II, "maldita **teoria** do caos" é o antecedente do pronome relativo **que**.

7 Agora, leia as frases a seguir e complete as lacunas nos textos.

> **I.** Marquei o gol.   O gol decidiu o jogo.
>
> **II.** Marquei o gol   **que** decidiu o jogo.

a) Na frase II, **que** é o pronome relativo; ele substitui o substantivo _____

(acompanhado _____) e liga as duas orações.

b) Na frase II, **gol** é o _____ do pronome relativo _____.

Conheça os pronomes relativos:

Pronomes relativos	
Variáveis	Invariáveis
o qual, a qual, os quais, as quais	que
cujo, cuja, cujos, cujas	quem
quanto, quanta, quantos, quantas	onde

8 Nas frases a seguir, destacamos os pronomes relativos. Você deve:

> • sublinhar o antecedente de cada pronome relativo;
> • separar com colchetes a oração principal e a oração subordinada (que começa com o pronome relativo).

a) Vi o filme **cujo** diretor foi premiado.

b Foi ela **que** terminou o namoro.

c) Gostei muito da camisa **que** ganhei.

d) Joana encontrou o livro **que** estava procurando.

e) Maria foi elogiada pela professora, o **que** me alegra muito.

f) Não estou ouvindo nada aqui **onde** estou.

9 Junte as duas orações em cada item usando um pronome relativo. Procure variar os pronomes utilizados.

a) Comprei o sorvete. / Você prefere o sorvete.

_____

b) Conheci uma menina. / A menina é sua prima.

_____

c) Eu provei uma fruta. / A fruta era deliciosa.

_____

d) Fui passear na praia. / Seu aniversário foi na praia.

_____

e) Não quero perder esse filme. / Esse filme foi premiado.

_____

f) Vamos nos encontrar na casa de Lucinha. / O aniversário será na casa de Lucinha.

_____

g) Você pode me emprestar aquela camisa? / A sua madrinha lhe deu a camisa.

_____

h) Elisa tem uma amiga. / A casa da amiga de Elisa é linda.

_____

Fique atento ■■

Maria foi elogiada pela professora, o **que** me alegra muito.

Muitas vezes, o antecedente do pronome relativo é um dos pronomes demonstrativos **a**, **o**, **as**, **os**, que equivalem às palavras **aquela**, **aquele**, **aquilo**.

[O nascer do sol no planalto é **o**] [**que** me encanta mais.]

Procure não confundir esse pronome com os artigos definidos **a**, **o**, **as**, **os**

[O nascer do sol é **a** visão] [que me encanta mais].

Não confunda também com a preposição **a**:

[Abri a porta] [**a** que ele se dirigiu].

Nesse caso, **a** equivale a "para a qual". O verbo é transitivo indireto: Quem se dirige, se dirige para (ou a) algum lugar.

Nilton Dantas Reis Junior

Os pronomes relativos **quanto**, **quantos**, **quanta**, **quantas** têm como antecedentes os pronomes indefinidos **tudo**, **todos**, **todas**, que podem, em alguns contextos, ser omitidos.

Por tudo [**quanto** construímos juntos] você devia acreditar mais em nossa amizade.

O pronome relativo que

Leia o cartum a seguir.

BARBOSA, Gilmar.

1 O cartum trata de um tema bastante importante para o dia a dia dos trabalhadores. Qual é esse tema?

2 Só que esse tema é abordado sob dois ângulos diferentes. Justifique essa afirmação.

3 No primeiro quadrinho, é o ponto de vista de quem?

4 No segundo, é a visão de quem?

5 O que o homem do primeiro quadrinho está querendo? Que vantagem ele oferece?

6 Qual parece ser a principal preocupação do homem no segundo quadrinho?

7 Releia o trecho, separe as orações e responda às questões.

> Procuro um trabalho e não faço questão de horário.

a) Trata-se de um período simples ou composto? _____

b) Nele encontramos quantas orações? _____

c) As orações estão ligadas por qual conjunção? _____

d) As orações são subordinadas ou coordenadas? _____

8 Releia agora o outro trecho, separe as orações e responda às questões.

> Procuro um funcionário que não faça questão de salário.

a) Trata-se de um período simples ou composto? _____

b) Nele encontramos quantas orações? _____

c) A primeira oração é principal ou subordinada? _____

d) Como começa a segunda oração? _____

e) E qual é o antecedente desse **que**? _____

Para evitar a confusão entre o pronome relativo e outras classes de palavras, lembre-se de que o pronome relativo:

I. tem sempre um antecedente (substantivo, adjetivo, advérbio ou pronome), que ele substitui na oração que ele inicia;

II. para efeito de raciocínio, pode sempre ser substituído por **o qual**, **a qual**, **os quais**, **as quais**.

- Há salas muito espaçosas na escola onde estudo.
  (Há salas muito espaçosas na escola na qual estudo.)
- No meu bairro há parques que são muito arborizados.
  (No meu bairro há parques os quais são muito arborizados.)

Compare com este **que**, cuja função é de conjunção integrante.

Quero que ela fique boa da gripe.

Nesse caso, repare: o **que** não tem substantivo ou pronome como antecedente; e não é possível substituí-lo por **o qual**, **a qual**, **os quais**, **as quais**.

~~Quero o qual ela fique boa da gripe.~~

1 Nas frases a seguir, classifique o **que** em pronome relativo (PR) ou conjunção integrante (CI).

a) [ ] A Mata Atlântica, [**que** abriga milhares de espécies de nossa fauna e flora,] deve ser bem preservada.

b) [ ] É importante [**que** faça sol amanhã].

c) [ ] Eu desconfio [**que** a nossa equipe vai se dar bem no campeonato].

d) [ ] Mandei [**que** eles lavassem a louça].

e) [ ] O celular [**que** está tocando] é o seu.

f) [ ] O Parque Nacional da Serra do Cipó, [**que** fica em Minas Gerais,] é uma reserva ecológica.

g) [ ] Os micos [**que** invadiram o meu quintal] fazem muito barulho.

h) [ ] Parece [**que** a sua formatura foi ontem].

i) [ ] Acho [**que** o passeio vai ser ótimo].

j) [ ] Visitamos os tanques de criação de peixe-boi [**que** ficam em Itamaracá].

O pronome relativo cujo (cuja, cujos, cujas)

Leia o trecho a seguir de uma notícia de jornal.

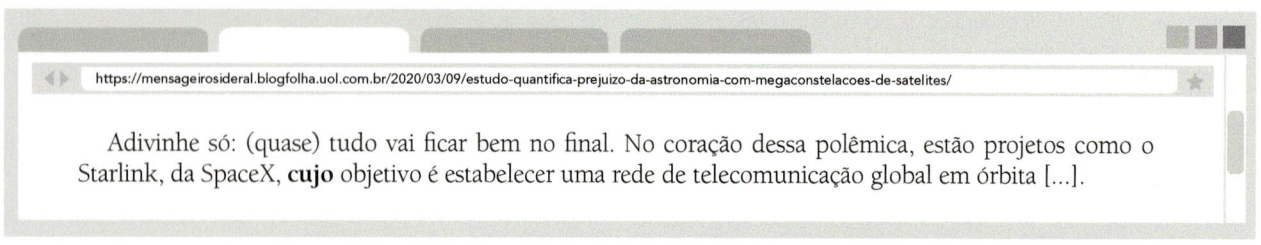

https://mensageirosideral.blogfolha.uol.com.br/2020/03/09/estudo-quantifica-prejuizo-da-astronomia-com-megaconstelacoes-de-satelites/

> Adivinhe só: (quase) tudo vai ficar bem no final. No coração dessa polêmica, estão projetos como o Starlink, da SpaceX, **cujo** objetivo é estabelecer uma rede de telecomunicação global em órbita [...].

NOGUEIRA, Salvador. Estudo quantifica prejuízo da astronomia com megaconstelações de satélites. *In*: NOGUEIRA, Salvador. *Blog Mensageiro sideral*. São Paulo, 9 mar. 2020. Disponível em: https://mensageirosideral.blogfolha.uol.com.br/2020/03/09/estudo-quantifica-prejuizo-da-astronomia-com-megaconstelacoes-de-satelites/. Acesso em: 13 abr. 2020.

1 De quem é o objetivo de estabelecer uma rede de telecomunicação global em órbita?

_____

2 Complete a explicação a seguir preenchendo as lacunas com os termos retirados desse exemplo.

Os pronomes **cujo**, **cujos**, **cuja**, **cujas** somente são utilizados no sentido de posse, fazendo referência ao <u>termo antecedente</u> (_____)

e ao <u>substantivo subsequente</u> (_____). Funcionam sempre como adjuntos adnominais nas orações que iniciam.

https://brasil.elpais.com/brasil/2016/02/10/ciencia/1455097361_234983.html

> **NASA busca o segredo da vida na Terra nas profundezas de um lago do Canadá, cujo fundo está tomado por um de recife de coral**

Veja:

FRANCIS, Matthew. Se encontrássemos uma nova forma de vida, saberíamos reconhecê-la? *El País*, São Paulo, 22 fev. 2016. Disponível em: https://brasil.elpais.com/brasil/2016/02/10/ciencia/1455097361_234983.html. Acesso em: 13. abr. 2020.

um lago do Canadá / o fundo <u>do lago</u> está tomado por um recife de coral
adj. adnom. de fundo

um *lago* do Canadá [**cujo** *fundo* está tomado por um recife de coral]
adj. adnom. de fundo

NASA Image Collection/Alamy/Fotoarena

Termo antecedente: (um) *lago* (do Canadá). Termo subsequente ou seguinte: *fundo*.

O pronome **cujo** concorda em gênero e número com o substantivo que acompanha, e não com seu antecedente:

https://brasil.elpais.com/brasil/2013/12/18/internacional/1387386451_309444.html

Uma bomba-relógio nas águas territoriais alemãs

No fundo do Mar Báltico há cerca de 100 000 toneladas de munições químicas, cujo veneno subirá à superfície

MÜLLER, Enrique. Uma bomba-relógio nas águas territoriais alemãs. *El País*, São Paulo, 21 dez. 2013. Disponível em: https://brasil.elpais.com/brasil/2013/12/18/internacional/1387386451_309444.html. Acesso em: 13. abr. 2020.

Termo antecedente: 100 000 **toneladas** de munições químicas.
  feminino plural

Termo seguinte: **veneno**.   Pronome relativo: **cujo**.
  masculino singular   masculino singular

3 Complete as lacunas com o pronome relativo **cujo** na forma adequada.

a) Vi a cadela _____ filhotes são malhados. (= os filhotes da cadela)
  antecedente   adj. adnominal

b) Vi a cadela _____ filhote é bonitinho. (= o filhote da cadela)
  antecedente   adj. adnominal

Fique atento ■■■

Atenção ao empregar o pronome relativo **cujo**. Ele equivale a **de que, de quem, do qual, da qual**, e não deve ser seguido de **o, a, os, as**.

> Esta é a professora **cuja** aula todos adoram.

> Esta é a menina **cuja** tia viajou.

(E não: Esta é a professora **cuja a** aula todos adoram.)   (E não: Esta é a menina **cuja a** tia viajou.)

4 Complete com a forma adequada do pronome relativo **cujo**.

a)

https://brasil.elpais.com/brasil/2019/05/20/cultura/1558336824_481316.html

Final de 'Game of Thrones': a Nuremberg dos dragões

Série transformou seus espectadores em figurantes fanáticos de uma ficção _____ épica brincou de evitar as perguntas corretas

FERNÁNDEZ-SANTOS, Elsa. Final de 'Game of Thrones': a Nuremberg dos dragões. *El País*, São Paulo, 20 maio 2019. Disponível em: https://brasil.elpais.com/brasil/2019/05/20/cultura/1558336824_481316.html. Acesso em: 14 abr. 2020.

b) A equipe _____ resultado for o melhor terá o patrocínio.

c) A garota _____ pais estiveram na reunião vai se mudar para São Paulo.

d) A loja _____ fachada pegou fogo será reformada em breve.

5 Em cada item a seguir, junte as duas orações usando, para isso, os pronomes relativos **cujo**, **cuja**, **cujos** ou **cujas**, como no exemplo. Cuidado com a concordância.

> Este é o amigo. / A mãe do amigo telefonou. → Este é o amigo **cuja** mãe telefonou.

a) Aquele é o aluno. / A atitude do aluno atrapalhou a aula.

_____

b) Você já ouviu aquela música? / O autor da música é Joaquim.

_____

c) Fomos para a casa. / O dono da casa é amigo do meu pai.

_____

d) Encontrei aquela sua prima. / A mãe da sua prima é dentista.

_____

e) Viemos de bicicleta pela orla. / A ciclovia da orla é mais vazia.

_____

f) Vou mandar um torpedo para o seu amigo. / Você me disse o nome do seu amigo.

_____

6 Vamos continuar juntando as duas orações em cada item a seguir usando os pronomes relativos **cujos**, **cujas**, **cujos** ou **cujas**. Agora, no entanto, insira a oração iniciada pelo pronome relativo no meio da oração principal, como no exemplo.

> Meu amigo mora em Irajá. / A mãe do amigo telefonou.
>
> Meu amigo [**cuja** mãe telefonou] mora em Irajá.

a) O parque será inaugurado. / A pista de esqueite do parque é moderna.

_____

b) O *show* foi muito bom. / A banda do *show* era a do meu amigo.

_____

c) O filme está lotado. / A crítica do filme foi excelente.

_____

d) A mensagem era do Luigi. / A imagem da mensagem veio fora de foco.

_____

e) Ernesto venceu a corrida. / A bicicleta do Ernesto era vermelha.

_____

O pronome relativo onde

Leia o texto a seguir.

ARAUJO, Renato Vilhena de. F-1 no Rio. *O Globo*, Rio de Janeiro, 10 mar. 2020. Disponível em: https://infoglobo.pressreader.com/search?query=onde&in=ALL&date=Last3Days&hideSimilar=0. Acesso em: 14 abr. 2020.

O pronome relativo **onde** equivale a **em que**, **no qual** (e suas flexões **na qual**, **nos quais**, **nas quais**).

> "área favelizada, **onde** as obras deveriam incluir conjuntos habitacionais"

> área favelizada, **em que** as obras deveriam incluir conjuntos habitacionais

Na língua culta, escrita ou falada, **onde** deve ser empregado nos casos em que há indicação de **lugar físico**, **espacial**. Quando não houver essa indicação, deve-se preferir **em que**, **no qual** (e suas flexões **na qual**, **nos quais**, **nas quais**).

> Meu avô mora no sítio **onde** passo as férias.
> Esta é a casa **onde** moro.
> Vou a uma praia afastada, **onde** possa pescar sossegado.

> Está quase na hora **em que** os mosquitos atacam.
> A situação **em que** você me colocou não foi confortável.

O pronome **onde** tem como antecedente um **lugar** e funciona sempre como **adjunto adverbial** na oração que inicia.

> Vamos passar <u>as férias</u> **nesta cidade**.
> adj. adv. de "vamos passar"

> Já escolhemos a cidade [**onde** vamos passar as férias].
> adj. adv. de "vamos passar"

Fique atento ■■

Como todos os pronomes relativos, o pronome **onde** aparece apenas no período composto, unindo **duas** orações e substituindo um termo da oração principal na oração subordinada (que é o seu antecedente).

Por isso, em "Onde você estuda?", por exemplo, não temos um pronome relativo: o período é simples e **onde** é um advérbio de lugar usado em uma interrogação direta.

1 Complete as lacunas com o pronome relativo mais adequado para cada caso. Escolha entre **onde** e **em que** (ou **no qual**, **na qual**, **nos quais**, **nas quais**).

a) No bairro _____ nasci há uma escola de samba.

b) A polícia foi ao local _____ ocorreu o acidente.

c) Deixei a moto na garagem do prédio _____ Elisa mora.

d) A conversa _____ você foi mencionado ocorreu no recreio.

e) Miguel acampou na montanha _____ ele estuda as orquídeas.

f) Ali é a universidade _____ estudei.

g) Ouvi o discurso _____ o diretor anunciou as mudanças na empresa.

h) Preciso saber o endereço do restaurante _____ o Zé trabalha.

i) Hoje li sobre o país _____ meu filho mora.

j) A redação _____ você fala de sua família está muito bem escrita.

k) As canções _____ ele fala de amor são as melhores.

Onde, aonde ou donde?
Cada uma dessas formas tem seu emprego.

Aonde → ao lugar, para onde. Segundo a variedade-padrão da língua, essa forma deve ser usada com verbos que indicam movimento (**chegar**, **ir**, **levar**, **partir**).

> O país **aonde** vou nas férias fica ao norte do Brasil.

Onde → no lugar. Indica permanência, o lugar em que se está ou em que se passa algum fato. Complementa verbos que exprimem estado ou permanência e que normalmente pedem a preposição em (**estar**, **morar**, **hospedar-se**).

> O país **onde** meu filho mora fica ao norte do Brasil.

Donde ou **de onde** → do lugar. Usado quando o verbo pede a preposição **de**.

> A sala de **onde** vim fica no segundo andar.

---

2 Complete com **onde**, **aonde** ou **de onde** (**donde**).

a) Aquela é a rua _____ fica a minha escola.

b) Aqui é a praça _____ os corredores devem chegar.

c) Engenhão é o estádio _____ fui assistir ao jogo.

d) Esta é a sala _____ temos aula de Arte.

e) Grumari é a praia _____ fomos no sábado passado.

f) Mendes é a cidade _____ ela nasceu.

g) Mirinha está trabalhando na cidade _____ eu vim quando pequeno.

h) Moro em um bairro _____ o metrô não chega.

i) O lugar _____ você vai é tão quente assim?

Pronome relativo e concordância

Leia o texto a seguir.

Eloquência singular

Leonardo Conceição

> **Vocabulário** 🔖
>
> **Aparte:** fala que interrompe um discurso.
> **Cônscio:** que sabe; ciente, consciente.
> **Embatucar:** (fazer) ficar calado, sem ação ou resposta.
> **Idiotismo de linguagem:** construção peculiar a determinada língua, que não se encontra na maioria dos outros idiomas.
> **Questiúncula:** questão pequena e de pouco valor, sem importância.

Mal iniciara seu discurso, o deputado **embatucou**:

– Senhor Presidente: não sou daqueles que...

O verbo ia para o singular, ou para o plural? Tudo indicava o plural.

No entanto, podia perfeitamente ser o singular:

5 – Não sou daqueles que...

Não sou daqueles que recusam... No plural soava melhor. Mas era preciso precaver-se contra essas armadilhas da linguagem – que recusa? –, ele que tão facilmente caía nelas, e era logo massacrado com um **aparte**. Não sou daqueles que... Resolveu ganhar tempo:

– ... embora perfeitamente **cônscio** das minhas altas responsabilidades, como representante do povo nesta

10 Casa, não sou...

Daqueles que recusa, evidentemente. Como é que podia ter pensado em plural? Era um desses casos que os gramáticos registram nas suas **questiúnculas** de português: ia para o singular, não tinha dúvida. **Idiotismo de linguagem**, devia ser.

[...]

SABINO, Fernando. Eloquência singular. In: ANDRADE, Carlos Drummond de et al. *Para gostar de ler*: crônicas. Ed. didática. São Paulo: Ática, 1979. p. 35.

Na crônica de Fernando Sabino, cujo início você leu, um deputado se atrapalha em seu discurso justamente com a dúvida relativa à concordância quando está envolvido um pronome relativo, sem conseguir decidir-se pelo singular ou pelo plural do verbo.

1 Sublinhe no texto as duas formas de uso do verbo **recusar** que atrapalharam o deputado.

2 Por que ele estava tão preocupado em usar a forma correta?

_____

Pois a regra é simples, não é preciso hesitar. Veja:

Se o sujeito de uma oração subordinada é o pronome relativo **que**, o verbo concorda em pessoa e número com o **antecedente** desse pronome.

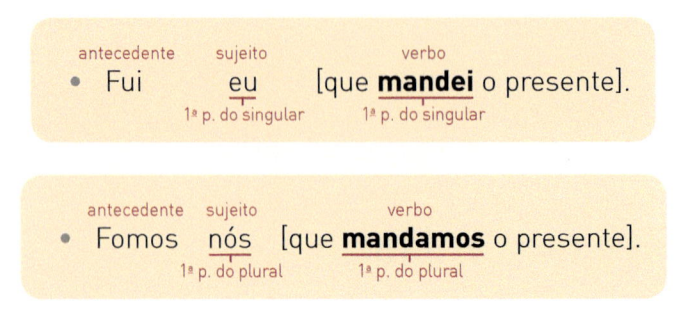

Quando o pronome relativo **que** vem precedido de expressões como **um dos**, **uma das** (**+ substantivo**), o verbo vai para a terceira pessoa do plural (ou, mais raramente, para a terceira pessoa do singular):

> Esta é uma das amigas **que** mais me **ajudaram** no trabalho.
> Paulo foi um dos poucos alunos da turma **que reconheceram** que ela tinha razão.

Às vezes, o **um** pode ser omitido:

> Não sou dos brasileiros **que** acreditam na impunidade.
> (= Não sou [um] dos brasileiros que acreditam na impunidade.)

1 Complete as frases utilizando os verbos sugeridos entre parênteses. Atenção à concordância verbal.

a) Dona Marinita é das que (confiar) _____ nos netos sempre.

b) Ela duvida que fui eu que (encontrar) _____ a prenda.

c) Encontrei os meninos que (jogar) _____ na sexta-feira passada.

d) Falei com a garota que (prometer) _____ ir ao passeio conosco.

e) Júlia foi uma das poucas bailarinas que (conseguir) _____ entrar para o conservatório.

f) Logo vi que foram elas que (chegar) _____ primeiro.

g) Pedi licença ao professor que (estar) _____ perto de mim.

h) Vinícius foi um dos atletas que mais (esforçar-se) _____ na partida.

i) Vítor sabia que fomos nós que o (defender) _____.

Atividades ▬▬▬

Leia o texto a seguir.

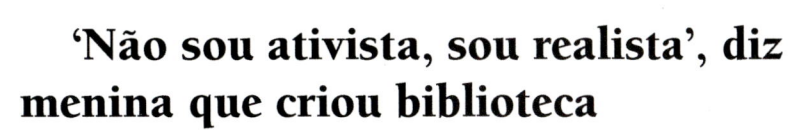

https://www1.folha.uol.com.br/cotidiano/2020/03/nao-sou-ativista-sou-realista-diz-menina-que-criou-biblioteca.shtml

'Não sou ativista, sou realista', diz menina que criou biblioteca

O acervo tem 18 mil livros; doações chegam toda semana

O mundo de Lua sempre foi também de luta. Com a franja pintada de rosa e os argumentos de um adulto politizado, a menina de 12 anos "e cabeça de 20", segundo a mãe, parece transitar constantemente entre a leveza da fantasia e o peso da realidade.

"Não sou **ativista**, sou **realista**", ela mesma costuma dizer a quem pergunta.
5 E são muitos os que perguntam. Já foram incontáveis entrevistas desde que ela criou uma biblioteca gratuita no seu Morro dos Tabajaras, encravado em Copacabana, na zona sul carioca.

Vanderlei Almeida/AFP

Montou o cantinho dentro de um prédio público da associação de moradores e o batizou de Mundo da Lua – abreviação de seu nome completo, Raissa Luara de
10 Oliveira –, hoje com 18 mil livros e sem mais estantes para guardar as doações que chegam toda semana.

[...]

O Mundo da Lua já inspirou crianças e adolescentes em outras comunidades cariocas e em outros estados, que querem criar as próprias bibliotecas com os 500 livros
15 que a menina vai mandar para cada um.

Lua, que lê um exemplar por semana, agora está escrevendo o seu próprio, sobre como colocou seu **xodó** de pé. [...]

O projeto rendeu à garota uma bolsa integral numa escola particular, que ela agora concilia com a própria biblioteca e as aulas de teatro, música, dança e circo. [...]

20 [...] Se de um lado Lua nutre a admiração pela cantora *pop* Iza, o amor por doces e o fascínio por tudo que é arte, do outro convive com a complexidade da família, o racismo e as exclusões da favela.

25 [...]

A mistura entre negros, indígenas e alemães na família rendeu a ela o cabelo crespo naturalmente loiro. Com ele vieram o racismo e o **bullying**. "É como se ela ficasse fora 30 da tribo, os negros a acham muito branca, e os brancos veem o cabelo sarará", diz Fátima, [sua mãe].

[...]

Lua não entendia direito naquela época, 35 mas hoje já tem o que muitos adultos ainda buscam: consciência de si e do mundo que a contorna.

[...]

"Eu gosto de ter um **propósito**", filosofa. E qual é ele? "Não é tipo mudar o 40 mundo, porque o mundo não vai ser mudado por uma pessoa só, mas estou fazendo a minha parte pela minha comunidade."

Vocabulário

Ativista: que(m) privilegia a ação em vez da teoria e da especulação; engajado, militante.
Bullying (inglês): comportamento insistente de quem procura intimidar, por meio de violência física ou psicológica, alguém que é incapaz de se defender, geralmente em ambiente escolar.
Propósito: intenção de fazer algo; projeto; objetivo.
Realista: que(m) está atento à realidade e enfrenta as situações de modo prático.
Xodó: afeto especial; estima.

BARBON, Júlia. 'Não sou ativista, sou realista', diz menina que criou biblioteca. *Folha de S.Paulo*, São Paulo, 7 mar. 2020. Disponível em: https://www1.folha.uol.com.br/cotidiano/2020/03/nao-sou-ativista-sou-realista-diz-menina-que-criou-biblioteca.shtml. Acesso em: 14 abr. 2020.

1 Onde fica e o que é o Mundo da Lua de que fala o texto?

_____

_____

2 Descreva de três a cinco características de Lua.

_____

_____

_____

3 O mundo de Lua sempre foi também de luta. Explique que lutas a menina enfrentou.

_____

_____

4 Releia o último parágrafo e comente o propósito que Lua afirma ter. Relacione-o com o trecho que lemos na abertura da unidade: "dificultoso, mesmo, é um saber definido o que quer, e ter o poder de ir até no rabo da palavra".

_____

_____

5 Nos períodos a seguir:

> • circule os pronomes relativos **que** e sublinhe os núcleos de seus antecedentes;
> • separe com chaves as orações subordinadas adjetivas iniciadas por esses pronomes relativos que você circulou no item anterior.

a) "Não sou ativista, sou realista", diz menina que criou biblioteca.

b) E são muitos os que perguntam.

c) [...] sem mais estantes para guardar as doações que chegam toda semana.

d) O Mundo da Lua já inspirou crianças e adolescentes em outras comunidades cariocas e em outros estados, que querem criar as próprias bibliotecas com os 500 livros que a menina vai mandar para cada um.

e) Lua, que lê um exemplar por semana, agora está escrevendo o seu próprio, sobre como colocou seu xodó de pé.

f) Mas hoje já tem o que muitos adultos ainda buscam: consciência de si e do mundo que a contorna.

6 Reescreva os períodos compostos a seguir substituindo as palavras destacadas pelas sugeridas entre parênteses. Faça as demais alterações necessárias na frase, com atenção à concordância.

a) Davi, cujo **pai** é nosso afilhado, está uma gracinha. (mãe)

_____

b) Ele preferiu a modelo cujo **cabelo** é negro. (cabeleira)

_____

c) Encontrei o menino cujo **pai** é jornalista. (pais)

_____

d) Essa estrada leva até uma cachoeira cujas **águas** são lindíssimas. (queda)

_____

e) Jorge, cujo **irmão** faz anos hoje, é meu sobrinho. (irmãs)

_____

f) Marina, cuja **filha** nasceu há um ano, já voltou a trabalhar. (filho)

_____

g) Minha avó tem um fisioterapeuta cujos **exercícios** são muito eficientes. (recomendações)

_____

h) Nosso sítio é aquele cujo **portão** está quebrado. (cerca)

_____

i) O aluno cuja **mochila** é vermelha está esperando no corredor. (cabelo)

_____

j) O gato cuja **dona** é veterinária fugiu outra vez. (donos)

_____

7 Junte as duas orações em cada item a seguir usando, para isso, os pronomes relativos **cujo**, **cuja**, **cujos** ou **cujas**, como no exemplo. Cuidado com a concordância.

> Este é o menino. / O **pai** do menino é português.
>
> Este é o menino cujo pai é português.

a) Este é o jogador. / O **gol** do jogador decidiu o jogo.

_____

b) Você viu aquele livro? / A **capa** do livro é amarela.

_____

c) Fui para o sítio. / O **dono** do sítio é pai do Roberto.

_____

d) Encontrei aquele seu amigo. / A **namorada** do seu amigo é muito inteligente.

_____

e) Fomos caminhar naquela trilha. / O **visual** da trilha é lindo.

_____

f) Como é mesmo o nome do seu primo? / Você me deu o **telefone** do seu primo.

_____

8 Complete as frases com o melhor pronome relativo para cada caso. Escolha entre **onde** e **em que** (ou **no qual**, **na qual**, **nos quais**, **nas quais**).

a) A cidade _____ nasci cresceu muito.

b) A seguradora esteve no local _____ ocorreu o acidente.

c) Deixei a bicicleta na rua _____ Cecília mora.

d) O delegado registrou a ocorrência _____ os rapazes estavam envolvidos.

e) Nilo está na montanha _____ vive esta espécie de macaco.

f) Ontem passamos em frente ao hospital _____ nasci.

g) Resolvi um problema _____ precisei usar uma equação de segundo grau.

h) Quero saber o nome do cinema _____ os meninos estão.

i) Semana que vem viajo para o país _____ meu filho está estudando.

j) Prefiro as receitas _____ se usam ingredientes simples.

9 Sublinhe os nomes antecedentes das orações assinaladas, se houver, e classifique o **que** dessas orações em pronome relativo (PR) ou conjunção integrante (CI).

a) ☐ A escola [em que Elisa trabalha] fica perto daqui.

b) ☐ As ervas [que colhi] já estão na panela.

c) ☐ Ela é a segurança [em que me apoio nos momentos difíceis].

d) ☐ Espero [que esse trabalho acabe logo]!

e) ☐ Eu sei [que Jaime gostou do almoço].

f) ☐ Gostaria [que ela fosse mais educada com a avó].

g) ☐ Onde estão os brigadeiros [que Helena estava fazendo]?

h) ☐ Quero [que você seja meu par].

i) ☐ Preciso fazer uma dieta [que eu consiga seguir].

10 Nas orações a seguir, diga como a palavra **que** está sendo usada, classificando-a.

a) Vou dormir, **que** estou morrendo de sono.

_____

b) Ele ficou sabendo **que** sem estudar ele não vai em frente.

_____

c) Vou fazer uma *pizza*, **que** é sua comida preferida.

_____

d) Fica quieto, **que** eu quero ouvir o rádio.

_____

e) Esta é a casa **que** os pais de Gil compraram.

_____

f) É preciso **que** todos prestem atenção agora.

_____

g) O assunto **que** vou apresentar é muito importante.

_____

Oração subordinada adjetiva

Leia o cartaz abaixo.

NÃO LEVE NA BRINCADEIRA. TRABALHO INFANTIL É ILEGAL. DENUNCIE: DISQUE 100.

No Brasil, cerca de 2,7 milhões de crianças, entre 5 e 17 anos, se encontram em situação de trabalho irregular.

Disponível em: http://maceiodiaadia.com.br/portal/07/06/2018/cafe-da-manha-com-a-imprensa-marcara-lancamento-de-campanha-de-combate-ao-trabalho-infantil. Acesso em: 14 abr. 2020.

1 Você tem algum amigo menor de 16 anos que já trabalha?

2 Você conhece alguma criança que parou de ir para a escola porque precisou trabalhar?

3 Isso é justo? Será que as crianças devem trabalhar? Qual é a importância da escola na vida das crianças?

Releia o texto do cartaz, que está todo organizado para conquistar o leitor a participar da campanha, e responda às questões.

4 Em que modo verbal aparece o verbo **denunciar**, no final do texto, e qual é o motivo desta escolha?

_____

_____

_____

5 Que outros verbos aparecem usados no mesmo modo?

_____

> Para o ano 2015, os países-membros das Organizações das Nações Unidas (ONU) haviam se comprometido a cumprir oito metas, os "Oito Objetivos do Milênio", estabelecidos pela Cúpula do Milênio, realizada em 8 de setembro de 2000. Algumas foram cumpridas, outras ainda não. Uma dessas metas era, justamente, garantir a todas as crianças e adolescentes, do mundo inteiro, pelo menos o Ensino Fundamental.

6 Que outro tempo e modo verbal aparecem no cartaz? Em que verbos?

_____

_____

_____

7 Com que finalidade aparece esse tempo verbal no cartaz?

_____

_____

_____

8 Agora observe e complete:

[A propaganda denuncia o trabalho **infantil**].

substantivo

adjetivo funcionando como _____

sujeito   predicado

[A propaganda denuncia o trabalho] [**que é realizado por crianças**].

substantivo   oração funcionando como _____

- A função que o adjetivo **infantil** desempenha no primeiro período é a mesma que está sendo desempenhada pela oração [**que é realizado por crianças**] no segundo período. Ambos os termos são adjuntos adnominais do substantivo **trabalho**.

Essa oração subordinada é chamada de oração adjetiva, porque exerce uma função própria do adjetivo.

> **Oração subordinada adjetiva** é aquela que tem o valor de um adjetivo e exerce, por isso, a função sintática de adjunto adnominal.

A oração subordinada adjetiva:
- vem sempre iniciada por um **pronome relativo** (**que**, **o qual**, **quem**, **cujo**, **quanto**, **onde** etc.); e
- refere-se a um **antecedente** (um substantivo ou um pronome) que está na oração principal, logo antes do pronome relativo.

9 Faça o que se pede.

> - Sublinhe os pronomes relativos.
> - Circule o antecedente de cada um.
> - Separe com colchetes a oração adjetiva iniciada pelo pronome relativo.
>
>   Veja o modelo: Escolhi o tênis [que não machuca meu pé.]

a) Está tocando a música que aprendi.

b) Este é o presente que eu desejava.

c) Estudei a matéria que vão exigir na prova.

d) Gostei muito do sítio que vovó comprou.

e) O meu cachorro é aquele que está agitado.

f) Preciso de um vestido que me encante.

g) Quero comer uma sobremesa que seja gostosa.

10 Agora, substitua cada oração adjetiva iniciada pelo pronome relativo **que** da atividade anterior por um adjetivo ou locução adjetiva. Veja o modelo.

> Escolhi o tênis [que não machuca meu pé.]
> Escolhi o tênis confortável.

a) _____

b) _____

c) _____

d) _____

e) _____

f) _____

g) _____

Como reconhecer a oração adjetiva

I. Achar os verbos do período, um da oração principal, outro da oração subordinada adjetiva. (Sublinhe-os a seguir.)

> Edu mora na casa que fica na esquina.

II. Procurar o pronome relativo (precedido ou não de preposição) e o substantivo ou pronome que vem antes dele, ou seja, o termo antecedente. (Sublinhe-os e escreva abaixo de cada um sua classe.)

> Edu **mora** na casa que **fica** na esquina.
> _____   _____

III. O pronome relativo (ou a preposição que o precede) é o início da oração subordinada adjetiva. (Separe-a e coloque em seus lugares as etiquetas: oração subordinada adjetiva / pronome relativo [= a qual].)

> Edu **mora** na casa   que **fica** na esquina.

IV. O que vem antes da oração adjetiva e que, às vezes, continua depois dela é a oração principal. (Sublinhe o verbo dessa oração e separe a oração subordinada adjetiva, observando o sentido das orações para achar onde ela termina.)

> Edu mora na casa que fica na esquina.
> oração principal

V. Neste outro exemplo, a oração subordinada adjetiva está encravada dentro da oração principal. (Separe-a e coloque em seus lugares as etiquetas: or. principal; or. subord. adjetiva; or. principal [continuação].)

> Esta casa amarela   [que fica na esquina]   **é** do Edu.

Veja mais alguns exemplos:

> oração principal   oração subordinada adjetiva
> • Li uma <u>história</u> [que **assusta** crianças e adultos].
>   substantivo   pronome relativo (= a qual)

> oração principal   oração subordinada adjetiva
> • Esta **é** a <u>canção</u> [de que mais **gosto**].
>   substantivo   pronome relativo (= a qual)

 1 Nas orações a seguir:

> • circule os verbos;
> • destaque com um quadrado o pronome relativo;
> • sublinhe o substantivo ou pronome da oração principal que antecede o pronome relativo; e
> • separe com colchetes a oração adjetiva (que começa com o pronome relativo).

a) A menina, cuja irmã é da sua turma, encantou a plateia.

b) As pessoas que foram rápidas conseguiram os melhores lugares.

c) *Central do Brasil*, que é um filme brasileiro, foi premiado no exterior.

d) Ela é uma das professoras que estavam na reunião.

e) Ernesto, que é meu amigo, avisou-me de sua chegada.

f) Eu, que não sou perfeita, já cometi alguns enganos.

g) Há muitos alunos que praticam esportes.

h) Meu tio que é irmão do meu pai me emprestou o carro.

i) O Brasil, que é o maior país da América do Sul, tem milhões de analfabetos.

j) Os casais que gostam de dançar se divertiram muito.

k) Você é um dos poucos colegas que já conheço.

Oração adjetiva iniciada por preposição

Leia o texto a seguir.

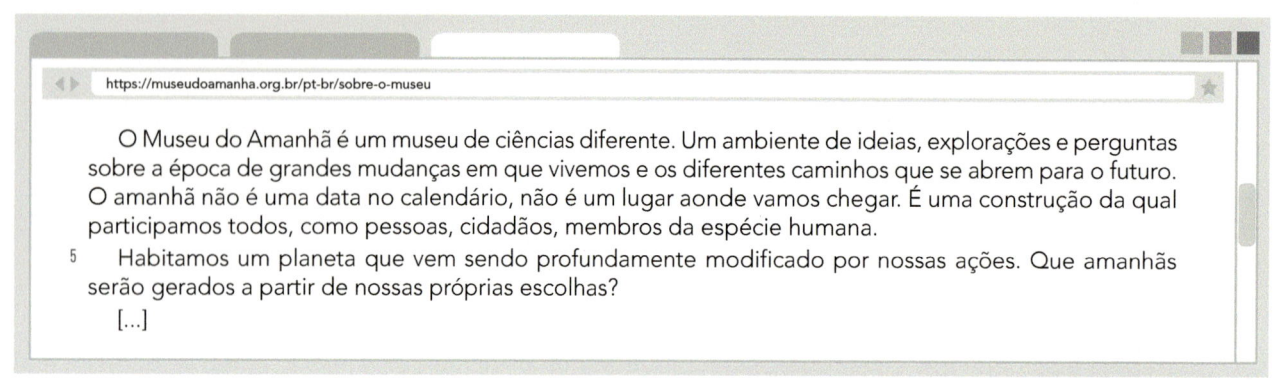

https://museudoamanha.org.br/pt-br/sobre-o-museu

O Museu do Amanhã é um museu de ciências diferente. Um ambiente de ideias, explorações e perguntas sobre a época de grandes mudanças em que vivemos e os diferentes caminhos que se abrem para o futuro. O amanhã não é uma data no calendário, não é um lugar aonde vamos chegar. É uma construção da qual participamos todos, como pessoas, cidadãos, membros da espécie humana.

5 Habitamos um planeta que vem sendo profundamente modificado por nossas ações. Que amanhãs serão gerados a partir de nossas próprias escolhas?

[...]

SOBRE o Museu. *In*: MUSEU DO AMANHÃ. Rio de Janeiro, [2015?]. Disponível em: https://museudoamanha.org.br/pt-br/sobre-o-museu. Acesso em: 26 jun. 2020.

1 O texto indaga "Que amanhãs serão gerados a partir de nossas próprias escolhas?". Você concorda que nossas ações e atitudes hoje ajudam a moldar o mundo futuro? Afinal, o que podemos fazer para garantir um amanhã melhor para as próximas gerações? Escreva em seu caderno.

2 Releia o trecho a seguir e sublinhe os verbos.

O Museu do Amanhã é um museu de ciências diferente. Um ambiente de ideias, explorações e perguntas sobre a época de grandes mudanças em que vivemos e os diferentes caminhos que se abrem para o futuro.

3 A quantidade de verbos quer dizer que temos quantas orações? _____

4 Copie no caderno as orações subordinadas adjetivas, colocando antes de cada uma o substantivo modificado por elas.

Você reparou que na primeira delas o pronome relativo **que** veio precedido da preposição **em**? É que a regência do verbo **viver**, com esse sentido, exige o uso de **preposição**: viver em uma época.

Dependendo do verbo que a oração adjetiva estiver complementando, ela virá ou não precedida de preposição.

Observe, no exemplo abaixo, que o pronome relativo **quem** vem precedido da preposição **para**, porque a regência do verbo **fazer**, neste caso, exige isso.

Ele é o professor <u>para</u> **quem** eu fiz o trabalho sobre eleições. (<u>fazer</u> alguma coisa <u>para</u> alguém)

5 Agora sublinhe as preposições que iniciam as orações subordinadas a seguir.

a) Acabou de sair o coordenador [com **quem** a turma foi ao museu.] (ir a algum lugar com alguém)

b) A ajuda [de **que** eu precisava] você já me deu. (precisar de alguém ou de alguma coisa)

c) Amarelo é a cor [de que mais gosto]. (gostar de alguém ou de alguma coisa)

Assim, quando um verbo que exige complemento introduzido por preposição está em uma oração subordinada adjetiva, a preposição virá antes do pronome relativo (**que**, **quem** ou outros) que inicia essa oração subordinada. Veja:

Maria **assistiu** a um filme. O filme é ótimo.
O filme [a <u>que</u> Maria assistiu] é ótimo.
o filme

Essas construções com **que** e **quem** são próprias da linguagem-padrão formal.

6 Sublinhe os pronomes relativos, quando houver, e complete as lacunas com preposições, se forem necessárias.

a) Ela gosta _____ doce de leite.

b) O doce _____ que ela gosta é de leite.

c) Duvidam _____ João.

d) A pessoa _____ quem duvidam é João.

e) Não gosto _____ atraso.

f) Uma coisa _____ que não gosto é atraso.

g) Gosto _____ sua prima.

h) Daniela é a sua prima _____ quem mais gosto.

i) Fiz o trabalho _____ a professora _____ Ciências.

j) Esta é a professora _____ Ciências _____ quem eu fiz o trabalho.

k) Eu saí _____ o tio de Leo.

l) Acabou de telefonar o tio de Leo, _____ quem eu saí ontem.

Fique atento ■■■

O emprego de preposições relacionadas à regência do verbo depende do gênero do texto em que aparece a oração, bem como da formalidade desse texto.

Em gêneros de textos escritos em padrão formal, a presença dessa preposição é **indispensável**.

> Fernando é o professor [de **que** a turma mais gosta].

Em outros gêneros de textos escritos ou falados, em situações de conversa bem informal, é possível se ouvir essa mesma oração sem a preposição:

> Fernando é o professor [**que** a turma mais gosta].

Embora se diga:

> Gosto muito **do** professor Fernando.

Por isso, é preciso prestar atenção ao tipo de texto que você vai escrever e adequar a ele também suas orações adjetivas.

7 Complete as frases a seguir com um pronome relativo, precedido ou não de preposição.

a) A turma assistiu a um filme empolgante. O filme empolgante _____ a turma assistiu ajudou no trabalho de História.

b) Cristina gosta muito de leitura. A leitura, _____ Cristina gosta muito, aumenta-lhe a cultura geral.

c) Helena não desobedece aos regulamentos. Os regulamentos, _____ Helena não desobedece, garantem a ordem na escola.

d) Lúcio sempre lê bons livros. Os bons livros, _____ Lúcio sempre lê, são interessantes e instrutivos.

e) Nair escapou da recuperação. A recuperação, _____ Nair escapou, teria atrapalhado a viagem de sua família.

f) Não me engano com as aparências. As aparências, _____ não me engano, podem dar falsas impressões.

g) O bom professor se esforça por seus alunos. Os alunos, _____ se esforça o bom professor, alcançarão sempre bom êxito.

h) O diretor concordou com a nossa iniciativa. A nossa iniciativa, _____ o diretor concordou, já está sendo realizada.

Classificação das orações subordinadas adjetivas

Quanto ao sentido, as orações subordinadas **adjetivas** podem ser **restritivas** ou **explicativas**.

Oração subordinada adjetiva restritiva

Leia a tirinha a seguir.

BROWNE, Dick. *O melhor de Hagar, o Horrível*. Porto Alegre: L&PM, 2011. p. 30. v. 4.

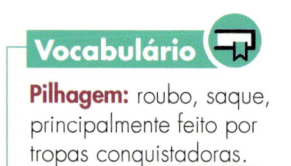

Vocabulário

Pilhagem: roubo, saque, principalmente feito por tropas conquistadoras.

1 O saco de pilhagem de Hagar provocou que reação nos outros guerreiros? Por quê?

_____

_____

_____

2 Releia o que Hagar diz a Helga, separe as orações e sublinhe a oração subordinada adjetiva.

Usei o novo saco de pilhagens [que fez pra mim.]

Hagar não usou um saco qualquer, e sim um específico, feito por Helga.

É a oração [que fez pra mim] que nos mostra isso. Essa é uma oração subordinada adjetiva restritiva.

> As **orações subordinadas adjetivas restritivas** restringem, limitam, definem a significação do nome a que se referem. São **indispensáveis** ao sentido da frase e **não são separadas de seu antecedente por vírgula**.

3 Leia a frase a seguir e complete os itens.

> O país [que educa suas crianças] tem lugar garantido no futuro.

a) Oração principal: _____

b) Oração subordinada adjetiva restritiva: _____

Na frase, afirma-se que apenas determinado tipo de país tem lugar garantido no futuro: o que educa suas crianças. Logo, essa informação é **indispensável** ao sentido do texto e, por isso, a oração é adjetiva **restritiva**

Veja outros exemplos:

- O corredor [que sair da rota especificada] será desclassificado. (**Apenas** esse tipo de atleta será desclassificado.)
- Prefiro os filmes [que me fazem pensar]. (Gosto **apenas** desse tipo de filme.)

Oração subordinada adjetiva explicativa

Leia o texto a seguir.

Augusto – Augusto Serpa de Castro – tal era o nome de seu marido – tinha um ar **mofino** e enfezado; alguma coisa de índio nos cabelos muito negros, **corredios** e brilhantes, e na tez **acobreada**. Seus olhos eram negros e grandes, com muita pouca luz, **mortiços** e pobres de expressão, sobretudo
5 de alegria.

A mulher, mais moça do que ele uns cinco ou seis anos, ainda não havia completado os vinte. Era de uma grande vivacidade de fisionomia, muito **móbil** e **vária**, embora o seu olhar castanho claro tivesse, em geral, uma forte expressão de **melancolia** e sonho interior. Miúda de feições, **franzina**, de
10 boa estatura e formas harmoniosas, tudo nela era a graça do **caniço**, a sua esbelteza, que não teme os ventos, mas que se curva à força deles com mais elegância ainda, para **ciciar** os **queixumes** contra o triste **fado** de sua fragilidade, esquecendo-se, porém, que é esta que o faz vitorioso.

Após o casamento, vieram residir na Travessa das Saudades, na estação
15 de ***.

BARRETO, Lima. O número da sepultura. *Revista Sousa Cruz*, Rio de Janeiro, maio, 1921. Disponível em: www.dominiopublico.gov.br/download/texto/bn000130.pdf. Acesso em: 13 jun. 2020.

Vocabulário

Acobreado: com a cor do cobre.
Caniço: caule fino de várias gramíneas, como o bambu e a cana-de-açúcar.
Ciciar: sussurrar.
Corredio: liso.
Fado: destino.
Franzino: magro.
Melancolia: sentimento de vaga e doce tristeza.
Móbil: que se pode mover; móvel.
Mofino: infeliz, descontente.
Mortiço: apagado, sem brilho.
Queixume: queixa.
Vário: que apresenta diferentes formas.

1 Nesse fragmento, ficamos conhecendo duas pessoas. Quais?  atividade oral

2 Que modo de organização de texto foi usado para atingir esse objetivo? Em que parágrafos?

3 O que acontece no terceiro parágrafo com relação ao modo de organização do texto? Explique.

_____

_____

4 Observe os tempos verbais usados no modo de organização do texto do fragmento e relacione o emprego do pretérito imperfeito e do pretérito perfeito a essa alteração. Sublinhe no texto ocorrências que confirmem sua explicação.

atividade oral

5 Releia o trecho a seguir e aponte o que se pede.

Miúda de feições, franzina, de boa estatura e formas harmoniosas, tudo nela era a graça do caniço, a sua esbelteza, que não teme os ventos, mas que se curva à força deles com mais elegância ainda [...]

a) Pronomes relativos:

b) Antecedente desses pronomes:

c) Orações subordinadas adjetivas:

d) Oração principal:

As orações adjetivas estão explicando as características de um caniço, que são comparadas às da moça.
São **orações subordinadas adjetivas explicativas**.

6 Leia a frase e complete as lacunas.

> O Brasil, [que luta contra o trabalho infantil,] tem hoje muitas de suas crianças na escola.

a) Oração _____:

O Brasil tem hoje muitas de suas crianças na escola.

b) Oração _____

_____:

[que luta contra o trabalho infantil,]

Observe que o substantivo próprio **Brasil** não necessita ter seu sentido especificado ou restringido. A oração que o acompanha é uma explicação a mais que o emissor quis dar.

Sergio Pedreira/Pulsar Imagens

Fique atento ■■■

Ao comparar os dois tipos de oração adjetiva, preste atenção à pontuação: a oração restritiva **não é** separada por vírgula da principal e a oração explicativa **é** separada por vírgula da principal.

- O aluno [que faltar à prova] deverá entregar um trabalho.
  oração subordinada adjetiva restritiva

- O Brasil, [que já tem muitas vitórias,] vai tentar ganhar mais um campeonato.
  oração subordinada adjetiva explicativa

Leia a tira a seguir.

GONSALES, Fernando. *Níquel Náusea.*

1 Como o ratinho sabia o enredo do sonho que o outro queria contar? atividade oral

2 E por que o primeiro rato desistiu de contar o seu sonho?

3 Releia os períodos a seguir, circule os verbos e separe as orações.

a) É daqueles chatos em que você não é você?

b) E você está num lugar que de repente vira outro?

c) E tem um cara [que parece outro.

4 Sublinhe as orações subordinadas adjetivas e diga se essas orações são explicativas ou restritivas. Explique sua resposta.

_____

_____

_____

Oração subordinada adjetiva reduzida

Leia o texto a seguir.

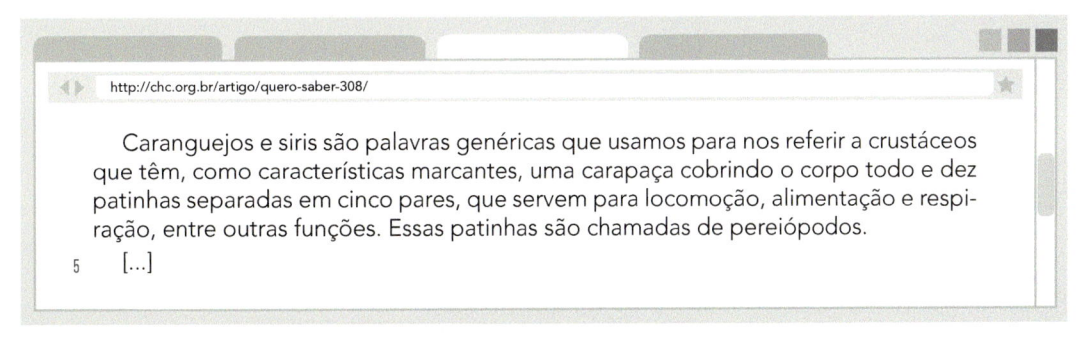

BORDON, Isabella C. [Quero saber...] ...qual a diferença entre caranguejos e siris? *Ciência Hoje das Crianças*, Rio de Janeiro, 11 mar. 2020. Disponível em: http://chc.org.br/artigo/quero-saber-308/. Acesso em: 15 abr. 2020.

Assim como as orações subordinadas substantivas podem aparecer na forma reduzida, o mesmo acontece com as orações adjetivas.

1 Sublinhe no texto acima os verbos que estão nas formas nominais.

2 Agora, reescreva os trechos a seguir trocando as orações reduzidas por outras, desenvolvidas. Substitua as formas nominais por orações adjetivas iniciadas por pronome relativo:

a) "uma carapaça cobrindo o corpo todo." _____

b) "dez patinhas separadas em cinco pares." _____

Nas orações subordinadas adjetivas reduzidas:
- não se usa um conectivo (pronome relativo); e
- os verbos da oração subordinada adjetiva ficam em uma das formas nominais (infinitivo, gerúndio ou particípio).

Vi as crianças [**que** entraram na loja].

oração principal   oração subordinada adjetiva restritiva

(verbo no gerúndio)

Vi as crianças [**entrando** na loja].

oração principal   oração subordinada adjetiva restritiva reduzida de gerúndio

3 Nas orações a seguir:

- sublinhe os verbos e separe as orações;
- transforme as orações adjetivas reduzidas de particípio e de infinitivo em orações desenvolvidas.

a) Ainda não li os trabalhos entregues ontem.

_____

b) As frutas compradas na feira estão muito doces.

_____

c) O advogado consultado por Luiz deu esperanças de sucesso no processo.

_____

d) O gatinho machucado no acidente era do Tadeu.

_____

e) O guarda multou os carros estacionados na calçada.

_____

f) Elisa, animada com a festa, arrumou-se desde cedo.

_____

Atividades ▪▪▪

Leia o texto a seguir.

T E X T O 1

https://oglobo.globo.com/sociedade/sustentabilidade/seminario-internacional-mostra-experiencias-bem-sucedidas-contra-crise-hidrica-15960722

Seminário internacional mostra experiências bem-sucedidas contra a crise hídrica

Szasz-Fabian Jozsef/Shutterstock.com

Se for lavar roupas ou regar o jardim, a torneira será outra. Os prédios da cidade contam com duas tubulações, uma de água potável e outra de reúso. A Austrália, assim como o Brasil hoje, enfrentou severas crises 5 hídricas até que especialistas conseguissem implementar a solução.

– A comunidade precisa pensar em como mudar seu comportamento para responder à crise, não podemos usar água potável para 10 limpeza e outros propósitos que não beber – afirmou Tony Wong, do centro de pesquisa em água da Universidade Monash.

Wong foi um dos especialistas em crise hídrica que participaram ontem, em São Paulo, de seminário organizado pelo Ministério do Meio 15 Ambiente e pelo Itamaraty para apontar possíveis soluções para o problema da água no país. Participaram especialistas de outros sete países, como Israel, Cingapura e China. De acordo com Wong, independentemente do cenário climático futuro, a Austrália terá suprimento de água por pelo menos mais 30 anos graças ao uso racional, especialmente do sistema de reúso:

– Solução semelhante precisa ser adotada nas favelas de São Paulo, por exemplo. 20

A presença dos especialistas estrangeiros no Seminário Internacional de Gestão de Água em Situações de Escassez é o resultado de um esforço feito ao longo dos últimos meses pelo Itamaraty. A expectativa é que acordos de cooperação bilateral com as nações que aceitaram o convite possam ser travados nos próximos dias:

– As recentes situações de estresse hídrico nos fizeram mobilizar postos no exterior, buscando 25 experiências de êxito na gestão hídrica e formas de cooperação nessa área. Já há parcerias em curso, mas queremos aprofundá-las – disse o ministro das Relações Exteriores, Mauro Vieira.

SANCHES, Mariana. Seminário internacional mostra experiências bem-sucedidas contra a crise hídrica. *O Globo*, Rio de Janeiro, 24 abr. 2015. Disponível em: https://oglobo.globo.com/sociedade/sustentabilidade/seminario-internacional -mostra-experiencias-bem-sucedidas-contra-crise-hidrica-15960722. Acesso em: 15 abr. 2020.

1 O texto fala sobre um problema sério e atual. Qual?

 atividade oral

2 Com que objetivo foi organizado o seminário citado no texto?

3 Da reunião participaram representantes de quantos países?

4 Que solução foi citada para gerir a crise da Austrália e que vantagem essa solução apresenta?

5 O que o Itamaraty está tentando ao estabelecer contatos com outros países sobre esse assunto?

_____

_____

_____

6 Ao escrever a notícia que acabamos de ler, a autora lançou mão de diversos tipos de adjetivo (inclusive oracionais) para detalhar seu texto e fornecer uma informação completa sobre o assunto. Sublinhe os adjetivos ou locuções adjetivas empregados nas expressões a seguir.

a) água potável

b) possíveis soluções

c) sistema de reúso

d) especialistas estrangeiros

e) severas crises hídricas

f) uso racional

g) cenário climático futuro

7 Nos trechos a seguir estão destacadas as orações subordinadas adjetivas. Em cada uma delas, indique o pronome relativo e o núcleo de seu antecedente na oração anterior. Depois, classifique-a em oração adjetiva restritiva ou explicativa.

a) Wong foi um dos especialistas em crise hídrica **que participaram ontem, em São Paulo, do seminário organizado pelo Ministério do Meio Ambiente e pelo Itamaraty** para apontar possíveis soluções para o problema da água no país.

_____

_____

_____

b) A expectativa é que acordos de cooperação bilateral com as nações **que aceitaram o convite** possam ser travados nos próximos dias.

_____

_____

_____

8 Sublinhe os verbos, circule os pronomes relativos das frases a seguir e separe com colchetes as orações subordinadas adjetivas.

a) A senhora com quem falei é minha avó.

b) De tudo quanto aprendi, o mais importante foi fazer novas amizades.

c) Ele está acompanhando o julgamento do esportista, o qual já dura mais de duas semanas.

d) Ele se sentia seguro no bairro onde todo mundo o conhecia.

e) Pedro, cujo irmão é meu amigo, chegou de viagem.

f) Telefonou para o amigo que lhe oferecera ajuda.

9 Para transformar o registro dos períodos em um padrão mais formal e de acordo com a norma culta, reescreva-os usando **cujo(a)** ou **onde** nos trechos marcados, fazendo as alterações necessárias.

a) Tenho um relógio, **a corrente dele é de ouro**.

_____

_____

b) Quero comprar uma fazenda **em que possa criar gado**.

_____

_____

c) A cadela, **que a saúde dela parecia fraca**, hoje está forte e saudável.

_____

_____

d) Vamos combinar o lugar **em que posso encontrá-lo**.

_____

_____

e) O aluno **que o pai dele é marceneiro** vai se encarregar da estante.

_____

_____

f) A estrada da cachoeira, **pela estrada sempre passávamos**, está interrompida.

_____

_____

10 Reescreva cada um dos itens a seguir juntando as orações e formando um só período em cada um. Para isso, use pronomes relativos, transformando, assim, os termos destacados em orações subordinadas adjetivas. Procure variar os pronomes relativos.

a) Tenho uma cachorrinha. **Gosto muito da minha cachorrinha**.

_____

b) A cachorrinha teve quatro filhotinhos. **Minha mãe teve de dar três filhotes**, porque não havia quintal suficiente para eles.

_____

_____

c) Aí a gente ficou com um. **Ele era macho**.

_____

d) Também gosto de criar gatos. **Os gatos são mais independentes** que os cães.

_____

_____

e) Tenho pena de prender na gaiola os passarinhos. **Passarinhos precisam de espaço para voar**.

_____

_____

f) As galinhas põem muitos ovos. **Meu avô cria galinhas**.

_____

_____

11 Complete as lacunas com o pronome relativo **que** ou **quem**, precedido ou não de preposição, caso seja necessário.

a) Elias concordou com a minha decisão. A ideia _____ Elias concordou vai beneficiar a todos nós.

b) Mário escapou ileso do desastre. O acidente _____ Mário escapou feriu duas outras pessoas.

c) O conferencista falou sobre a preservação de nosso planeta. Os cuidados com o ambiente

_____ o conferencista falou podem melhorar nossa qualidade de vida.

d) Os pais vão responder a um questionário. Essas perguntas _____ os pais vão responder serão analisadas pela coordenação.

e) Rafael recebeu muitas lembranças no seu aniversário. Esses presentes _____ Rafael recebeu fizeram-no feliz.

f) Rita nunca se esquece dos deveres de casa. As tarefas _____ Rita nunca se esquece ajudam-na a estudar para a prova.

g) A turma assistiu a um filme interessante. Esse filme _____ a turma assistiu vai ajudá-los no trabalho de ciências.

h) Felipe gosta muito de natação. O esporte _____ ele tanto gosta desenvolveu seu corpo.

i) Mara admirava-se sempre com uma inspetora, mas a inspetora _____ Mara se admirava já saiu da escola.

j) Miguel obedece sempre às normas da turma. Essas regras _____ Miguel obedece foram estipuladas em conjunto com os alunos.

12 Junte as duas orações de cada item usando, para isso, um dos pronomes relativos: **cujo**, **a qual**, **o qual**, **onde**, **que**, **quem**.

a) O meu irmão é o menino louro. O menino louro está de camisa vermelha.

_____

_____

b) Eu tenho uma amiga. O pai da minha amiga foi campeão de boliche.

_____

_____

c) Esta é a menina. Eu emprestei o livro para a menina.

_____

_____

d) No jardim, voavam borboletas coloridas. No jardim, havia muitas flores.

_____

_____

13 Transforme as orações subordinadas adjetivas desenvolvidas destacadas a seguir em orações reduzidas. Confira o exemplo:

> Esta camisa **que costurei a manga** é antiga. ⟶ Esta camisa costurada na manga é antiga.

a) As alunas **que mais se aplicavam nos estudos** passaram no concurso.

_____

b) Agora temos no restaurante uma cozinheira **que capricha na comida**.

_____

c) Os atletas **que jogam no Brasil** são conhecidos pelo mundo afora.

_____

d) Para fazer essa excursão precisamos de um dia **que esteja com sol**.

_____

e) Há uns alunos **que esperam por você**.

_____

f) O inspetor repreendeu os alunos **que se atrasaram**.

_____

Funções sintáticas do pronome relativo

Leia a frase a seguir e complete os itens.

> O sol, que já vai nascer, é fonte de luz e calor.

a) Pronome relativo: _____.

b) Antecedente: _____.

c) Oração adjetiva: _____.

d) Oração principal: _____.

Vimos que o pronome relativo é empregado para iniciar a oração subordinada adjetiva, ligar a oração subordinada adjetiva à oração principal, referir-se a seu antecedente.

Além disso, o pronome relativo representa seu antecedente na oração subordinada que inicia e exerce uma função sintática na oração subordinada adjetiva que introduz.

Observe:

Função do pronome relativo	Período completo	Oração adjetiva
sujeito	Pelé, [**que** foi chamado de "o atleta do século"], ajuda as crianças.	[**que** (Pelé) foi chamado de "o atleta do século"] — sujeito / predicado
objeto direto	A blusa [**que** ela comprou] é parecida com esta.	[ela comprou **que** (a blusa)] — verbo / OD
objeto indireto	A quantia [de **que** preciso] só ele pode me emprestar	[preciso de **que** (da quantia)] — verbo / OI
adjunto adverbial	A rua [**onde** ela mora] é muito movimentada.	[ela mora **onde** (na rua)] — verbo / adj. adv.
adjunto adnominal	Esta é a pessoa [**cujas** filhas você conheceu na praça].	você conheceu na praça as filhas **cujas** (da pessoa) — subst. / adj. adn.
complemento nominal	Empenhou-se na competição com toda a energia [de **que** era capaz].	era capaz de **que** (da energia) — subst. / CN
predicativo do sujeito	Não reconheço mais Maria na moça responsável [**que** ela é hoje.]	Ela é **que** (moça responsável) hoje — predicativo do sujeito
agente da passiva	Adoro a minha avó, **por quem** sou correspondido com igual amor!	Sou correspondido por **quem** (minha avó) — agente da passiva

Lembre que:
- o pronome relativo **que** pode exercer várias funções na oração (sujeito, objeto direto etc.), mas se vier precedido de preposição será com certeza um **objeto indireto** ou um **complemento nominal**;
- o pronome relativo **onde** será sempre um **adjunto adverbial**;
- o pronome relativo **cujo** será sempre um adjunto **adnominal**.

Fique atento ■■■

Quando o pronome relativo exerce a função de objeto indireto do verbo da oração que inicia, ele vem precedido da preposição que o verbo exige em sua predicação:

- [Preparei para você o bolo] [de que você tanto **gostou.**] (você tanto gostou do bolo)

- [Tenho um grande amigo] [com quem me **divirto** muito.] (eu me divirto com meu amigo)

1 Nos períodos a seguir sublinhe os pronomes relativos e diga as funções que eles exercem.

a) Esta foto é do sítio onde passei as férias. _____

b) Conheçam a minha madrinha, pela qual sou elogiado o tempo todo! _____

c) Esta é a professora para quem eu entreguei o celular. _____

d) Entrou na corrida com a certeza de que venceria. _____

e) Este é o livro do qual lhe falei. _____

f) No segundo andar ficava a sala para onde me dirigi. _____

g) Virgínia encontrou ontem aquele escritor que conhecemos em sua casa. _____

h) A professora repreendeu todos os alunos que faltaram à prova. _____

i) Os problemas cujas soluções estão ao nosso alcance não são problemas! _____

2 Complete as lacunas que precedem os pronomes relativos com a preposição adequada, quando for necessário.

a) Davi gosta muito da caneta _____ que fez a prova.

b) Eu adoro os dias de sol _____ que costuma haver no mês de maio.

c) Nos dias _____ que não tenho escola, descanso e encontro minhas amigas.

d) Nunca mais vi moça _____ quem você me apresentou na festa do Jerônimo.

e) O amigo, _____ quem jantei ontem, acaba de chegar do Piauí.

f) O tio _____ que mais gosto é aquele a quem você deve entregar a encomenda amanhã.

g) Vai chegar o atleta americano _____ o qual os jornais se manifestaram.

h) Vários são os estabelecimentos de ensino _____ os quais nossa escola se destaca.

i) Ignoro totalmente o assunto _____ qual estão falando.

j) Irene é a amiga _____ quem mais me divirto.

Atividades

Leia o texto a seguir.

Os Tatus Brancos

Sandra Lavandeira

Foi na época em que os **bandeirantes** desbravavam os sertões de Minas Gerais, em busca de ouro. Um grupo desses aventureiros ficou perdido numa região onde havia muitas **furnas** e cavernas. Um velho
5 sertanejo, que o acompanhava, falou, então, sobre o desaparecimento misterioso de gente das **bandeiras** anteriores. Durante a noite, muitos homens tinham sumido, sem deixar vestígios. Tinham sido vítimas dos Tatus Brancos, índios vampiros, que moravam em cavernas
10 daquela região, e que só saíam à noite para atacar os viajantes.

SANTOS, Theobaldo Miranda. *Lendas e mitos do Brasil*. São Paulo:
Companhia Editora Nacional, 1985. p. 85.

Vocabulário

Bandeira: cada uma das expedições de penetração do território brasileiro na época colonial (séc. XVI a XVIII), que geralmente partia da capitania de São Vicente (atual cidade de São Paulo) e tinha como objetivos fundamentais a captura de indígenas e a detecção de jazidas de pedras e metais preciosos.
Bandeirante: indivíduo que no Brasil Colonial tomou parte em uma bandeira.
Furna: cavidade profunda na encosta de uma rocha, floresta etc.; caverna, gruta, cova.

1 Segundo a história do sertanejo, o que tinha acontecido aos aventureiros de bandeiras anteriores? **atividade oral**

2 Que explicação era dada para esse fato?

3 No fragmento da lenda dos Tatus Brancos foram usados cinco pronomes relativos. Separe com colchetes as orações adjetivas iniciadas por esses pronomes, sublinhando-os.

4 Nas orações adjetivas que seguem, faça o que se pede.

- Sublinhe o pronome relativo.
- Escreva qual é seu antecedente, ou seja, qual é o termo a que o pronome relativo se refere.
- Escreva qual é a função sintática que o pronome relativo desempenha na oração subordinada adjetiva.

Veja o modelo:

> Tinham sido vítimas dos Tatus Brancos [que moravam naquela região].
>
> Antecedente: **Tatus Brancos**. Função do pronome relativo: sujeito (do verbo **moravam**).

a) Os cães [que são adestrados] ajudam em missões sigilosas.

_____

b) O apito para cães evita que o comando [que um dono transmite] seja seguido por outro animal.

_____

c) Os animais [de que os estudiosos precisam] devem ser saudáveis.

_____

d) A universidade [para a qual a bióloga trabalha] financia a pesquisa.

_____

e) A destruição da Amazônia é uma ameaça [cujas consequências afetariam todo o planeta].

_____

f) A rua [onde moro] é muito movimentada.

_____

g) Em busca de ouro, os bandeirantes desbravavam os sertões [que ficavam em Minas Gerais].

_____

_____

h) A área de preservação da floresta, [de que todos necessitamos para melhorar a qualidade de vida], é intocável.

_____

_____

i) A quantia [de que preciso] só ele pode me emprestar.

_____

_____

j) Esta é minha tia [cujas filhas você conheceu na praça].

_____

_____

5 Junte as duas orações de cada item, subordinando a segunda ao termo destacado na primeira, usando, para isso, pronomes relativos. Se for necessário, utilize preposições antes desses pronomes. Veja o modelo.

> Eu conheço **uma pessoa** inteligente. Essa pessoa faria o trabalho com perfeição.
>
> Eu conheço uma pessoa inteligente **que/a qual** faria o trabalho com perfeição.

a) O plano era excelente. Pensamos o plano na última reunião.

_____

_____

b) Eram bem fáceis os problemas. O professor resolveu os problemas.

_____

_____

c) O otimismo é indispensável ao bom andamento do trabalho. Precisamos de otimismo.

_____

_____

d) Foi deprimente o espetáculo. Assistimos ao espetáculo ontem.

_____

_____

e) Devemos respeitar as pessoas. Convivemos com as pessoas.

_____

_____

f) É linda a moça. Você se apaixonou pela moça.

_____

_____

6 Preencha as lacunas com os pronomes relativos **que** ou **quem**, precedido da preposição adequada.

a) O filme _____ Júlia assistiu deixou-a sobressaltada.

b) O operário maneja com perícia as ferramentas _____ realiza seu trabalho.

c) Cuido muito bem das ferramentas _____ me utilizo para trabalhar.

d) Este é o colega _____ te falei.

e) Veja a fotografia do prédio _____ moro.

f) Esqueci a caneta na carteira _____ me sentei.

g) Os vícios _____ se abstém o verdadeiro esportista prejudicam a saúde.

h) A reunião _____ Jorge presidiu com sucesso esteve instrutiva e alegre.

i) O livro a _____ Almir já se referiu encerra um mundo de belezas.

7 Observe as frases a seguir e:

> **I.** sublinhe os apostos;
> **II.** reescreva os períodos substituindo o aposto por uma oração subordinada adjetiva;
> **III.** classifique a oração em adjetiva restritiva ou adjetiva explicativa.

a) A rosa, linda flor, enfeita bem qualquer cerimônia.

_____

_____

b) As praias de Florianópolis, capital de Santa Catarina, encantam por sua beleza.

_____

_____

_____

c) Cleópatra, rainha do Egito, tinha muitas atitudes excêntricas.

_____

_____

_____

d) Fernando, meu melhor amigo, é um craque na guitarra.

_____

_____

e) Machado de Assis, autor de Dom Casmurro, é um dos grandes escritores brasileiros.

_____

_____

_____

8 Troque os adjetivos marcados nos provérbios a seguir por orações equivalentes no sentido e iniciadas pelo pronome relativo **que**.

a) A santo **desconhecido**, não rezo nem ofereço.

_____

b) Cobra **parada** não apanha sapo.

_____

c) Cão **ladrador** não morde.

_____

d) Coração **suspiroso** não tem o que deseja.

_____

e) Pedra **rolante** não cria limo.

_____

f) Camarão **dorminhoco** a onda leva.

_____

Leia o texto a seguir.

TEXTO 2

https://gq.globo.com/Prazeres/Poder/noticia/2014/02/12-grandes-empresas-que-sumiram-do-mapa.html

Mappin

Maricato/Estadão Conteúdo/AE

Deve ser a **que** mais encabeça listas de empresas **que** sumiram, **mas** precisa ser citada, mesmo assim. Era uma grande loja de departamentos **que** faliu em 1999 junto com a Mesbla, **que** tinha sido comprada por ela em 1996. Pode ser **que** o Mappin troque de lista e passe a figurar entre as grandes empresas **que** sumiram **e**, vários anos depois, voltaram ao mercado, **porque** a marca foi comprada pela Marabraz recentemente. Mas, até agora, nada.

CAPELO, Rodrigo. 12 grandes empresas que sumiram do mapa. *In*: GLOBO.COM. Rio de Janeiro, 15 fev. 2014. Disponível em: https://gq.globo.com/Prazeres/Poder/noticia/2014/02/12-grandes-empresas-que-sumiram-do-mapa.html. Acesso em: 13 maio 2020.

9 O texto fala em duas listas de empresas. Quais são elas?

_____

_____

10 Que possibilidade está sugerida no texto a respeito da loja Mappin?

_____

_____

11 Sublinhe o trecho que apresenta essa hipótese.

12 Nesse trecho, em que tempo e modo verbais estão **troque** e **passe**? Explique a escolha desse modo verbal.

_____

13 No texto 2, encontramos orações coordenadas e subordinadas introduzidas pelos respectivos conectivos, destacados no texto. Diga que tipo de conectivo é cada um deles e classifique a oração que introduzem.

a) que (linha 1)

_____

b) que (linha 1)

_____

c) mas (linha 1)

_____

d) que (linha 2)

_____

e) que (linha 2)

_____

f) que (linha 3)

_____

g) que (linha 4)

_____

h) e (linha 4)

_____

i) porque (linha 4)

_____

Cristiane Viana

Estou lendo um livro **cujo** autor não conheço.

Cujo (cuja, cujos, cujas)

PRONOME RELATIVO

Filha, olha a blusa **que** comprei pra mim.

Que

Quero viajar para um lugar **onde** as cidades sejam menos barulhentas.

Onde

Pronome relativo e concordância

Funções sintáticas do pronome relativo

Este é o buquê **cujas** flores estavam em nosso jardim.

Como reconhecer a oração adjetiva

Este foi o vazamento **ao qual** eu me referi.

Oração adjetiva iniciada por preposição

ORAÇÃO SUBORDINADA ADJETIVA

Os idosos, **que já são bem vulneráveis**, merecem todo o nosso respeito.

Explicativa

Classificação das orações subordinadas adjetivas

Meu filho arrumou o quarto **bagunçado pela irmã.**

Oração subordinada adjetiva reduzida

O corredor **que chegar primeiro** ganha o troféu.

Restritiva

Uma árvore que cai faz mais barulho do que uma floresta que cresce.

Papa Francisco

Orações subordinadas

Leia a tira a seguir.

BABOSA, Gilmar. *Pau pra toda obra.* São Paulo: Devir, 2005. p. 8.

1 Quem são os homens que aparecem no primeiro quadrinho? O que eles estão fazendo?

2 Ainda em relação ao primeiro quadrinho, faça o que se pede.

a) O que os homens estão dizendo?

b) Do ponto de vista sintático, que tipos de período são esses?

c) Nessa oração repetida, identifique o sujeito e o predicado. Depois, classifique-os.

_____

d) No predicado, o verbo está em que tempo e modo? Por que ele foi usado assim?

_____

e) Os homens de chapéu estão gritando. Justifique essa afirmação analisando o texto verbal e a imagem.

3 No segundo quadrinho, o que impede o homem preso no incêndio de obedecer?

4 Releia a fala da personagem no último quadrinho e faça o que se pede.

Se eu sair antes do final do expediente, meu patrão me mata!

a) Sublinhe os verbos do período.

b) Quantas orações há no período? Circule-as. _____

c) Em que circunstâncias o patrão vai "matar" o homem da janela?

d) Em que oração isso aparece, na primeira ou na segunda?

e) Qual conjunção inicia essa oração? Que ideia ela expressa?

f) A oração iniciada pela conjunção é principal ou subordinada? _____

g) Como se classifica esse período? _____

Vimos que há três espécies de oração subordinada, **substantivas**, **adjetivas** e **adverbiais**, que vamos estudar agora.

Oração subordinada adverbial

A oração subordinada adverbial exerce a função de adjunto adverbial de um verbo da oração principal, ou seja, a mesma função que um advérbio exerceria.

> É aquela que traz, para o verbo da oração principal, uma nova circunstância.

> Se eu **sair** antes do final do expediente (circunstância: condição)

As orações subordinadas adverbiais são iniciadas pelas **conjunções subordinativas adverbiais**.

Período simples	(uma oração)	verbo · advérbio Ele acordou → cedo. adjunto adverbial
Período composto	(mais de uma oração)	oração principal · oração subordinada adverbial [Ele acordou] → [**quando ainda estava cedo**.] verbo · adjunto adverbial

Classificação das orações subordinadas adverbiais

Cada conjunção adverbial tem um valor semântico (de sentido) diferente e pode acrescentar diferentes circunstâncias ao verbo da oração principal.

As orações subordinadas adverbiais se classificam de acordo com:

> - a **circunstância** que expressam com relação à oração principal; e
> - a **conjunção** ou a locução conjuntiva que as inicia.

As orações subordinadas adverbiais podem ser:

causais	finais	conformativas	concessivas	consecutivas
condicionais	comparativas	proporcionais	temporais	

Orações subordinadas adverbiais causais

Leia o poema a seguir.

Quando ela fala

Quando ela fala, parece
Que a voz da brisa se cala;
Talvez um anjo emudece
Quando ela fala.

5 Meu coração dolorido
As suas mágoas exala.
E volta ao gozo perdido
Quando ela fala.

Pudesse eu eternamente,
10 Ao lado dela, escutá-la,
Ouvir sua alma inocente
Quando ela fala.

Minh'alma, já semimorta,
Conseguira ao céu alçá-la,
15 porque o céu abre uma porta
Quando ela fala.

MACHADO DE ASSIS, J. M. Poesias Completas.
Rio de Janeiro: Nova Aguilar, 1994. p. 41-42. (Obra completa, v. 1).

1 Sobre o que o eu poético fala nesse poema?  atividade oral

2 Para elogiar a amada, que aspecto dela o eu poético escolheu para destacar?

3 Volte ao poema, releia a última estrofe e faça o que se pede.

> **"Quando ela fala"** é um poema de Machado de Assis feito em homenagem à sua esposa Carolina.

a) Sublinhe os verbos e circule as conjunções.

b) Quantas orações há na estrofe? Separe-as com colchetes.

c) Qual é a oração principal?

d) Qual é a função da oração [ao céu alçá-la]? Classifique-a.

e) Que ideia a oração do terceiro verso confere ao verbo da oração principal? Classifique a conjunção que a inicia.

f) Agora classifique a oração [porque o céu abre uma porta].

Orações subordinadas adverbiais causais exprimem uma circunstância de causa.

São iniciadas por conjunções (e locuções) subordinativas causais, sendo as principais: **porque**, **pois que**, **visto que**, **já que**, **como**.

Leia o texto a seguir.

http://chc.org.br/acervo/por-que-alguns-mosquitos-sao-transmissores-de-doencas/

Pouca gente sabe que a maioria dos mosquitos tem origem em áreas silvestres. Eles foram ganhando espaço nas cidades porque perderam as matas, seu ambiente original. Se conservássemos o verde, conservaríamos também o hábitat dos mosquitos e, consequentemente, a nossa saúde. Como não fazemos isso, os mosquitos se adaptam e se multiplicam em novos espaços, cada vez mais perto de nós, que agora queremos
5 saber como eliminá-los.

POR que alguns mosquitos são transmissores de doenças? *Ciência Hoje das Crianças*, Rio de Janeiro, 30 nov. 2016. Disponível em: http://chc.org.br/acervo/por-que-alguns-mosquitos-sao-transmissores-de-doencas/. Acesso em: 29 abr. 2020.

[Eles foram ganhando espaço nas cidades] [**porque** perderam as matas, seu ambiente original.]
　　　　　oração principal　　　　　　　　　　　　　oração subord. adverbial causal

[**Como** não fazemos isso,] [os mosquitos se adaptam e se multiplicam em novos espaços, cada vez mais perto de nós.]
oração subord. adverbial causal　　　　　　　　　　　　　oração principal

A oração principal pode vir no **início**, no **meio** ou no **fim** de um período. Isso depende da intenção do emissor de destacar uma ou outra ideia, ou da conjunção que escolher usar.

- [**Nem comeu antes de sair**] [porque estava muito atrasado.]
　oração principal　　　　　　oração subordinada

- [Quando ele voltar do trabalho,] [**estará cansado**] [porque acordou muito cedo hoje.]
　oração subordinada　　　　　　oração principal　　　　oração subordinada

- [**Você não precisa mais correr**,] [visto que o filme já terminou.]
　oração principal　　　　　　oração subordinada

- [Como estava muito atrasado,] [**nem comeu antes de sair**.]
　oração subordinada　　　　　　oração principal

- [Já que as aulas vão começar,] [**pretendo voltar a acordar cedo**.]
　oração subordinada　　　　　　oração principal

4 Reescreva os períodos a seguir unindo as orações de modo que a subordinada expresse ideia de causa. Evite repetir conjunções e faça as mudanças necessárias, inclusive na ordem das orações.

a) Este ano estou orgulhosa / o meu time foi campeão.

_____

b) Você vai perder o ônibus / você acordou muito tarde.

_____

c) A praça está inundada / choveu forte o dia inteiro.

_____

d) Estamos na primavera / há muitas flores no jardim.

_____

e) Desistimos de sair / estava muito tarde.

_____

Fique atento ■■□

Não confunda as **orações coordenadas explicativas** com as **orações subordinadas adverbiais causais**. Embora sejam orações bem próximas em sentido, que podem ser iniciadas pelas conjunções **que** e **porque**, lembre-se dos pontos a seguir.

Oração coordenada explicativa

I. Traz a **explicação** da declaração feita na oração anterior. Uma explicação vem sempre **depois** do fato que está sendo explicado.

> • Sei que ela tomou banho de mar, [**porque** está com o cabelo molhado].

Assim, uma hipótese é levantada (**ela tomou banho de mar**) com base no fato de os cabelos estarem molhados.

II. É usada, com frequência, depois de orações que indicam **ordens** (modo imperativo), **desejos** ou **opiniões**.

> • Dissolva com cuidado a maisena, [**porque** pode embolar].
> • Desejo-lhe muitas felicidades, [**que** você merece]!

III. É, normalmente, **precedida de vírgula**.

Oração subordinada adverbial causal

I. Traz a **causa** do que se declarou na oração principal. Uma causa vem sempre **antes**, no tempo, da consequência que resulta dela (ou seja, na sequência cronológica dos acontecimentos, a causa precede a consequência).

> • Não foi ao cinema [**porque** chovia muito].
> • Precisamos chegar cedo [**porque** queremos assistir ao filme todo].
> • Não terminei o trabalho [**porque** estava com dúvidas].

II. **Não é**, normalmente, precedida de **vírgula**.

5 As orações destacadas a seguir são coordenadas sindéticas explicativas ou subordinadas adverbiais causais. Observe-as e:

- classifique as orações;
- indique se deve ou não haver vírgula antes da conjunção **porque**;
- se houver vírgula, reescreva a frase inserindo-a.

a) Acho que ele está zangado comigo **porque nem me deu bom-dia**.

_____

_____

b) A febre vai subir de novo **porque ele está com frio**.

_____

_____

c) Não vim à aula **porque estava doente**.

_____

_____

d) Saiu logo da festa **porque não conhecia ninguém**.

_____

_____

e) Os visitantes se perderam **porque não conheciam o caminho**.

_____

_____

f) Não foi ao cinema **porque chovia muito**.

_____

_____

g) Prestem atenção **porque só vou explicar uma vez!**

_____

_____

h) O barco virou **porque você se descuidou**.

_____

Orações subordinadas adverbiais comparativas

Vocês já conversaram sobre a frase da epígrafe. Vamos retomá-la e pensar um pouco a respeito de sua estrutura.

1 Releia a frase e faça o que se pede.

> Uma árvore que cai faz mais barulho do que uma floresta que cresce.

a) Sublinhe os verbos e circule os conectivos.

b) Copie aqui as orações que encontrou, separando-as umas das outras.

_____

_____

c) As orações iniciadas pela conjunção **que** são de que tipo? Elas se referem a quais palavras das orações que as antecedem?

_____

_____

d) Nesse período, que relação é estabelecida entre uma árvore caindo e uma floresta crescendo?

_____

_____

> **Orações subordinadas adverbiais comparativas** exprimem uma circunstância de comparação com a oração principal.

São iniciadas por conjunções (ou locuções) subordinativas comparativas, sendo as principais: **como**, **que**, **quanto** (precedidas de **mais**, **menos**, **tanto**, **tão** na oração principal), **como se**, **assim como**, **que nem**.

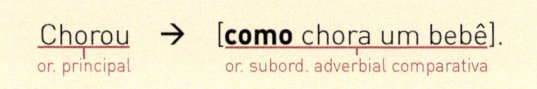

Chorou → [**como** chora um bebê].
or. principal   or. subord. adverbial comparativa

É comum omitir o predicado da oração subordinada adverbial comparativa, ou seja, o verbo e o motivo da comparação ficam subentendidos, já que são os mesmos da oração principal.
Observe:

or. principal or. subord.	adverbial comparativa
Uma árvore [...] faz mais barulho	[**do que** uma floresta] [...] (faz barulho).
Ele é feroz	[**como** um leão]. (é feroz)
Vocês comeram mais	[**que** eu]. (comi)
Eu não jogo tão bem	[**quanto** você]. (joga bem)

 **2** Leia as orações a seguir e:

- identifique as orações principais (OP);
- termine os períodos completando as orações subordinadas adverbiais comparativas;
- identifique os elementos comparados e o motivo da comparação em cada um.

Observe o modelo:

> Ela era mais alta do que **a irmã**.
> **OP:** [Ela era mais alta]. **Elementos comparados:** as irmãs. **Motivo da comparação:** a altura.

a) Escreve tão bem quanto _____

_____

b) Gosto dos dias de sol mais que _____

_____

_____

c) Teresa dançou como _____

_____

d) Verônica é mais esforçada que _____

_____

_____

e) Luzia é (tão) obediente como _____

_____

f) Belo joga muito bem, tanto quanto _____

_____

_____

g) Você desenha tão bem quanto _____

_____

_____

Orações subordinadas adverbiais concessivas

Leia o texto a seguir.

[...] Uma manhã, "Casaca" despertou e, não vendo o seu **amo** de pé, foi até os seus **aposentos** receber ordens. **Topou-o** na sala principal, amarrado e amordaçado. As gavetas estavam revolvidas, embora os móveis estivessem nos seus lugares. "Casaca" chamou por socorro; vieram os vizinhos e desembaraçando
5 o professor da mordaça, verificaram que ele ainda não estava morto. Fricções e todo o remédio que lhes veio à mente empregaram, até tapas e socos. O doutor Campos Bandeira salvou-se, mas estava louco e quase sem fala, tal a impressão de terror que recebeu. A polícia pesquisou e verificou que houvera roubo de dinheiro, e grosso, graças a um caderno de notas do velho professor. [...]

BARRETO, Lima. Foi buscar lã... *América Brasileira*, Rio de Janeiro, maio 1922. Disponível em: www.dominiopublico.gov.br/download/texto/bn000130.pdf. Acesso em: 13 maio 2020.

> **Vocabulário**
>
> **Amo:** dono da casa, patrão.
> **Aposento:** cômodo de uma casa, especialmente o quarto de dormir (mais usado no plural).
> **Topar:** encontrar.

1 Este é um pequeno trecho do conto *Foi buscar lã...*, de Lima Barreto. Lendo-o, podemos deduzir algumas informações:

a) Quem é "Casaca"?

b) Como se chama o seu patrão?

c) O que aconteceu na casa durante a noite?

d) O que houve com o dono da casa depois disso?

e) Quem ajudou o professor?

2 Releia o período a seguir.

As gavetas estavam revolvidas, embora os móveis estivessem nos seus lugares.

a) Sublinhe os verbos e separe, com colchetes, as orações.

b) Qual é a oração principal?

_____

c) Que conectivo inicia a segunda oração? Classifique-o.

_____

d) Nessa oração subordinada (iniciada por conjunção) admite-se um fato que poderia ser um obstáculo ao da ação na oração principal. Explique essa afirmativa.

_____

e) Mas, afinal, o fato expresso pela oração subordinada impediu o da oração principal?  Explique.

f) A oração [embora os móveis estivessem nos seus lugares] traz a ideia de concessão para o período. Por isso, como se classifica?

_____

> **Orações subordinadas adverbiais concessivas** exprimem circunstância de concessão. Ao fazer-se uma concessão, admite-se uma dificuldade, um obstáculo, que, no entanto, não impede que aconteça o fato descrito na oração principal.

São iniciadas por conjunções (ou locuções) subordinativas concessivas, sendo as principais: **embora, ainda que, se bem que, mesmo que, apesar de, por mais que, nem que**.

> - [**Embora** fosse muito pequeno,] ele já ia sozinho para a escola.
>
or. subord. adverbial concessiva   or. principal
>
>   Vamos à praia, [**mesmo que** chova a cântaros].
>
or. principal   or. subord. adverbial concessiva
>
> - [**Por mais que** você fizesse barulho,] eu ia continuar estudando.
>
or. subord. adverbial concessiva   or. principal

3 Dos exemplos anteriores de orações subordinadas adverbiais concessivas, copie os verbos e indique em que tempo e modo está cada um deles.

_____

_____

_____

_____

_____

_____

> **Lembre-se**
>
> Na oração subordinada adverbial concessiva, **o verbo está sempre no modo subjuntivo**.

4 Complete as orações subordinadas adverbiais concessivas com os verbos entre parênteses no tempo e modo adequados.

a) Ainda que _____, o jogo ocorrerá. (chover)

b) Ítalo foi ao parque, embora _____. (estar chovendo)

c) Ele não se mexia por mais que eu _____ animá-lo. (procurar)

d) Embora ainda não _____ verão, está muito calor. (ser)

e) Conquanto _____ mais escolas, ainda há analfabetos no Brasil. (haver)

f) Nem que você se _____ de dourado, ele vai olhar para você! (pintar)

g) Por mais que eu _____, ele não arrumava a cama dele. (falar)

h) Todos se retiraram, apesar de não _____ a prova. (ter terminado)

i) Mesmo que ele _____ razão, não vou dar o braço a torcer. (ter)

Orações subordinadas adverbiais condicionais

STILLFX/Shutterstock.com

1 Releia o seguinte trecho do texto da página 116 e faça o que se pede.

> Se conservássemos o verde, conservaríamos também o hábitat dos mosquitos e, consequentemente, a nossa saúde.

a) Circule e classifique as duas conjunções encontradas no período.

_____

b) Qual é a relação de sentido entre a primeira oração (subordinada) e a segunda (principal)? Que circunstância a primeira acrescenta ao verbo da segunda?

_____

_____

c) Que função desempenham os termos sublinhados no trecho? Qual é o papel da conjunção **e**?

_____

d) Você já percebeu que circunstância a primeira oração traz para o período. Agora, como você a classificaria?

_____

> **Orações subordinadas adverbiais condicionais** exprimem circunstância de condição. Uma condição é uma circunstância que consideramos indispensável para que um fato se realize.

São iniciadas por conjunções (ou locuções) subordinativas condicionais, sendo as principais: **se**, **caso**, **contanto que**, **desde que**, **sem que**.

- [**Se** eu saio antes do final do expediente,] meu patrão me mata!
  or. subord. adverbial condicional | or. principal

- [**Se** você dormir muito tarde,] não conseguirá acordar para a prova.
  or. subord. adverbial condicional | or. principal

- Irei ao jogo [**desde que** consiga uma carona].
  or. principal | or. subord. adverbial condicional

- Traga um doce para Tila, [**caso** você encontre um bem gostoso].
  or. principal | or. subord. adverbial condicional

- Poderemos fazer a festa lá, [**contanto que** a casa esteja limpa].
  or. principal | or. subord. adverbial condicional

Usamos também a conjunção **se** para introduzir uma pergunta ou uma dúvida.

> Mamãe perguntou **se** você gostou do presente.
> Não sei **se** leio um livro ou uma revista.

2 Nos períodos a seguir, circule as conjunções ou locuções conjuntivas condicionais e sublinhe as orações subordinadas adverbiais condicionais.

a) Caso precise da minha ajuda, avise-me.

b) Contanto que se dedique, você vai aprender rapidamente.

c) Deixe um recado se eu tiver saído.

d) Não saia sem que termine a redação.

e) Se o filme for bom, sairei feliz do cinema.

f) Uma vez que todos aceitem a proposta, assinaremos o contrato.

g) Você será um grande atleta, desde que se esforce.

h) Vou fazer um bolo, a não ser que você esteja de dieta.

3 Agora responda: Como podemos classificar, em todos os períodos acima, a outra oração, que não é subordinada? _____

Orações subordinadas adverbiais conformativas

Leia o trecho a seguir.

[...]
Em Santa Luzia, foram registrados cerca de 30 ocorrências por causa das chuvas fortes, conforme informou a Defesa Civil da cidade.
[...]

Chokchai Poonichaya/Shutterstock.com

FORTES chuvas alagam Grande Belo Horizonte. *O Globo*, Rio de Janeiro, 5 jan. 2020. Disponível em: https://infoglobo.pressreader.com/search?query=conforme&in=ALL&date=Anytime&hideSimilar=0. Acesso em: 28 abr. 2020.

1 Agora faça o que se pede.

a) Circule a conjunção usada na oração destacada.

b) Sublinhe a oração principal e separe, com colchetes, a subordinada.

c) Que relação há entre o fato expresso na primeira e na segunda oração?

_____

Essa oração subordinada está iniciada por uma conjunção subordinativa conformativa (**conforme**) e é uma **oração subordinada conformativa**.

> ↑ **Orações subordinadas adverbiais conformativas** exprimem circunstância de conformidade, ou seja, há uma coincidência entre os fatos expressos.

São iniciadas por conjunções (ou locuções) subordinativas conformativas, sendo as principais: **conforme**, **segundo**, **como**, **consoante**.

- [**Como** eu previa,] ele adorou o presente.
  or. subord. adverbial conformativa / or. principal

- [**Segundo** a previsão do tempo,] teremos um belo dia de sol amanhã.
  or. subord. adverbial conformativa / or. principal

- Agiu [**consoante** a orientação que recebeu].
  or. principal / or. subord. adverbial conformativa

2 Use diferentes conjunções para juntar as orações a seguir, de modo que a oração subordinada seja adverbial conformativa.

a) Acabou se ralando / a mãe avisou.

_____

b) Nós esperávamos / ele foi o primeiro a cruzar a linha de chegada.

_____

c) Haverá muita animação no seu aniversário / as previsões que foram feitas.

_____

d) Hoje amanheceu chovendo / estava no jornal.

_____

e) Nós combinamos / já marquei seus exames.

_____

Orações subordinadas adverbiais consecutivas

Leia o período a seguir.

https://brasil.elpais.com/brasil/2017/06/03/internacional/1496507584_255091.html

"Aqui vivemos tão grudados uns aos outros que os casais discutem, em silêncio, por WhatsApp"

"AQUI vivemos [...]". *El País*, Buenos Aires, 5 jun. 2017. Disponível em: https://brasil.elpais.com/brasil/2017/06/03/internacional/1496507584_255091.html. Acesso em: 29 abr. 2020.

1 Agora, faça o que se pede.

a) Circule a conjunção usada.

b) Sublinhe a oração principal e separe, com colchetes, a subordinada.

2 Segundo o título da notícia, qual é o resultado de as pessoas viverem tão próximas umas das outras? **atividade oral**

3 Por que você acha que os casais preferem essa forma de discussão.

4 Que relação há entre o que ocorre na segunda oração e o fato apresentado na primeira?

_____

5 Que palavras da oração principal estão relacionadas a essa circunstância apresentada na segunda oração? _____

Essa oração subordinada está iniciada pela conjunção subordinativa consecutiva **que** (cujo sentido se relaciona ao advérbio **tão** da oração anterior) e é uma **oração subordinada consecutiva**.

> **Orações subordinadas adverbiais consecutivas** exprimem circunstância de consequência, ou seja, o resultado de alguma ação.

São iniciadas pela conjunção subordinativa consecutiva **que** (precedida, na oração principal, de **tão**, **tal**, **tanto**, **tamanho**).

- Insistiu tanto [**que** conseguiu o que queria].
  or. principal — or. subord. adverbial consecutiva
- Ela trata os alunos com tanto respeito, [**que** eles adoram a sua aula].
  or. principal — or. subord. adverbial consecutiva
- Tenho tanto que estudar [**que** nem gosto de pensar]!
  or. principal — or. subord. adverbial consecutiva
- Ele explica tudo com tal clareza [**que** ninguém fica com dúvida].
  or. principal — or. subord. adverbial consecutiva

- Ele ria [que se esbaldava]!

Nesse exemplo, observe que o **tanto**, da oração principal, foi substituído por uma entonação especial para a palavra **ria**, que, certamente, será dita de maneira diferente:

- Ele riiiiiiia [que se esbaldava]!

6 Complete os espaços com orações subordinadas adverbiais consecutivas.

a) Chovia tanto que _____.

b) Estudou tanto que _____.

c) O bebê riu tanto que _____.

d) O ônibus estava tão cheio que _____.

e) Pesquisou tanto na internet que _____.

f) Sua alegria era tamanha que _____.

g) Tanto insistiu com o pai que _____.

Orações subordinadas adverbiais finais

Leia a tira ao lado.

GONSALES, Fernando.
Níquel Náusea.

Fernando Gonsales

126

1 O ratão vai alcançar seu desejo? Explique sua resposta. atividade oral

2 Você é mais favorável a qual atitude: à do ratão, que quer que os inimigos o reconheçam como o melhor e mais forte, ou à dos inimigos dele, que se negam a agir dessa forma?

3 Em que quadrinho está apresentado o desejo do rato?

_____

4 Releia o período do primeiro quadrinho e faça o que se pede.

Desejo longa vida para meus inimigos para que possam ver minha vitória!

a) Sublinhe os verbos (ou locuções verbais) e circule as conjunções.

b) Use colchetes para separar o período em orações.

c) Entre as orações que encontrou, qual é a oração principal? _____

d) Que circunstância a conjunção que inicia a segunda oração traz para o período? _____

e) Classifique essa conjunção. _____

f) E a oração que ela inicia, como se classifica? _____

_____

Se você deduziu certo, você classificou essa oração como subordinada adverbial final.

> Orações subordinadas adverbiais finais exprimem circunstância de finalidade, ou seja, o objetivo de um fato.

São iniciadas por conjunções (ou locuções) subordinativas finais, sendo as principais: **para que**, **a fim de que**, **que**.

5 Complete a classificação das orações a seguir:

I. Pararam de conversar [**para que** pudessem ouvir a música].

or. _____ or. _____

II. Fecharam o portão [**a fim de que** os animais não saíssem].

or. _____ or. _____

III. Entregou-lhe a camisa do time, [**a fim de que** ele a defenda].

or. _____ or. _____

IV. Fique quieto, [**que** ela não acorda]!

or. _____ or. _____

6 Relacione as orações subordinadas adverbiais aos valores de sentido que elas exprimem de acordo com as indicações a seguir.

I. finalidade   **II.** conformidade   **III.** causa   **IV.** comparação   **V.** consequência

a) ☐ Vou dormir cedo **porque estou cansado**.

b) ☐ Deixei o celular desligado **para que ninguém me interrompa**.

c) ☐ Correu tanto **que conseguiu pegar o ônibus**.

d) ☐ Expliquei bem as regras do jogo, **a fim de que eles não se confundam**.

e) ☐ Ela me ligou hoje, **conforme ficou acertado**.

f) ☐ Pintei a parede mais uma vez **para que o serviço fique bem-feito**.

g) ☐ O público de hoje aplaudiu tanto **quanto o de ontem**.

Orações subordinadas adverbiais proporcionais

Leia o trecho de uma notícia a seguir.

https://brasil.elpais.com/brasil/2017/06/03/internacional/1496507584_255091.html

> Conforme o coronavírus se espalha pelo mundo, crescem os receios com a realização de grandes eventos culturais. Um dos primeiros baques veio na última sexta-feira, quando a organização do South by Southwest (SXSW), em Austin, no Texas, decidiu não realizar, pela primeira vez em 34 anos, o festival de inovação.

BARROS, Luiza. Coronavírus pelo mundo [...]. *O Globo*, Rio de Janeiro, 10 mar. 2020. Disponível em: https://oglobo.globo.com/cultura/coronavirus-pelo-mundo-louvre-fechado-coachella-adiado-filmes-tem-lancamentos-cancelados-24295970. Acesso em: 29 abr. 2020.

1 Complete: esse trecho de notícia comenta que o aumento da propagação do coronavírus é proporcional ao _____.

> ↑ **Orações subordinadas adverbiais proporcionais** exprimem circunstância de proporção, ou seja, de relação entre dois fatos ou duas situações, de forma que qualquer troca em uma delas provoca mudança na outra.

São iniciadas por conjunções (ou locuções) subordinativas proporcionais, sendo as principais: **à medida que, à proporção que, conforme, ao passo que, quanto mais (mais), quanto menos (menos)**.

- Ele tocava melhor [**à medida que** o tempo passava].

or. principal   or. subord. adverbial proporcional
- Eles ficam cada dia mais animados [**à proporção que** se aproxima o dia da formatura].

or. principal   or. subord. adverbial proporcional
- Bolsas de palha: elas vão e voltam [**conforme** os termômetros sobem.]

or. principal   or. subord. adverbial proporcional

2 Complete as frases a seguir com a conjunção ou locução conjuntiva adequada para introduzir a ideia de proporção. Procure variar as conjunções.

a) Os morcegos vão saindo das tocas _____ anoitece.

b) Você fica mais bonita _____ o tempo passa.

c) _____ o conheço, mais gosto de você.

d) _____ você treina, menos agilidade terá.

e) _____ a chuva aumenta, a rua vai inundando.

Orações subordinadas adverbiais temporais

Leia os ditados populares a seguir.

> Quando está fora o gato, folga o rato.
> Quando um burro zurra, os outros abaixam as orelhas.
>
> Ditados populares.

NotionPic/Shutterstock.com

1 O que há em comum entre os ditados populares? atividade oral

2 Essas orações iniciadas por **quando** acrescentam qual circunstância aos períodos?

3 Classifique a primeira oração de cada um dos períodos. _____

> **Orações subordinadas adverbiais temporais** exprimem circunstância de tempo.
> São iniciadas por conjunções (ou locuções) subordinativas temporais, sendo as principais: **quando, enquanto, logo que, desde que, até que, sempre que, mal.**

Leia os exemplos a seguir. Depois, complete a classificação das orações, separando, com colchetes, as orações subordinadas adverbiais temporais:

> "Talvez um anjo emudece **quando** ela fala."
>
> or. _____ or. _____
>
> Foram à praia **quando** parou de chover.
>
> or. _____ or. _____
>
> **Mal** sentiu a febre subir, tomou o remédio.
>
> or. _____ or. _____
>
> Prometo me arrumar **logo que** Beto chegar.
>
> or. _____ or. _____

Gosto dela **desde que** a conheci.

or. _____ or. _____

Enquanto o bolo esfria, vamos arrumar a mesa.

or. _____ or. _____

4 Agora é sua vez de criar os exemplos.

Escreva, no caderno, um período composto que fale de um assunto especial para você. Nele deve haver, no mínimo, uma oração principal e uma subordinada adverbial temporal, isto é, uma oração que comece com uma das seguintes conjunções: **quando, enquanto, logo que, desde que, até que, sempre que, mal**.

Fique atento ■ ▪ ▪

Variações de sentido

Muitas vezes, a mesma conjunção pode iniciar diferentes tipos de oração adverbial, dependendo do sentido do texto e da sua função. Lembre-se de que, em tudo que dizemos, devemos considerar sempre o sentido, a significação e, também, a finalidade da mensagem, as circunstâncias, o contexto.

Como		Que	
Tome os remédios or. principal	[**como** o médico recomendou]. or. subord. adverbial **conformativa**	Pediu tanto or. principal	[**que** eu lhe dei o livro]. or. subord. adverbial **consecutiva**
[**Como** é bom aluno,] or. subord. adverbial **causal**	nem precisou estudar para o teste. oração principal	Fiz-lhe um sinal or. principal	[**que** atravessasse a rua]. or. subord. adverbial **final**
Falava or. principal	[**como** um entendido no assunto]. or. subord. adverbial **comparativa**	Falava mais alto or. principal	[**que** eu]. or. subord. adverbial **comparativa**

1 Escreva conjunções com o mesmo sentido das conjunções destacadas nas frases a seguir e indique que sentido é esse.

a) Como estava com fome, ela resolveu almoçar logo. _____

b) Demorou mais a terminar que eu. _____

c) Nadava tão bem como um peixe! _____

d) Rezou muito que o filho melhorasse. _____

e) Conforme divulgou o *site Saudações tricolores*, o camisa 10 foi vetado pelo departamento médico tricolor. _____

f) Conforme o tempo esfria, vou usando mais agasalhos. _____

Orações subordinadas adverbiais reduzidas

Leia o cartaz, criado pelo Instituto Nacional do Câncer (Inca) como medida para ajudar no controle da pandemia.

INSTITUTO NACIONAL DO CÂNCER. *Coronavírus covid-19: Cuidados necessários antes, durante e após a compra de alimentos.* Brasília, DF: Ministério da Saúde, 2020. Disponível em: www.inca.gov.br/sites/ufu.sti.inca.local/files//media/image//card-alimentos-2.jpg. Acesso em: 25 jun. 2020.

1 Releia a primeira recomendação do cartaz e faça o que se pede:

Leve uma lista com os itens a serem comprados para evitar ficar muito tempo no estabelecimento

a) Sublinhe a oração principal e separe, com colchetes, as subordinadas.

b) Quais são os verbos das orações subordinadas e em que tempo e modo estão?

_____

c) Nas orações subordinadas aparece alguma conjunção? _____

d) Entre as três orações subordinadas, há dois tipos que já estudamos nesta unidade. Escreva-as ao lado de cada classificação a seguir.

Oração subordinada adjetiva restritiva reduzida de infinitivo: _____

Oração subordinada substantiva objetiva direta reduzida de infinitivo: _____

2 Sobre o trecho "[leve uma lista com os itens] [...] [para evitar] [...]" faça o que se pede:

a) Qual é a circunstância transmitida pela oração subordinada ao verbo **leve** da oração principal?

_____

b) Assim como as orações subordinadas substantivas e adjetivas, as orações adverbiais também podem aparecer na forma reduzida. Classifique a oração "[para evitar]".

_____

Nas orações subordinadas reduzidas:
- não se usa um conectivo (conjunção subordinativa);
- o verbo da oração subordinada fica em uma das formas nominais (infinitivo, gerúndio ou particípio).

Observe os exemplos:

Leve uma lista com os itens	para **que** você **evite**...
or. principal	or. subord. adverbial final (verbo no presente do subjuntivo)
Leve uma lista com os itens	para **evitar**...
or. principal	or. subord. adverbial final reduzida de infinito (verbo no presente do subjuntivo)

Fique atento ■■■

A oração reduzida não começa com conectivos (conjunção ou pronome relativo).

- Tudo dará certo [**se** vocês se esforçarem para isso].
  (oração desenvolvida)
- Tudo dará certo [vocês se **esforçando** para isso].
  (oração reduzida) gerúndio

Quando a oração desenvolvida correspondente tem uma preposição antes do conectivo, essa preposição será também usada na oração reduzida.

- Escreva com cuidado [para **que** o texto fique legível].
  (oração desenvolvida)
- Escreva com cuidado [para o texto **ficar** legível].
  (oração reduzida) infinito

3 No caderno, transforme as orações subordinadas abaixo em orações reduzidas de infinitivo, de gerúndio ou de particípio. Faça as mudanças necessárias: retire o conectivo e flexione o verbo em uma forma nominal. Veja o exemplo:

> É preciso [**que** você coma devagar]. ⟶ [comer devagar].

a) [Porque era um assunto importante,] ele me telefonou cedo.

b) [Mesmo que não soubesse da chegada dele,] eu quis vir até aqui.

c) Todos aplaudiram [quando terminou a peça].

d) Vi um grupo de homens [que conversava sobre as novas medidas].

e) Ele se calou [porque sentiu que não ia convencê-lo da medida].

f) [Se nós pensarmos melhor,] vamos concordar com a proposta.

g) Lembre-se [de que você deve chegar cedo amanhã].

h) [Quando acabou a partida,] os jogadores foram para o vestiário.

i) [Se você se alimentar bem,] você vai crescer forte e sadio.

j) Não saiam da sala [sem que obtenham licença do professor].

k) [Depois que as visitas saíram,] todos foram dormir.

l) [Quando ele terminou de cantar,] todos o aplaudiram de pé.

m) Ele não precisa de convite [para que devore o bolo de chocolate].

💡 **Ampliar**

PEDRO BANDEIRA

Editora Moderna

O grande desafio, de Pedro Bandeira (Moderna)

Uma trama criminosa pode destruir o colégio mais tradicional da cidade! E sua única esperança de salvação é a inteligência de um aluno especial, especial demais! Toni tem de salvar a vida do velho diretor da escola e conseguir provas para salvar da cadeia o pai de Carla, a garota de seus sonhos...

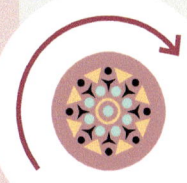

Caleidoscópio ■■■

O diário é uma espécie de confidente que guarda experiências, pensamentos e sentimentos, fotografias, lembranças etc. Nele são escritos relatos autobiográficos de uma pessoa e acontecimentos diários de determinado período de sua vida.

A narrativa escrita em um diário é em primeira pessoa (eu) e as formas verbais geralmente estão no passado (pretérito imperfeito ou pretérito perfeito do indicativo). Nesse tipo de gênero, usa-se a variedade coloquial ou informal (gírias, expressões familiares etc.), sua organização é cronológica e há presença de dados geográficos.

Abaixo há uma relação de livros de aventuras, fatos e sentimentos variados, que podem te inspirar e te divertir.

Editora Intrínseca

Destrua este diário.
Autor: Keri Smith.
Editora: Intrínseca.

Editora Dark Side

O diário de Nisha.
Autora: Veera Hiranandani.
Editora: Dark Side.

Editora Telos

Diário de uma garota como você.
Autora: Maria Inês Almeida.
Editora: Telos.

Editora Jaguatirica

Diário de obra: um mês na vida de uma arquiteta. Autora: Alê Motta. Editora: Jaguatirica.

Editora Intrínseca

Cotoco: o diário (perversamente engraçado) de um garoto de 13 anos.
Autor: John Van de Ruit. Editora: Intrínseca.

Editora Verus

Diário de uma garota nada popular: histórias de uma amizade nem um pouco sincera.
Autora: Rachel Renee Russell.
Editora: Verus.

Editora Seguinte

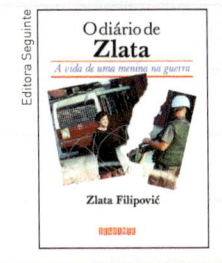

O diário de Zlata: a vida de uma menina na guerra. Autora: Zlata Filipovic.
Editora: Seguinte.

Editora Fundamento

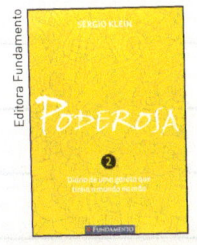

Poderosa 2: diário de uma garota que tinha o mundo na mão.
Autor: Sergio Klein.
Editora: Fundamento.

Editora Bestbolso

O diário de Anne Frank.
Autora: Anne Frank.
Editora: Bestbolso.

Use este diário se quer tirar fotos incríveis.
Autor: Henry Carroll.
Editora: GG BR – Gustavo Gili.

Editora Gustavo Gili

Cristiane Viana

Atividades

Leia o texto a seguir.

TEXTO 1

O primeiro beijo costuma ser uma experiência marcante e suscitar várias emoções: surpresa, alegria e dúvidas sobre o dia seguinte... Leia a seguir como Rodrigo se sentiu ao beijar pela primeira vez.

Do diário de Rodrigo

Beijei.

Pois é. Já não era sem tempo. Beijei.

Até agora eu não tinha ainda beijado desse jeito. Mas isso é um segredo guardado a sete chaves!! Ninguém da minha turma pode ficar sabendo disso. Muito menos a Júlia!!!

5 Pô, levei tanto tempo pra chegar na garota, que já tava achando que não ia acontecer nunca. Também, tava difícil entender se ela queria ou não. Além disso, é claro, eu não tinha a menor ideia se ela já tinha beijado antes. Bem, continuo sem saber, mas isso não importa mais. O que vale é que eu acho que ela não percebeu que era a minha primeira vez. Mandei bem. Tenho certeza. Ainda mais porque foi com a Júlia! Ah... a Júlia. Tinha que ser com ela.

10 Agora tenho que me organizar pra ligar pra ela amanhã e dar um jeito da gente se encontrar. Ir a um cinema, tomar um sorvete, sei lá. Sabe, essas coisas que namorados fazem.

A Júlia é muito especial pra mim. Há muito, muito tempo. É uma história longa. E, pra você entender do que eu tô falando aqui esse tempo todo, vou ter que começar a contar do momento em que eu percebi que a Júlia tinha deixado de ser a minha melhor amiga pra passar a ser a garota dos meus sonhos.

15 Ok. Tá interessado em saber? Vamos lá, que eu conto.

PINA, Sandra. *E agora?* Porto Alegre: Artes e Ofícios, 2009. p. 11-12.

1 Para ajudar Rodrigo, pense em mais três programas, além de ir ao cinema e tomar um sorvete, para os quais ele poderia convidar Júlia.

atividade oral

2 Agora vamos examinar melhor o texto e analisar a linguagem usada pelo autor para caracterizar os personagens, o tom usado no texto e como se organizam as orações e os períodos. Na frase a seguir, a autora procura reproduzir a linguagem informal e espontânea que o garoto usa em seu diário. Observe-a e faça o que se pede.

Pô, levei tanto tempo pra chegar na garota, que já tava achando que não ia acontecer nunca.

a) Circule uma interjeição característica da linguagem oral e do registro informal.

b) Reescreva um verbo usado com novo sentido (gíria). _____

c) Sublinhe duas palavras na forma reduzida característica da linguagem oral.

3 De acordo com as indicações do quadro, classifique o valor semântico das conjunções destacadas nas orações a seguir.

I. causa **II.** comparação **III.** conformidade **IV.** consequência **V.** finalidade

a) ☐ Beijei **como** se não fosse a primeira vez.

b) ☐ Tinha que ser a Júlia, **que** ela é maravilhosa.

c) ☐ Fez a tarefa **como** foi orientada.

d) ☐ Falou tanto **que** ficou rouco.

e) ☐ Devoramos os sanduíches, **que** a fome era grande!

f) ☐ Hoje eu estou mais animada **que** estava ontem.

g) ☐ Ela se assustou com o resultado **como** você previu.

h) ☐ **Como** o sinal fechou, tive de parar o carro.

i) ☐ **Como** você avisou, ele se atrasou.

j) ☐ Elas dormiram mais **que** eu.

k) ☐ Insistiu tanto **que** acabou conseguindo o que queria.

l) ☐ Mandei um *e-mail* para Ana, **que** trouxesse seu livro para escola.

4 Na música popular, a dúvida, a hipótese e a condição são temas bastante presentes. Nos trechos de canções a seguir, use colchetes para identificar as orações subordinadas adverbiais condicionais.

I. Se um dia
Meu coração for consultado
Para saber se andou errado
Será difícil negar

Foi um rio que passou em minha vida,
de Paulinho da Viola.

II. Se você pensa que vai fazer de mim
O que faz com todo mundo que te ama

Se você pensa, de Roberto Carlos.

III. Se todos fossem iguais a você .
Que maravilha viver

Se todos fossem iguais a você,
de Tom Jobim e Vinicius de Moraes.

Tamara Luiza/Shutterstock.com

5 Junte as duas orações de cada item, transformando a que tem o verbo em destaque em oração subordinada adverbial concessiva. Para isso, faça os ajustes necessários e lembre-se de que:

- nas orações concessivas, o verbo está sempre no modo subjuntivo;
- as principais conjunções ou locuções conjuntivas concessivas são: **embora**, **ainda que**, **se bem que**, **conquanto**, **mesmo que**, **a menos que**, **mesmo se**, **posto que**, **nem que**, **por mais que**, **malgrado**, **não obstante**, **apesar de** etc.

a) A economia **cresceu** / ainda há muitos jovens em busca de emprego.

_____

b) Ele não respondia / eu **repetia** a pergunta.

_____

c) Está escuro / ainda **é** cedo.

_____

d) **Fazia** calor / todos levaram casaco.

_____

e) Maria **foi avisada** / Maria se surpreendeu com sua chegada.

_____

6 Complete os períodos a seguir com conjunções ou locuções conjuntivas para que as orações sejam subordinadas adverbiais condicionais. Evite repetir as conjunções e faça as mudanças necessárias.

> • Lembre-se de que as principais conjunções condicionais são: **se**, **caso**, **desde que**, **contanto que**, **sem que**.

a) _____ você aceite a proposta, começaremos os ensaios.

b) Só entre _____ eu permitir.

c) _____ o regulamento do campeonato seja obedecido, tudo correrá bem.

d) _____ conhecesse os alunos, o professor confiaria neles.

e) Serão elogiados _____ sigam as nossas orientações.

f) _____ se dedique aos treinos, você será um ótimo jogador.

g) _____ agir dessa maneira, tudo será resolvido.

h) Vou preparar um lanche _____ você esteja com fome.

7 Os períodos a seguir estão sem pontuação alguma. Com atenção, reescreva-os, colocando vírgulas, dois-pontos, ponto e vírgula, ponto de interrogação, de exclamação ou pontos finais.

a) A aula começou os alunos porém não conseguiram se concentrar

_____

b) Chegou sorriu venceu depois chorou

_____

c) Comprou as frutas que eu pedi

_____

d) Convém que a chuva pare logo

_____

e) Em dezembro o calor fica insuportável

_____

f) Fernanda mãe do Davi está ao telefone

_____

g) Nossa que música linda

_____

Leia a frase abaixo.

> Não seria ótimo ter alguém prestando atenção na aula por você?

8 Agora observe o período a seguir e faça o que se pede.

> Não seria ótimo ter alguém prestando atenção na aula por você?

a) Circule os verbos.

b) Separe as orações do período e classifique-as.

_____

_____

c) Transforme a segunda e a terceira orações do item anterior em orações desenvolvidas.

_____

_____

9 Você já sabe que as orações reduzidas têm, em relação à oração principal, a mesma função que as orações desenvolvidas. Relacione as colunas a seguir reconhecendo o sentido das orações subordinadas reduzidas e classifique-as de acordo com sua função.

a) substantiva subjetiva

b) substantiva objetiva direta

c) substantiva objetiva indireta

d) substantiva predicativa

e) substantiva completiva nominal

f) adjetiva restritiva

g) adjetiva explicativa

h) adverbial consecutiva

i) adverbial condicional

j) adverbial concessiva

k) adverbial temporal

l) adverbial final

m) adverbial causal

I. Aquele rapaz, [falando com a diretora,] é meu amigo.

II. É certo [ter ocorrido uma queda de energia].

III. Ela foi a única [a duvidar de você].

IV. Ernesto chegou [para ajudar].

V. Esta cidade é fria [de doer].

VI. Gosto [de ficar sozinha].

VII. Não compareceu [por estar com febre].

VIII. [Não obstante ser ainda jovem,] conquistou um cargo de confiança.

IX. O melhor seria [fazerem a viagem].

X. Ordenou [saírem todos dali].

XI. Só poderá voltar ao trabalho [avisando com antecedência].

XII. Tinha muita vontade [de divulgar a verdade].

XIII. Todos vibraram [ao receberem os jogadores campeões].

Leia a tira a seguir.

WATTERSON, Bill. *Calvin e Haroldo.*

10 Por que Calvin está fazendo o dever de casa? atividade oral

11 O menino obedeceu logo? Explique sua resposta.

12 Podemos afirmar que Calvin e seu pai têm ideias diferentes a respeito do tempo e do futuro? Explique sua resposta.

13 O que o tigre Haroldo acha que Calvin já aprendeu?

14 Como a tirinha gira em torno do tempo, nos períodos que seguem, sublinhe as orações subordinadas que expressam a circunstância de tempo.

a) Ele disse que, quando eu for mais velho, vou descobrir que poucas coisas são mais gratificantes que o estudo.

b) Beleza! Então quando eu for mais velho eu aprendo!

c) Se eu não começar a estudar já, ele me mata antes de eu ficar mais velho.

15 No último período da atividade anterior, a oração principal [ele me mata] vem acompanhada de duas circunstâncias. Uma, você já identificou, é a circunstância de tempo. Qual é a outra? Indique a oração subordinada que contém essa noção.

_____

16 Indique em que tempo verbal estão as formas destacadas a seguir:

a) O papai me **convenceu** a **fazer** o dever de casa.

_____

b) Quando eu **for** mais velho vou descobrir a importância do estudo.

_____

c) Eu **disse**: — Quando eu **envelhecer** eu aprendo.

_____

d) Se eu não **começar** a **estudar**, ele me mata antes de nós **envelhecermos**.

_____

e) Você já **aprendeu** alguma coisa.

17 Das frases usadas na atividade anterior, cite três exemplos de presente do indicativo usado com sentido de futuro.

18 Reescreva os períodos a seguir transformando as orações subordinadas adverbiais reduzidas em orações desenvolvidas. Elas devem ser introduzidas por uma conjunção para exprimir a circunstância entre parênteses. Se precisar, faça alterações.

a) Posso comer **vendo** televisão? (tempo)

b) Agradeço de coração por você **ter** me ajudado. (causa)

c) Deu um presente a cada filho, a fim de não **haver** briga. (finalidade)

d) Ele se escondia embaixo da mesa **ouvindo** trovoada. (condição)

e) Ele se escondia embaixo da mesa **ouvindo** trovoada. (tempo)

f) É tão alegre de **fazer** inveja. (consequência)

g) Neide, mesmo **trajando** à moda antiga, fazia sucesso na festa. (concessão)

h) **Reconhecidos** seus direitos, teriam tido outras chances. (condição)

19 Reescreva as frases a seguir de duas formas:

- eliminando a conjunção **que** e usando o verbo no infinitivo (impessoal ou pessoal);
- transformando o verbo em um substantivo.

Siga o modelo:

> **O treinador aceitou que Flávia entre para a equipe.**
> O treinador aceitou Flávia entrar para a equipe.
> O treinador aceitou a entrada de Flávia na equipe.

a) A turma achou ótimo que você tenha sido eleito representante.

_____

b) Meu desejo era que ele chegasse antes de anoitecer.

_____

c) O que a turma queria era que voltasse a professora de inglês.

_____

d) Sempre almejei que meus filhos tivessem sucesso.

_____

e) É preciso que você conclua sua redação logo.

_____

f) Ricardo estava esperando que você saísse da reunião.

_____

g) Todo mundo acha importante que você pratique um esporte.

_____

20 Separe, com colchetes, as orações subordinadas reduzidas e classifique-as, indicando também se são reduzidas de infinitivo, de gerúndio ou de particípio. Siga o exemplo:

> [Estando triste], ela continuou sorridente.
>
> oração subordinada adverbial concessiva reduzida de gerúndio

a) Aquela, a dançar no salão , é minha amiga. _____

b) Concluído o jogo , o time foi para o vestiário. _____

c) É necessário gostar de frutas e verduras . _____

d) Ela foi a única a apreciar o filme . _____

e) Ela se distraiu tanto a ponto de perder o ônibus . _____

f) Eu estou disposto a ajudar você . _____

g) Ferido na perna , ele não pode mais jogar. _____

h) Fiz um empréstimo para comprar um carro . _____

i) Gosto de ouvir música . _____

j) Mentindo assim você ficará em uma situação difícil. _____

k) Não ouvindo o conselho , se deu mal.

_____

l) O melhor seria fazerem logo a visita .

_____

m) O técnico assegurou estarem consertadas as máquinas .

_____

21 Reescreva as frases a seguir transformando as orações subordinadas assinaladas entre colchetes em orações subordinadas adverbiais condicionais reduzidas e, depois, classifique-as.

a) [Caso você queira,] posso mandar uma mensagem para ela.

_____

_____

b) Resolvo seu problema, [contanto que depois você também me ajude].

_____

_____

c) [Desde que prendam o cachorro,] eu entro no quintal.

_____

_____

d) Só consigo dormir [se o quarto estiver bem escuro].

_____

_____

22 A conjunção **se** pode introduzir uma oração subordinada substantiva integrante ou uma oração subordinada adverbial condicional. Para reconhecer cada uma delas, é preciso cuidado ao examinar: o período, o contexto e as circunstâncias. Nos períodos a seguir:

- sublinhe os verbos (ou locuções verbais);
- separe as orações com colchetes;
- em cada oração iniciada pela conjunção **se**, aponte qual função subordinada ela exerce em relação à oração principal ou se existe a ideia de condição.

a) Ainda não sei se levarei os sanduíches._____

b) Participarei deste projeto se vocês me aceitarem._____

c) Raquel perguntou se Jorge já tinha chegado._____

d) Se fizer um sol bonito, vamos todos ao piquenique.

_____

e) Vou te ajudar se você quiser.

_____

23 Nos períodos compostos a seguir:

- classifique os conectivos (conjunções subordinativas integrantes ou adverbiais/pronomes relativos). Lembre-se de achar um antecedente para reconhecer o pronome relativo;
- classifique as orações subordinadas.

Observe o modelo:

> Oração subordinada adverbial final.
> _____
> Os ratos emitem sons **para que** possam conquistar as fêmeas.
> Conjunção subordinativa adverbial final.

a) Segundo um estudo da Universidade de Washington, não são só os canários que têm o dom da

cantoria. _____

b) Os ratos também emitem acordes em uma frequência de som **que** os seres humanos não conseguem ouvir.

_____

c) Os pesquisadores identificaram quatro acordes diferentes, **que** parecem formar algumas melodias.

_____

d) As primeiras suspeitas revelam **que** o objetivo do canto seria conquistar fêmeas, **já que** os sons começam a ser emitidos na presença de feromônios femininos.

_____

T E X T O 4

LAERTE.

Vocabulário

Despejo: ato ou efeito de despejar(-se); no direito, desocupação obrigatória de um imóvel, especialmente por ordem judicial.

Leia a tira a seguir.

24 O que os invasores que estão fora do castelo pretendem fazer?　atividade oral

25 E o que os defensores do castelo pretendem fazer? Como é a estratégia de defesa deles?

26 Por que o soldado diz: **Eu também, de certa forma?**

27 Observe o período a seguir e responda às questões.

Tenho uma ordem de despejo para cumprir!

a) Indique quais são os verbos e separe as orações.

_____

b) Na primeira oração, qual é a função sintática de **uma ordem de despejo**?

_____

c) A segunda oração acrescenta que circunstância à oração principal?

_____

d) Classifique sintaticamente a oração [**para cumprir**].

_____

e) Usando um conectivo, transforme a oração [**para cumprir**] em oração subordinada adverbial final desenvolvida.

_____

28 Nos períodos a seguir:

- sublinhe as conjunções ou locuções conjuntivas das orações subordinadas adverbiais destacadas entre colchetes; e
- transforme essas orações em orações adverbiais reduzidas de infinitivo, de gerúndio ou de particípio, conforme indicado entre parênteses.

a) Ajudamos na limpeza [quando terminou a festa]. (particípio)

_____

b) [Logo que amanhecer o dia,] sairemos. (gerúndio)

_____

c) [Mal acabou a partida,] os jogadores foram para o vestiário. (particípio)

_____

d) [Depois que as visitas saíram,] todos foram dormir. (gerúndio)

_____

e) [Quando se encerrou o _show_], todos aplaudiram o cantor de pé. (particípio)

_____

29 Sublinhe a conjunção (ou locução conjuntiva) adverbial e classifique as orações subordinadas adverbiais assinaladas entre colchetes.

a) [Já que você insiste,] aceito a sua carona. _____

b) [Por mais que eu me esforce,] não consigo ficar calmo nesse trânsito.

_____

c) [Quanto mais eu estudo,] mais tenho para aprender. _____

d) [Se você quiser,] eu posso acompanhar você. _____

e) Adotaram o racionamento [a fim de que seja diminuída a poluição do ar].

_____

f) Dormiu [como um bebê]._____

g) Ficou sem gasolina, [conforme você preveniu]. _____

h) Pediu tanto [que a mãe o deixou participar da festa]. _____

30 Junte as duas orações de cada item, transformando uma delas em oração subordinada adverbial que expresse a circunstância indicada entre parênteses. Faça as alterações necessárias.

a) As autoridades brasileiras resolveram adotar o rodízio de carros. / O povo não suportava mais a poluição provocada pelos escapamentos. (causa)

_____

_____

b) Você não vai poder sair de carro todos os dias. / Você quer sair de carro todos os dias. (concessão)

_____

_____

c) Você não obedecerá ao rodízio. / Seu carro será multado. (condição)

_____

_____

d) Na hora do congestionamento é tanta poluição! / A poluição dá dor de cabeça. (consequência)

_____

_____

e) Os cientistas brasileiros consultaram os chilenos. / Os cientistas brasileiros copiaram o sistema de rodízio de Santiago. (finalidade)

_____

_____

Período composto por coordenação e subordinação

Leia o texto a seguir.

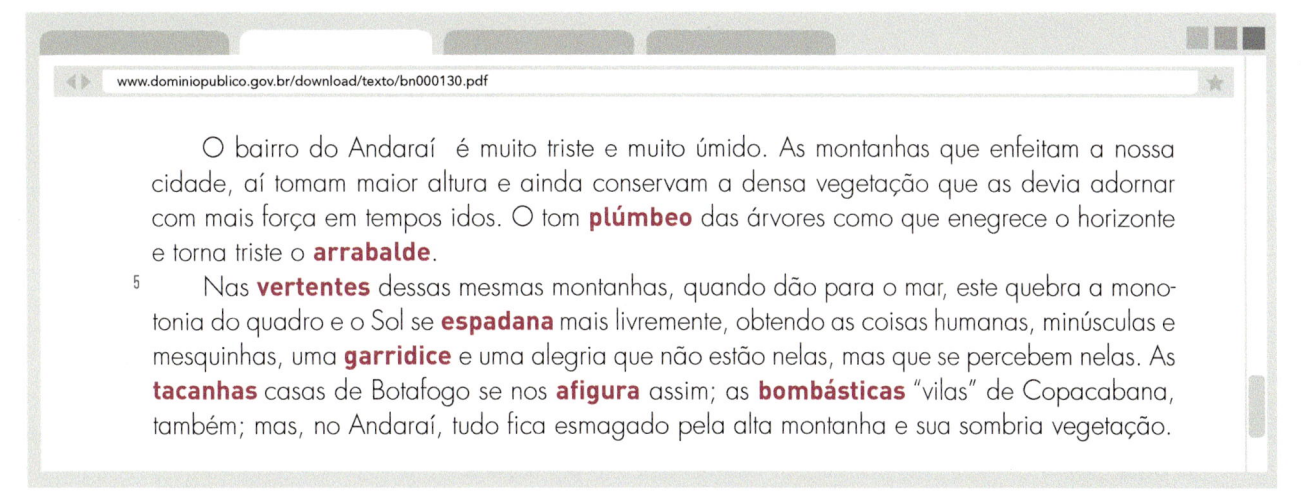

www.dominiopublico.gov.br/download/texto/bn000130.pdf

O bairro do Andaraí é muito triste e muito úmido. As montanhas que enfeitam a nossa cidade, aí tomam maior altura e ainda conservam a densa vegetação que as devia adornar com mais força em tempos idos. O tom **plúmbeo** das árvores como que enegrece o horizonte e torna triste o **arrabalde**.

⁵ Nas **vertentes** dessas mesmas montanhas, quando dão para o mar, este quebra a monotonia do quadro e o Sol se **espadana** mais livremente, obtendo as coisas humanas, minúsculas e mesquinhas, uma **garridice** e uma alegria que não estão nelas, mas que se percebem nelas. As **tacanhas** casas de Botafogo se nos **afigura** assim; as **bombásticas** "vilas" de Copacabana, também; mas, no Andaraí, tudo fica esmagado pela alta montanha e sua sombria vegetação.

BARRETO, Lima. Milagre do Natal. *Careta*, Rio de Janeiro, 24 dez. 1921. Disponível em: www.dominiopublico.gov.br/download/texto/bn000130.pdf. Acesso em: 16 jun. 2020.

Vocabulário

Afigurar(-se): dar a impressão de; aparentar, parecer.
Arrabalde: subúrbio.
Bombástico: espantoso, surpreendente.
Espadanar: lançar labaredas ou línguas de fogo (imagem para os raios de sol).
Garridice: alegria, animação.
Plúmbeo: feito de chumbo ou da sua cor.
Tacanho: pequeno, baixo ou curto, quanto às dimensões; pobre.
Vertente: encosta de montanha.

> O conto Milagre do Natal foi escrito há cem anos e, como já sabemos, as maneiras de falar e escrever mudam com o tempo. Em 1921, escrevia-se dessa forma: "As tacanhas casas de Botafogo se nos **afigura** assim". Em 2021, usaríamos o verbo no plural: as tacanhas casas de Botafogo se nos **afiguram**...

1 No fragmento lido, Lima Barreto descreve um aspecto do bairro carioca do Andaraí. Que aspecto é esse?

2 O que, segundo o texto, modifica a influência das montanhas no cenário em bairros como Copacabana e Botafogo? Como essa mudança se dá?

3 Em oposição, o que acontece com as montanhas no Andaraí? Sublinhe no texto frases que resumem essa resposta.

4 Considerando os tempos verbais empregados e a presença de muitos adjetivos, vemos que são indícios de que modo de organização de texto?

5 Leia o trecho a seguir:

As montanhas que enfeitam a nossa cidade, aí tomam maior altura e ainda conservam a densa vegetação que as devia adornar com mais força em tempos idos.

a) Esse é um período simples (com uma oração absoluta) ou composto (com mais de uma oração)?

_____

6 Que conectivos encontramos nesse período? Indique-os e classifique-os.

_____

7 Quantas orações há nesse período? Separe-as com colchetes no trecho selecionado. _____

8 As orações "As montanhas aí tomam maior altura" e "e ainda conservam a densa vegetação" são coorde-

nadas ou subordinadas entre si? _____

9 Classifique as orações:

a) 1. [As montanhas aí tomam maior altura] 2. [que enfeitam a nossa cidade].

_____

b) 3. [[e) ainda conservam a densa vegetação] 4. [que as devia adornar com mais força em tempos idos.]

_____

Observe que as orações:

1. [As montanhas aí tomam maior altura] e 3. [(e) ainda conservam a densa vegetação] têm **duas funções cada uma**: são, ao mesmo tempo, **coordenadas** entre si e **principais** em relação às orações que as seguem: 2. [que enfeitam a nossa cidade] e 4. [que as devia adornar com mais força em tempos idos.], que são a elas **subordinadas**.

Já estudamos o **período composto por coordenação**, que tem duas ou mais orações coordenadas (sindéticas e/ou assindéticas), e o período **composto por subordinação**, que tem uma oração principal e uma ou mais orações subordinadas.

Vejamos agora um período que é uma espécie de combinação desses dois tipos de estruturação.

> ↑ **Período composto por coordenação e subordinação** é aquele em que existem orações coordenadas, orações subordinadas e, pelo menos, uma oração principal.

É fácil perceber que o período que acabamos de analisar é um período composto por coordenação e subordinação.

10 Observe os dois períodos a seguir e classifique suas orações:

I. Período composto por coordenação:

Carlos encontrou uma carteira perdida] [e pediu ao pai um favor].

_____

II. Período composto por subordinação:

[Carlos pediu ao pai] [que devolvesse ao dono a carteira perdida].

_____

11 Agora, junte os períodos **I** e **II** da atividade anterior, de forma a obter um período composto por coordenação e subordinação. Faça os ajustes necessários.

_____

12 Classifique as orações do período formado na atividade anterior no caderno.

Concluindo, uma mesma oração pode funcionar de um modo com relação à oração anterior e de outro modo com relação à oração posterior. Tudo vai depender de como o texto e as ideias estão estruturados.

Atividades ▮▮▮

Leia a tira a seguir.

TEXTO 1

ZIRALDO. *O Menino Maluquinho*.

1 Quem diria: *Os três porquinhos* é livro de suspense! Para você, quais são as características de um livro de suspense?

2 Você já leu algum livro ou assistiu a algum filme de suspense? Qual?

3 Por que o Menino Maluquinho acha que *Os três porquinhos* é um livro de suspense? Em que quadrinho da tirinha você encontra essa explicação?

4 Observe o período a seguir e faça o que se pede.

> A gente sabe que o lobo vai conseguir entrar , mas os heróis não (sabem) .

a) Sublinhe os verbos e separe, com colchetes, as orações.

b) Qual é a função da segunda oração em relação à primeira?

c) Como se classificam essas duas primeiras orações?

d) Qual é a relação entre a terceira oração e a primeira? Que noção a terceira oração traz ao período?

e) Como se classifica a terceira oração?

5 Podemos concluir que nesse período há dois tipos de relação entre as orações: subordinação e coordenação. Assim, como se classifica o período?

💡 Ampliar

Editora Martin Claret

Contos de suspense e terror,

de Edgar Allan Poe (Ed. Martin Claret)

Você vai se surpreender com algumas das tramas de Edgar Allan Poe, o grande criador de histórias de detetive, tramas assustadoras, macabras e fantásticas. Nessa edição estão seus três contos mais conhecidos: "O gato preto", "A queda da casa de Usher" e "O poço e o pêndulo". Também estão presentes "O coração delator", "William Wilson", "Metzengerstein", "O barril de amontillado" e "O enterro prematuro". Boa leitura!

6 Os períodos a seguir são todos compostos por coordenação e subordinação. Para cada um deles:

> • sublinhe os verbos ou locuções verbais;
>
> • circule os conectivos (conjunções ou pronomes relativos);
>
> • separe, com colchetes, as orações;
>
> • identifique e classifique as orações coordenadas.

a) Ele é meu amigo, logo vai aceitar que eu te acompanhe.

_____

b) Estude bem o seu texto, que a plateia estará repleta de familiares que querem prestigiar os alunos.

_____

_____

c) Lair pensou e decidiu que vai participar do torneio.

_____

d) Débora está resfriada, mas quer ir à festa para que sua amiga fique feliz com sua presença.

_____

e) Paula convidou Eliane, porém chamou também Maria, que é sua melhor amiga.

_____

_____

f) Quando chegar a hora, Miriam vai entrar no palco e Joaquim vai começar a tocar.

_____

_____

7 Transcreva, dos períodos da atividade anterior, exemplos de:

a) oração subordinada adjetiva explicativa

_____

b) oração subordinada adjetiva restritiva

_____

c) oração subordinada adverbial final

_____

d) oração subordinada adverbial temporal

_____

e) oração subordinada substantiva objetiva direta

_____

Temporais — Quando nasce o sol, a passarada canta.

Causais — Chorou porque queimou a mão.

Proporcionais — Quanto mais a conheço, mais a admiro.

Comparativas — Você é mais sabido do que seu adversário.

Finais — Saiu correndo para que pudesse chegar a tempo.

Concessivas — Chegou a tempo, embora tenha dormido demais.

Consecutivas — Gostou tanto do bolo que comeu três pedaços.

Condicionais — Se chover, não vai ter jogo.

Conformativas — Segundo o jornal, a frente fria está chegando.

ORAÇÕES SUBORDINADAS ADVERBIAIS

ORAÇÕES SUBORDINADAS ADVERBIAIS REDUZIDAS

Cristiane Viana

A inspiração existe, mas tem que te encontrar trabalhando.

Pablo Picasso

Argumentação

Você já aprendeu que, quando falamos ou escrevemos um texto de qualquer gênero, podemos usá-lo para:

- narrar uma história ou fato, real ou inventado → **narração**
- descrever uma pessoa, um lugar, um objeto etc. → **descrição**
- explicar ou expor uma ideia → **exposição**
- pedir, orientar ou ordenar que façam ou não façam alguma coisa → **instrução**
- mostrar como foi uma conversa entre personagens ou pessoas reais → **diálogo**

Agora, conheça mais uma forma de organização do texto:

- argumentar defendendo uma ideia → **argumentação**

Leia a tira a seguir.

GONSALES, Fernando. *Níquel Nausea.*

1 Que ideia a barata está defendendo no primeiro quadrinho?

2 Qual é a crítica que o rato faz a essa ideia?

3 E qual a eficácia do contra-argumento oferecido pela barata?

atividade oral

Modos de organizar o texto ▮▮▮

Argumentação

Quando o enunciador quer defender um ponto de vista, uma opinião, uma tese, ele apresenta uma série de argumentos até chegar a uma conclusão. O texto de base argumentativa é parecido com o texto expositivo, só que as sequências argumentativas são usadas para expor e defender ideias e pontos de vista. O enunciador de texto manifesta explicitamente sua opinião ou seu julgamento sobre determinado assunto ou problema e argumenta em prol de suas ideias. O texto argumentativo é, geralmente, escrito em terceira pessoa, com uma linguagem objetiva.

Você pode usar as seguintes estratégias para argumentar:
• fazer perguntas só para despertar a atenção (perguntas retóricas);
• comparar épocas e lugares;
• voltar no tempo por meio da narração de um fato;
• antecipar uma possível crítica do interlocutor, apresentando antes os contra-argumentos;
• estabelecer conversa com o interlocutor;
• fazer afirmações radicais, de efeito;
• exagerar em certos aspectos do texto (para destacar e dar ênfase);
• citar opiniões ou pesquisas de autores conhecidos sobre o assunto;
• tratar como ser humano algum ser inanimado ou irracional (personificação).
O uso de advérbios e de conjunções que encadeiem as orações e mostrem as relações de sentido (causa e consequência, hipótese, concessão, finalidade etc.) que há entre elas também é importante para a construção de um raciocínio.

Leia o texto a seguir – um artigo de opinião –, em que o autor procura convencer o leitor em relação às suas ideias, apresentando argumentos baseados em um raciocínio lógico, coerente. Mesmo antes de lê-lo, podemos deduzir, por esta explicação, que o modo de organização desse

texto é _____

https://oglobo.globo.com/opiniao/vencendo-um-estigma-24035090

Vencendo um estigma

Campanha 'Outubro Rosa' é fundamental não só para combater o câncer de mama, mas também para vencer definitivamente o estigma

Depois de ter sido diagnosticado com um tumor maligno na bexiga há mais de 20 anos, (1) leio sexta-feira passada o relato **edificante** de Ruth de Aquino "Meu câncer cor de rosa". (2) Edificante e câncer não são uma contradição em termos? Hoje, não. (3) No meu tempo, ele sequer permitia que se
5 pronunciasse seu nome. Dizia-se "o Zuenir está com aquela doença". (4) Desmoralizar e humilhar o paciente era a primeira vitória desse inimigo mortal. Aprendi com Darcy Ribeiro
10 que é preciso **revidar.** (5) Quando os militares permitiram sua volta do exílio só porque achavam que viria para morrer logo, ouvi dele na cama do hospital: "não vou morrer;
15 câncer a gente raspa ou lhe passa a mão na bunda". Onipotência, claro, mas que lhe deu moral para ajudar a viver ainda muitos anos.

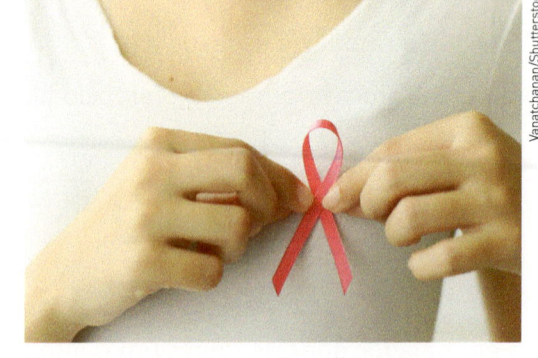

Mulher segurando sobre o peito o símbolo da campanha Outubro Rosa, contra o câncer de mama.

O **primoroso** texto de Ruth
20 desmente minha antiga afirmação de que, ao contrário da tuberculose, o câncer não servia nem para inspiração literária. Com muito estilo, ela conseguiu evitar o que é até compreensível nessas circunstâncias: a **pieguice** e a **autopiedade**. "Se eu disser que sou mais feliz agora (aos 65 anos) do que antes? Que tenho buscado a essência de tudo? E que celebro as paisagens, amizades, o sol e a chuva com mais intensidade? É a vida na
25 veia". Uma vida que, confessa, foi generosa, até por situá-la em uma "minoria **ínfima** com acesso aos melhores médicos, planos e hospitais".

Já no domingo, Ana Cláudia Guimarães revelava o caso da também colega <u>Ana Michelle Soares, 36 anos, que vai lançar o</u>
30 <u>livro "Enquanto eu respirar", contando sua experiência com a descoberta de um câncer quando ensaboava um dos seios.</u> (6) Ana Cláudia, que leu o livro, informa que o relato ressalta a importância de ressignificar
35 a vida. "As pessoas não querem falar sobre isso e dão um tom solene à morte", lamenta a autora.

Daí ser fundamental a campanha "Outubro Rosa", para o combate não só ao câncer
40 de mama, que continua fazendo milhares de vítimas, como para vencer definitivamente o estigma. Mas desde que o **SUS** possa atender à parte mais necessitada da população, o que não ocorre.

Vocabulário

Autopiedade: piedade de si próprio.
Edificante: exemplar, inspirador, instrutivo.
Estigma: marca objetiva que recebe uma valoração social negativa.
Ínfima: (o) que é muito pequeno ou sem valor.
Pieguice: sentimentalismo exagerado.
Primoroso: maravilhoso, perfeito.
Revidar: reagir, contra-atacar.
SUS: Sistema Único de Saúde (sistema de saúde pública do Brasil).

VENTURA, Zuenir. Vencendo um estigma. *O Globo*, Rio de Janeiro, 23 out. 2019. Disponível em: https://oglobo.globo.com/opiniao/vencendo-um-estigma-24035090. Acesso em: 16 maio 2020.

Gênero em foco ■■■ Artigo de opinião

O artigo de opinião é um texto jornalístico em que o autor expõe seu posicionamento diante de algum tema atual e de interesse de muitos. Também é chamado de matéria assinada.

É um texto dissertativo, organizado de modo argumentativo, que apresenta um raciocínio sobre o assunto abordado. Portanto, o escritor, além de expor seu ponto de vista, deve sustentá-lo com informações coerentes e admissíveis. O artigo de opinião apresenta:

- geralmente, um título polêmico ou provocador;
- três elementos estruturais: exposição geral sobre o assunto que discutirá (introdução), interpretação e opinião, com os argumentos em defesa de seu ponto de vista e conclusão;
- verbos predominantemente no presente; e
- linguagem objetiva (terceira pessoa) ou, em alguns casos, subjetiva (primeira pessoa).

1 Qual o gênero do texto lido?

_____

2 Em textos desse gênero, o autor expõe uma opinião e a defende, apresentando argumentos. Que opinião geral o texto apresenta?

_____

_____

3 Marque os itens que completam a seguinte sentença.

> No texto lido, encontramos trechos organizados em forma de:

a) ☐ narração (conta fatos ocorridos ou inventados);

b) ☐ descrição (descreve personagens, pessoas, lugares, objetos);

c) ☐ diálogo (mostra como foi a conversa entre duas ou mais pessoas);

d) ☐ instruções (ensina a fazer algo ou a usar um equipamento);

e) ☐ exposição (apresenta ou expõe um assunto de forma organizada);

f) ☐ argumentação (apresenta um ponto de vista e defende-o).

4 Que argumentos relacionados à maneira como se trata(va) o câncer o autor enumera para conduzir o leitor à sua conclusão?

_____

_____

_____

5 O autor narra algumas experiências pessoais. Quais são essas experiências e como elas funcionam para argumentar a favor de sua opinião?

_____

_____

_____

6 O autor emprega algumas das estratégias argumentativas que acabamos de ver. Relacione os trechos sublinhados e numerados no texto lido às estratégias a seguir (alguns podem exemplificar mais de uma):

> - fazer perguntas só para despertar a atenção (perguntas retóricas); (_____)
>
> - comparar épocas e lugares; (_____)
>
> - voltar no tempo por meio da narração de um fato; (_____)
> - antecipar uma possível crítica do interlocutor, apresentando antes os contra-
>
>   -argumentos; (_____)
>
> - fazer afirmações radicais, de efeito; (_____)
>
> - citar opiniões ou pesquisas de autores conhecidos sobre o assunto. (_____)

Atividades ■■■

Leia o texto a seguir.

T E X T O 1

> ## Família: como fazer
>
> Talvez sendo rigorosa, creio que nas escolhas importantes revelamos o que pensamos merecer. Casamento, trabalho, prazer, estilo de vida, nos cuidados ou nos descuidos — não importa. Mas
> 5 a família, esse chão sobre o qual caminhamos por toda a vida, seja ele esburacado ou plano, ensolarado ou sombrio, não é uma escolha nossa. Porque lhe atribuo uma importância tão grande, para o bem e para o mal, ela tem sido tema recorrente
> 10 de meu trabalho, em livros, artigos e palestras.
>
> Pela família, com a qual eventualmente nem gostaríamos de conviver, somos parcialmente moldados, condenados ou salvos. Ela nos lega as memórias ternas, o necessário otimismo, a se-
> 15 gurança — ou a baixa autoestima e os processos destrutivos. Esse pequeno território é nosso campo de treinamento como seres humanos. Misto de amor e conflito, ela é que nos dá os verdadeiros amigos e os melhores amores.
> 20 Para saber o que seria uma família positiva (não gosto do termo "normal"), deixemos de
>
> lado os **estereótipos** da mãe **vitimizada**, geradora de culpas e raiva; do pai provedor, destinado a trabalhar pelo sustento da família, sem espaço
> 25 para ter, ele próprio, carinho e escuta; e dos filhos sempre talentosos e amorosos com seus pais. A boa família, na verdade, é aquela que, até quando não nos compreende, quando desaprova alguma escolha nossa, mesmo assim nos faz sentir
> 30 aceitos e respeitados. É onde sempre somos queridos e onde sempre temos lugar. Idealização? Não creio. Fantasia é esperar que pais, irmãos e também filhos nos aprovem integralmente. [...]
>
> ### Vocabulário
>
> **Estereótipo:** imagem preconcebida de alguém ou algo, baseada num modelo ou numa generalização.
> **Vitimizar:** encarar (alguém ou algo) como vítima.

LUFT, Lya. Família: como fazer. *Veja*, São Paulo, n. 44, p. 25, 3 nov. 2004.

1 Neste artigo de opinião, qual é a ideia defendida por Lya Luft?

2 Sublinhe no texto dois argumentos usados para defender esse ponto de vista.

3 Indique e explique a relação existente entre as orações destacadas no período a seguir:

[Porque lhe atribuo uma importância tão grande, para o bem e para o mal,] [ela tem sido tema recorrente de meu trabalho].

4 Circule no texto a definição, para a autora, de "uma família positiva".

5 Por que a autora usou a palavra **normal** entre aspas?

6 Em "Mas a família, esse chão sobre o qual caminhamos por toda a vida", a autora usa uma imagem para indicar como ela vê a família. Explique essa afirmação.

7 Escolha uma das opções a seguir para substituir o termo sublinhado na frase "deixemos de lado os estereótipos...".

☐ modelos enfraquecidos.   ☐ processos imaginativos.   ☐ normas criativas.

8 Explique a afirmativa: "Esse pequeno território é nosso campo de treinamento como seres humanos.".

Coesão

A conexão interna entre as várias partes de um texto, você já sabe, se chama coesão.

Leia o texto a seguir para pensar um pouco mais sobre essa característica, que define um bom texto.

> Desde os cinco anos merecera eu a **alcunha** de "menino diabo"; e verdadeiramente não era outra cousa; fui dos mais **malignos** do meu tempo, **arguto**, indiscreto, **traquinas** e **voluntarioso**. Por exemplo, um dia quebrei a cabeça de uma escrava, porque me negara uma colher do doce de coco
> 5 que estava fazendo, e, não contente com o **malefício**, **deitei** um punhado de cinza ao **tacho**, e, não satisfeito da travessura, fui dizer à minha mãe que a escrava é que estragara o doce "por **pirraça**"; e eu tinha apenas seis anos.

MACHADO DE ASSIS, J. M. *Memórias póstumas de Brás Cubas.* Rio de Janeiro: Nova Aguilar, 1994. p. 526. (Obra completa, v. 1).

1 O texto lido é um pequeno fragmento do romance *Memórias póstumas de Brás Cubas,* de Machado de Assis. Em que pessoa do discurso ele está escrito?

2 Se considerarmos o título do livro, quem é, então, o narrador?

Nesse trecho, o personagem nos conta um pouco sobre sua infância, com a finalidade de se apresentar, destacando características que possivelmente se relacionam com sua vida futura, que será o assunto do livro.

> As orações ou palavras que compõem um texto não estão amontoadas de forma caótica, mas interligadas; há uma espécie de costura entre suas diferentes partes.
>
> Em um texto bem-feito, as partes que o constituem contribuem para construir a noção de conjunto, de unidade. Podemos perceber a ligação que existe entre os vários segmentos do trecho de texto lido e compreender que todos estão interligados.
>
> As várias relações de sentido que existem entre as partes de um texto vão sendo destacadas pelo seu autor. Para fazer isso, ele se utiliza de recursos da gramática do português (da morfologia, da sintaxe e até da fonologia, como a entonação que usamos, no caso de um texto falado), bem como recursos ligados à escolha das palavras.

Vamos identificar alguns desses recursos. Usando-os, você pode melhorar sua escrita ou contar histórias mais interessantes.

Uso de pronomes pessoais, pronomes demonstrativos e termos comparativos

1 Sublinhe no texto lido os pronomes e/ou recursos gramaticais usados para fazer referência ao narrador.

2 Ainda na descrição de sua própria infância, encontre e reescreva abaixo algum tipo de comparação estabelecida pelo narrador.

_____

_____

Os pronomes e os termos comparativos podem ser usados para fazer referência a seres ou coisas que já apareceram no início do texto, ou para retomar termos anteriormente citados. Assim, você mostra que ainda está se referindo ao mesmo ser e evita o excesso de repetição de uma mesma palavra.

Uso de palavras ligadas pelo sentido ou que fazem parte de uma mesma área de significação

1 Ainda no texto lido, identifique e transcreva palavras ou expressões relacionadas ao sentido das palavras a seguir.

a) Maldade: _____

b) Levado: _____

c) Aborrecido, contrariado: _____

Uso de conectores ou elementos de coesão: conjunções, pronomes relativos, preposições, advérbios (e locuções)

Esses elementos de coesão têm, dentro dos períodos, a função de juntar palavras ou orações e de destacar circunstâncias (tempo, lugar, modo etc.).

1 Circule no trecho lido algumas dessas palavras que têm a função de conectar palavras, orações ou períodos (conjunções ou pronomes relativos).

Em um texto maior, elas evidenciam a relação entre períodos, entre parágrafos ou entre trechos mais longos. Eis algumas expressões que têm essa função coesiva:

> **assim**, **desse modo**; **e**; **ainda**; **aliás**, **além disso**, **além do mais**, **isto é**, **quer dizer**, **ou seja**; **mas**, **porém**, **contudo**; **embora**, **ainda que**, **mesmo que** etc.

Uso de orações encadeadas por relações semânticas

Muitas vezes, podemos imaginar que, não havendo conectivos entre as orações no período composto por coordenação, também não há relação semântica entre elas.
Observe este período.

> A atacante recebeu o passe, matou a bola no peito, driblou uma adversária, chutou pro gol!

1 Quantas orações formam esse período? _____

2 Como elas estão conectadas?

_____

3 E do ponto de vista do sentido, há conexão entre elas? O que elas estão contando?

_____

De fato, o que aparenta ser uma simples enumeração de orações pode revelar o sentido e a coerência do texto. O leitor consegue estabelecer relações semânticas entre os vários grupos de orações encadeadas. A ausência de elementos coesivos em um período com orações assindéticas não impede que o texto se estruture de forma coesa e com sentido.

Para um texto melhor, gramática!
Coerência e coesão na escrita e na fala

Leia o texto a seguir.

Texto escrito

> A festa de encerramento na escola foi legal. Nossa diretora, que é muito animada, enfeitou o pátio todo e conseguiu um patrocinador para o lanche, que foi uma delícia! Na escada, onde estavam as nossas lembrancinhas, ficaram também as crianças do coral, as quais cantaram músicas animadas e bonitas, que nunca mais vou esquecer.

Na escrita, o nosso texto fica mais claro quando procuramos estabelecer uma ligação lógica e sintática entre as orações que criamos. Nesse trabalho de arrumar nossos textos, o pronome relativo **que** é um grande auxiliar e, como vimos, tem a função de ligar orações e substituir, na segunda oração, uma palavra que já apareceu antes.

1 Circule, no texto anterior, os pronomes relativos.

2 Agora, compare-o com este texto:

Texto falado

> A festa de encerramento na escola foi irada! Nossa diretora é mega-animada. Ela enfeitou o pátio todo e conseguiu um patrocinador para o lanche. O lanche foi uma delícia! Na escada, estavam as nossas lembrancinhas. Na escada, ficaram também as crianças do coral. As crianças do coral cantaram músicas animadas e bonitas. Nunca mais vou esquecer essas músicas.

Quando falamos, mantemos a coerência e a coesão do que estamos dizendo usando outros recursos, diferentes dos que dispomos na escrita: tom de voz, expressão do rosto, gestos. O nosso interlocutor vai acompanhando o que estamos dizendo. Por isso, podemos usar frases sem a costura sintática usada na escrita.

3 Agora, sublinhe, no texto falado, quais termos foram usados para substituir os pronomes relativos do texto escrito.

4 Reescreva o trecho a seguir, usando pronomes relativos, para evitar a repetição das palavras destacadas, e conjunções que estabeleçam as relações de sentido entre as orações.

> O primeiro dia de Juca na escola foi legal. **A diretora** é muito atenciosa. **A diretora** recebeu-o **no gabinete**, **o gabinete** fica no segundo andar. **Ela** lhe deu as boas-vindas. Os degraus da escada eram escorregadios. Na **escada** ele quase caiu, mas **os novos colegas** o ajudaram. **Os novos colegas** estavam subindo também. Foi um dia cheio de descobertas.

_____

_____

_____

Escrita em foco ■■■

Você já sabe que a pontuação é um importante auxiliar para nossos textos, pois ela:

- facilita a compreensão dos textos, evitando ambiguidades ou dúvidas;
- marca diferentes tipos de frase (afirmativa, interrogativa, exclamativa), dando colorido emocional ao que escrevemos;
- organiza o texto, contribuindo para a coerência das ideias por meio da separação de parágrafos e da hierarquização de ideias.

Leia a tira a seguir.

GOMES, Clara. *Bichinho de Jardim.*

1 Na tira vemos a personagem Joaninha trabalhando em atendimento de *telemarketing*. atividade oral

   a) Ela conseguiu resolver o problema do cliente?

   b) Em que quadrinho vemos isso? O que acontece?

   c) Se não há balões de fala do cliente, como concluímos que ele teve essa reação?

   d) Descreva o que ocorre no último quadrinho.

   e) O que é PLAM? Classifique.

2 Observe cada quadrinho e diga onde aparecem e com que função foram usadas as seguintes pontuações:

- ponto de exclamação: _____

_____

_____

_____

_____

_____

_____

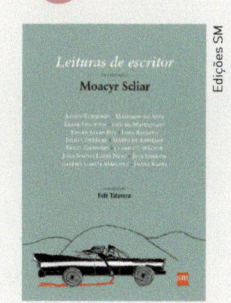

- ponto de interrogação: _____

_____

_____

- reticências: _____

_____

_____

- vírgula: _____

_____

_____

Vamos recordar o que já aprendemos sobre o uso da vírgula:

USE a vírgula para separar	Exemplos
• o vocativo	Vem, Lu, tomar seu café!
• o aposto	Emília, a diretora, saiu ainda agora.
• adjuntos adverbiais deslocados	À noite, o céu fica todo estrelado.
• a interjeição	Puxa, que bagunça!
• palavras da mesma classe	Tênis, casaco, lanche, acho que não esqueci de nada.
• conjunções coordenativas intercaladas (deslocadas)	O discurso, porém, continuava.
• o nome do lugar, nas datas	Araguaína, 20 de junho de 2019.
• expressões explicativas ou retificativas	Leia a primeira página do romance, ou melhor, o primeiro capítulo, e você vai adorar.
NÃO USE a vírgula para separar	**Exemplos**
• o sujeito do predicado	Mamãe telefonou.
• o verbo de seus complementos (OD, OI e agente da passiva)	Lícia gosta de cozinhar. Joel comprou uma bicicleta. Ela foi avisada pela amiga.

Agora, novas dicas para ajudá-lo a usar bem a vírgula:

USE a vírgula para separar	Exemplos
• os dois termos que ficam quando você omitir, propositalmente, o verbo ou outro termo de uma oração	Lia tem dois irmãos; José, nenhum.
• orações ou termos coordenados assindéticos	Chegou, deitou, dormiu. Levem lanterna, repelente e boné na viagem.
• orações subordinadas adjetivas explicativas	Janeiro, que é mês de férias, é meu preferido.
NÃO USE a vírgula para separar	**Exemplos**
• as orações subordinadas substantivas	Convém que ele chegue logo. (or. subord. subst. subjetiva) Queria que ele chegasse logo. (or. subord. subst. objetiva direta) Gosto de que a turma me escute. (or. subord. subst. objetiva indireta)
• as orações subordinadas adjetivas restritivas	Farei o prato que você pediu.
• as coordenadas, ligadas por **e**, que tenham o mesmo sujeito	O esporte diverte e educa. O bebê acordou e chorou.

Fique atento ■■■

Não se usa a vírgula antes da oração coordenada iniciada pela conjunção **e** quando elas têm o mesmo sujeito.

Pode-se usar a vírgula nos seguintes casos:
• quando a conjunção **e** esteja repetida:

> O juiz apitou, os jogadores correram, **e** a torcida gritou, **e** a bola chegou perto da meta, **e** goool!

• quando a oração coordenada tenha um sujeito diferente do sujeito da oração à qual está ligada:

> **A aula** acabou, e **os alunos** saíram da sala.
> sujeito   sujeito

• no caso das orações subordinadas adverbiais, elas podem ou não vir separadas por vírgula da oração principal.

> [O chão estava cheio de pipoca] [quando o filme terminou.]
> or. principal   or. subord. adv. temporal

• se a oração adverbial estiver antes da oração principal, a vírgula se torna obrigatória.

> [Se não estivesse chovendo,] [teríamos ido ao parque.]
> or. subord. adv. condicional   or. principal

Atividades ■■■

Leia a seguir mais um trecho do romance *Memórias póstumas de Brás Cubas*, de Machado de Assis.

TEXTO 1

O delírio

[...]

— Onde estamos?

— Já passamos o **Éden**.

— Bem; paremos na tenda de Abraão.

5 — Mas se nós caminhamos para trás! **redarguiu motejando** a minha **cavalgadura**.

Fiquei **vexado** e aturdido. A jornada **entrou a** parecer-me **enfadonha** e **extravagante**, o frio incômodo, a condução violenta, e o resultado impalpável. E depois — cogitações do enfermo — dado que chegássemos

10 ao fim indicado, não era impossível que os séculos, irritados com lhes devassarem a origem, me esmagassem entre as unhas, que deviam ser tão **seculares** como eles. Enquanto assim pensava, íamos **devorando** caminho, e a planície voava debaixo dos nossos pés, até que o animal estacou, e pude olhar mais tranquilamente em torno de mim. Olhar somente; nada vi,

15 além da imensa brancura da neve, que desta vez invadira o próprio céu, até ali azul. [...]

MACHADO DE ASSIS, J. M. *Memórias póstumas de Brás Cubas*. Rio de Janeiro: Nova Aguilar, 1994. p. 521. (Obra completa, v. 1).

 Vocabulário

Cavalgadura: animal usado como montaria.
Delírio: perturbação mental que provoca alucinações.
Devorar: (caminho): percorrer rapidamente.
Éden: o paraíso terrestre, segundo a Bíblia.
Enfadonho: monótono, cansativo.
Entrar a: começar a.
Extravagante: esquisito, incomum.
Motejar: zombar.
Redarguir: responder.
Secular: muito antigo ou muito longo.
Vexado: humilhado, envergonhado.

1 O trecho lido foi extraído do capítulo VII, que narra um delírio do personagem Brás Cubas quando estava doente. Cite alguns elementos que confirmam tratar-se de um delírio.

_____

_____

_____

_____

2 Sublinhe no trecho lido todas as ocorrências da conjunção **e**. Em seguida, releia as duas últimas e responda ao que se pede.

Enquanto [eu] assim pensava, [nós] íamos devorando caminho, e a planície voava debaixo dos nossos pés, até que o animal estacou, e [eu] pude olhar mais tranquilamente em torno de mim.

a) As conjunções estão unindo palavras ou orações?

_____

b) E estão precedidas de vírgulas?

_____

c) Circule o sujeito de cada oração. São os mesmos ou diferentes?

_____

3 As frases abaixo estão com as vírgulas fora do lugar. Reescreva-as, passando as vírgulas para a posição mais adequada.

a) Os idosos, podem usar os bancos especiais do metrô entrar nas filas próprias para terceira idade e pagar meia-entrada nos cinemas.

_____

_____

_____

b) Dona Neide a professora de matemática, deixou uns exercícios, divertidos para a turma fazer.

_____

_____

_____

c) Espero, que você compreenda a minha situação Rosa.

_____

d) Fica, quietinho filho que vou tirar, esse espinho do seu pé.

_____

_____

e) Helena, preparou a sobremesa e Jorge a salada.

_____

f) Já te disse filho, que o estudo distrai, e educa.

_____

g) Jaime, reconheceu, seu erro ou melhor pediu desculpas a todos.

_____

_____

h) Lucas você precisa caprichar na pesquisa, que o professor de ciências passou.

_____

_____

i) O dia raiou e, os passarinhos cantaram.

_____

j) Pediu e, chorou e implorou mas ele, não, cedeu.

_____

Leia o texto a seguir.

À primeira vista

Quando não tinha nada, eu quis
Quando tudo era ausência, esperei
Quando tive frio, tremi
Quando tive coragem, liguei...

5 Quando chegou carta, abri
Quando ouvi Prince, dancei
Quando o olho brilhou, entendi
Quando criei asas, voei...

Quando me chamou, eu vim
10 Quando dei por mim, tava aqui
Quando lhe achei, me perdi
Quando vi você, me apaixonei...
[...]

À primeira vista, de Chico César.
copyright Miramar.

Leonardo Conceição

Vamos examinar a letra da canção de Chico César e procurar nela recursos usados pelo compositor para dar coesão ao texto.

4 Localize todos os pronomes pessoais usados na letra da canção e indique a que pessoa do discurso se referem.

_____

_____

_____

5 Indique em que número e pessoa estão os verbos do texto.

_____

_____

_____

6 Que relação encontramos entre as respostas das atividades 4 e 5 e o sentido da canção?

_____

_____

_____

7 Qual conjunção se repete em quase todos os versos?

_____

8 Encontre, no texto, palavras ligadas pelo sentido às que se seguem.

a) nada (verso 1): _____

b) ausência (verso 2): _____

c) frio (verso 3): _____

d) carta (verso 5): _____

e) ouvi Prince (verso 6): _____

f) asas (verso 8): _____

g) achei (verso 11): _____

9 Circule as palavras do texto que indicam distância entre os dois apaixonados.

10 Aponte uma palavra que esteja juntando versos e ao mesmo tempo dando noção de circunstância, e diga que circunstância é essa.

_____

11 As frases a seguir estão sem vírgulas. Reescreva-as colocando as vírgulas na posição mais adequada.

a) Os meninos faltaram três dias eu nenhum.

_____

_____

b) Para ter certeza de que vai chegar a tempo é melhor acordar bem cedo.

_____

_____

c) Quando as aulas terminaram eles foram direto para casa.

_____

_____

d) Quando chegar a noite você vai estar muito cansado!

_____

_____

e) Sai daí Claudio você pode levar um choque!

_____

_____

f) Salvador 10 de janeiro de 2014.

_____

g) Se você gostar da cor dessa lã eu faço um casaco para você.

_____

h) Se você quiser posso comprar pão.

_____

https://brasil.elpais.com/brasil/2018/03/16/economia/1521229056_606414.html

Jovens que não estudam nem trabalham: escolha ou falta de opções?

Novo estudo ouve brasileiros fora da escola e do mercado de trabalho e conclui que eles estão presos em barreiras relacionadas à pobreza e ao gênero

[...]

No Brasil, 11 milhões de jovens, quase um quarto da população entre 15 e 29 anos, não estudam nem trabalham. [...]

Para jogar luz sobre os jovens que não estudam nem trabalham, pesquisadores do Banco Mun-
5 dial fizeram 77 entrevistas qualitativas [...] com jovens pernambucanos de 18 a 25 anos, moradores tanto de zonas urbanas quanto das rurais. O resultado é o estudo _Se já é difícil, imagina para mim..._, lançado nesta semana, no Rio de Janeiro. Segundo a autora, Miriam Müller, é preciso desconstruir o termo "nem-nem", que não reflete as muitas diferenças entre esses jovens e joga sobre eles um enorme estigma.

10 "A culpa não é dos jovens. O estudo mostra que algumas condições relacionadas à pobreza e ao gênero produzem um conjunto de barreiras difíceis de superar. Essas limitações prejudicam sobretudo as mulheres, que se veem afetadas na capacidade de imaginar seus futuros, perseverar e ter resiliência", avalia a cientista social alemã.

[...]

15 Os jovens brasileiros considerados "nem-nens" ou "desengajados" têm diversas razões para estar assim. A primeira delas é o que as autoras chamam de barreiras à motivação interna, ou seja, falta de aspiração ou predisposição para voltar aos estudos ou ao trabalho. Nesse perfil, encontram-se principalmente as mulheres casadas e com filhos pequenos, vivendo sob normas sociais que reforçam seu papel de cuidadoras e restringem suas oportunidades econômicas.

20 No segundo grupo, estão aqueles que expressaram motivação para voltar a trabalhar ou estudar, mas não tomaram uma providência porque lhes faltam as ferramentas necessárias para realizar essa aspiração. Embora muitos dos entrevistados tenham se inscrito no Exame Nacional do Ensino Médio (Enem) ou enviado currículos, não deram continuidade a esses esforços.

[...]

25 Por último, o estudo conta a história de jovens que, embora tenham se esforçado para estudar ou trabalhar, desistiram por causa de barreiras externas. Entre elas, os desafios de conciliar emprego e sala de aula, poucos recursos financeiros ou qualificação, falta de transporte público seguro para se locomover entre uma atividade e outra, e a crise econômica do país. As que já são mães ainda relataram a discriminação que sofreram por parte de potenciais empregadores.

30 [...]

Depois de ouvir esses jovens, suas frustrações e necessidades, as pesquisadoras fizeram uma série de recomendações de políticas públicas para fortalecer a capacidade dos jovens de aspirarem a objetivos, criar e levar adiante seus projetos de vida.

> Segundo as autoras, provavelmente é insuficiente aumentar a oferta de cursos técnicos com o
> 35 objetivo de viabilizar a participação dos jovens no mercado de trabalho se isso não estiver asso-
> ciado a intervenções que:
>
> - Facilitem o acesso a informações sobre oportunidades e como elas podem concretamente mudar suas vidas;
> - Incutam um sentimento de pertencimento e preparação entre os jovens que sentem que
> 40 as oportunidades disponíveis não são para eles;
> - Ofereçam programas de apoio ou de mentoria para ajudar esses jovens a lidar com as dificuldades associadas ao cumprimento de objetivos.
> [...]
> Tudo isso pode fazer a diferença para os futuros integrantes da força de trabalho do país,
> 45 donos de um potencial que o país não pode mais desperdiçar.

Mariana Kaipper Ceratti. Jovens [...]. *El País*, [São Paulo], 17 mar. 2018. Disponível em: https://brasil.elpais.com/brasil/2018/03/16/economia/1521229056_606414.html. Acesso em: 31 jul. 2020. – Parceria entre Banco Mundial/El País.

12 Para fazer o estudo sobre brasileiros fora da escola e do mercado de trabalho, quem as pesquisadoras entrevistaram? Sublinhe essa informação no texto. *atividade oral*

13 Qual é a situação brasileira com relação à quantidade de jovens que não estudam nem trabalham? Circule essa informação no texto.

14 O estudo mostra três tipos de razões para que os jovens brasileiros estejam nessa situação. Escolha um deles e faça um resumo dessas causas.

_____

_____

15 Qual é a conclusão básica a que o estudo chegou?

_____

_____

16 Ao final do trabalho, as pesquisadoras fizeram algumas recomendações de políticas públicas para fortalecer a capacidade dos jovens de terem objetivos, criarem e levarem adiante seus projetos de

vida. Em que parágrafo do texto lemos essas ideias? _____

Leia o texto a seguir.

BROWNE, Dik. *O melhor de Hagar, o horrível*. Porto Alegre: L&PM, 2011. p. 56. v. 4.

17 Qual é o gênero desse texto? _____

18 Embora seja um texto pequeno, nele encontramos diferentes modos de organização. Indique o item ou itens que aparecem no texto.

a) ☐ narração   d) ☐ instruções

b) ☐ descrição   e) ☐ diálogo

c) ☐ exposição   f) ☐ argumentação

19 Em que quadrinho encontramos um trecho argumentativo? É dito por Hagar ou por sua esposa, Helga? _____

20 Que estratégia argumentativa reconhecemos na fala do personagem?

_____

21 Pelo argumento que Hagar escolheu, podemos concluir que ele quer fazer o quê?

_____

22 No último quadrinho, Hagar derruba sua própria argumentação. Explique.

_____

_____

23 Releia o período a seguir e responda:

Eu sou um *viking* — já estive em todos os lugares e já vi tudo!

a) Sublinhe os verbos e separe, com colchetes, as orações do período.

b) Compare as duas orações finais do período, identifique as palavras que estabelecem semelhança entre elas e classifique-as quanto à classe gramatical.

_____

c) Essa semelhança entre as orações finais é evidenciada pela forma sintática como elas foram relacionadas. Explique como isso foi feito. _____

d) Que ideia as duas orações finais do período trazem para a primeira?

_____

e) Embora haja essa relação de sentido com a primeira oração, elas estão ligadas por um [—]. Se tivesse sido usada uma conjunção para relacionar as duas orações finais com a primeira, qual poderia ter sido empregada? _____

f) Classifique as orações desse período composto por coordenação.

_____

_____

Concordância verbal e nominal

Vamos recordar o que você já aprendeu sobre concordância.

1 Leia o título da notícia a seguir e faça o que se pede.

Cadela adota filhotes abandonados em caixa de sapato em Goiás

https://catracalivre.com.br/cidadania/cadela-adota-filhotes-abandonados-em-caixa-de-sapato-em-goias/

Gisele Teodoro

CADELA adota filhotes [...]. *Catraca Livre*, [São Paulo], 18 jan. 2019. Disponível em: https://catracalivre.com.br/cidadania/cadela-adota-filhotes-abandonados-em-caixa-de-sapato-em-goias/. Acesso em: 16 maio 2020.

a) Qual é o objeto direto?

_____

b) Explique por que o adjetivo **abandonados** está no masculino plural.

_____

_____

c) Qual é o sujeito?

_____

d) Explique por que o verbo **adota** está na terceira pessoa do singular.

_____

_____

Concordância

Você já aprendeu que concordância é a correspondência de flexão entre os termos de uma expressão ou de uma oração.

Observe:

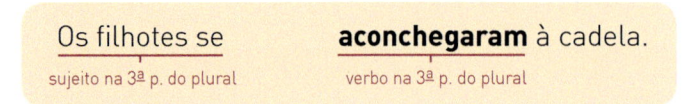

os bichos mais fofos do mundo

Os adjuntos adnominais que acompanham o substantivo **bichos** (masculino plural) estão flexionados no masculino plural: **os**, **fofos**.

Repare também nesta oração:

> Os filhotes se — *sujeito na 3ª p. do plural* — **aconchegaram** à cadela. — *verbo na 3ª p. do plural*

O sujeito está na terceira pessoa do plural e o verbo também está flexionado na terceira pessoa do plural.

Nos exemplos, as flexões de **gênero** (no caso do substantivo), **número** e **pessoa** (no caso do verbo), nas expressões nominais e na oração, correspondem.

Essa correspondência de flexão entre as palavras de uma expressão ou oração é chamada de **concordância**. A concordância pode ser verbal e nominal.

Concordância verbal

Leia o texto a seguir.

https://infoglobo.pressreader.com/search?query=ingresso%20no%20mercado%20de%20trabalho%20de%20jovens%20e%20idosos%20&in=ALL

No Brasil, 44% começam a trabalhar antes dos 14 anos

Mesmo entre trabalhadores mais jovens, ingresso precoce é frequente

CARNEIRO, Lucianne; GULLINO, Daiane Costa Daniel. No Brasil, 44% começam a trabalhar antes dos 14 anos. *O Globo*, Rio de Janeiro. 3 dez. 2016. Disponível em: https://infoglobo.pressreader.com/search?query=ingresso%20no%20mercado%20de%20trabalho%20de%20jovens%20e%20idosos%20&in=ALL&date=Anytime&hideSimilar=0. Acesso em: 2 jun. 2020.

1 Nos períodos acima, sublinhe os sujeitos e circule os verbos dos predicados.

A **concordância verbal** se dá quando o **sujeito** e o **verbo** se flexionam da mesma forma (pessoa e número), ou seja, o verbo se ajusta à pessoa e ao número do sujeito.

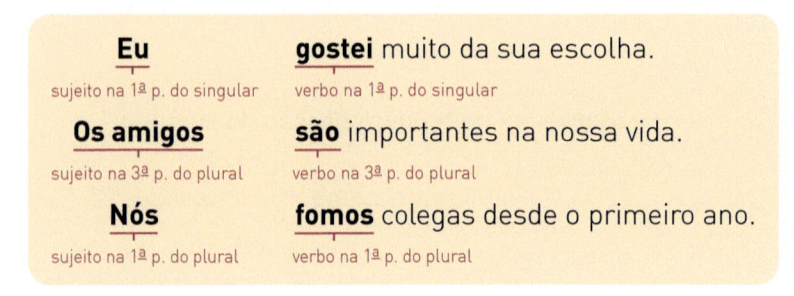

> **Eu** — *sujeito na 1ª p. do singular* — **gostei** muito da sua escolha. — *verbo na 1ª p. do singular*
>
> **Os amigos** — *sujeito na 3ª p. do plural* — **são** importantes na nossa vida. — *verbo na 3ª p. do plural*
>
> **Nós** — *sujeito na 1ª p. do plural* — **fomos** colegas desde o primeiro ano. — *verbo na 1ª p. do plural*

Vamos lembrar apenas alguns casos de concordância verbal:

I. O verbo concorda com o seu sujeito em pessoa e número, mesmo que o sujeito venha depois do verbo ou esteja subentendido.

II. Quando o verbo está na voz passiva sintética, em que o pronome **se** é usado como partícula apassivadora, o verbo também concorda com o sujeito (que é o paciente da ação verbal). Como vimos, a voz passiva acontece com verbos transitivos diretos ou verbos transitivos diretos e indiretos.

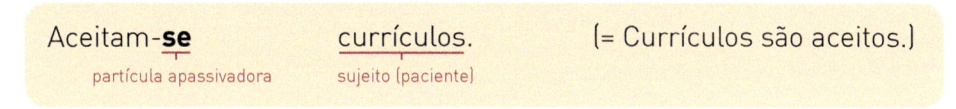

Aceitam-**se** (partícula apassivadora) currículos. (sujeito (paciente)) (= Currículos são aceitos.)

III. Se o sujeito é o pronome relativo **que**, o verbo concorda em pessoa e número com o antecedente desse pronome.

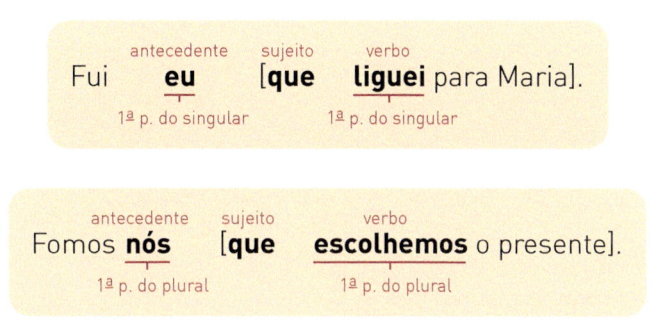

Fui **eu** (antecedente, 1ª p. do singular) [**que** **liguei** para Maria]. (sujeito / verbo, 1ª p. do singular)

Fomos **nós** (antecedente, 1ª p. do plural) [**que** **escolhemos** o presente]. (sujeito / verbo, 1ª p. do plural)

IV. Se o sujeito é o pronome relativo **quem**, o verbo concorda com esse pronome, ficando na terceira pessoa do singular.

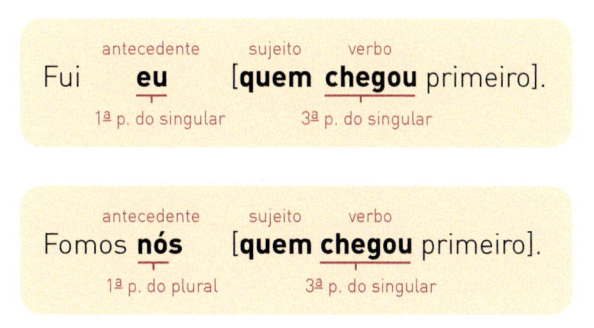

Fui **eu** (antecedente, 1ª p. do singular) [**quem chegou** primeiro]. (sujeito / verbo, 3ª p. do singular)

Fomos **nós** (antecedente, 1ª p. do plural) [**quem chegou** primeiro]. (sujeito / verbo, 3ª p. do singular)

No entanto, é possível, na linguagem popular, encontrar casos em que o verbo concorda com o sujeito da oração anterior.

Fui eu **quem cheguei** primeiro.

Concordância nominal

A **concordância nominal** se dá quando os adjuntos adnominais (o **artigo**, o **adjetivo**, o **numeral** ou o **pronome**) se flexionam para concordar em gênero e número com o **substantivo** que acompanham.

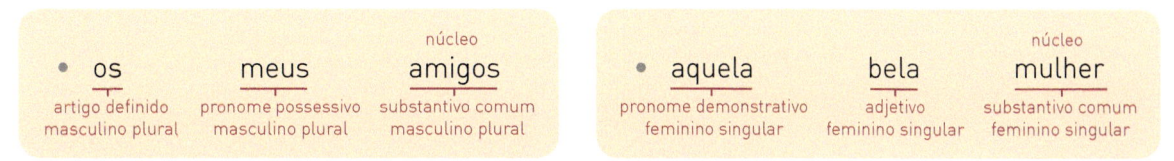

- os (artigo definido masculino plural) meus (pronome possessivo masculino plural) amigos (núcleo / substantivo comum masculino plural)

- aquela (pronome demonstrativo feminino singular) bela (adjetivo feminino singular) mulher (núcleo / substantivo comum feminino singular)

Regra geral: O artigo, o pronome, o numeral e o adjetivo concordam em gênero e número com o substantivo a que se referem.

Palavras de concordância especial

Obrigado, mesmo, incluso, anexo, próprio

Estas palavras são adjetivos e devem, portanto, concordar com o substantivo a que se referem em gênero e número.

Fátima exclamou: muito **obrigada**".
subst. feminino   adj. feminino

Paulo disse muito **obrigado** quando ganhou o presente.
subst. masculino   adj. masculino

Sempre as **mesmas** reclamações e os **mesmos** pedidos!
adj. fem.   subst. fem.   adj. masc.   subst. masc.

Veja **anexo** o comentário do artigo.
adj. masc.   subst. masc.

Veja **anexas** as resenhas dos livros.
adj. fem.   subst. fem.

Alerta, menos

São palavras **invariáveis**.

Os sentinelas estavam todos **alerta**.

Menos conversa e mais trabalho!

Bastante, caro, barato, meio, meia, muito, pouco

Invariáveis	Variáveis
quando funcionam como advérbios (modificam verbos, adjetivos, advérbios)	quando funcionam como adjetivos (modificam substantivos, com os quais concordam)
Eles desenharam **bastante**. São crianças **bastante** alegres. Ele pagou **caro** pela roupa. Paguei **barato** pela televisão. Ela ficou **meio** assustada com a chuva. Molharam **muito** as plantas.	Fizeram **bastantes** desenhos. Fazem **bastantes** travessuras. Comprei entradas **caras** para o *show*. Esta é uma televisão **barata**. Ele me deu **meia** fatia de torta. **Muitas** plantas precisam de **pouca** água.

Fique atento ◼◼◻

Na expressão da hora, dizemos:
• Meio-dia e **meia**.
Isso porque fica subentendida a palavra hora:
• Meio-dia e **meia** (hora).

1 Complete os espaços com a forma adequada das palavras entre parênteses, de modo a garantir a concordância nominal.

a) Algumas plantas precisam de bem _____ água. (pouco)

b) Comprei entradas _____ para o *show*. (caro)

c) Cozinharam _____ os legumes. (muito)

d) Cuidado, esta samambaia precisa de _____ sol. (pouco)

e) Ela ficou _____ assustada com a notícia da prova. (meio)

f) Ele pagou _____ pelo que disse dela. (caro)

g) Eles brincaram _____ no parquinho hoje. (bastante)

h) Esses dois fazem sempre as _____ observações e os _____ elogios! (mesmo)

i) Esta é uma boneca _____. (barato)

j) Estão _____ as minhas observações sobre as receitas. (anexo)

k) Estou sem fome, quero só _____ porção de arroz. (meio)

l) José fez questão de dizer muito _____ para a sua avó pelo presente. (obrigado)

m) _____ preguiça e mais resultados! (menos)

n) Meu pai pagou _____ pelo computador. (barato)

o) Minha filha sempre diz muito _____. (obrigado)

p) O arquivo _____ tem o modelo do requerimento. (anexo)

q) Os meus filhos fazem _____ travessuras. (bastante)

r) Os seguranças estavam todos _____. (alerta)

Contextos especiais

Um só adjetivo para vários substantivos

- Se o **adjetivo** vier **antes dos substantivos**, concordará com o substantivo mais próximo.

> A diretora queria **sentados** os meninos e as meninas.
> A diretora queria **sentadas** as meninas e os meninos.

- Se o **adjetivo** vier **depois dos substantivos**, poderá concordar com o substantivo mais próximo ou poderá ir para o plural (no masculino, se os substantivos tiverem gêneros diferentes).

> Meninos e meninas **comportadas**.
> Meninos e meninas **comportados**.
> Mãe e filho **atrasados**.
> Pai e filha **atrasada**.

1 Complete as orações com a forma adequada das palavras entre parênteses.

a) _____ (Este) alunas e alunos são excelentes.

b) _____ (Este) aluno e alunas são excelentes.

c) Comprei caderno e caneta _____. (novo)

d) Comprei dois cadernos e uma régua _____. (pequeno)

e) Comprou duas camisas e uma bermuda _____. (estampado)

f) Fiquei de pés e mãos _____. (atado)

g) Ganhei livro e cadernos _____. (novo)

h) O questionário e a redação _____ (digitado) no computador serão aceitos.

i) O retrato possui expressão e colorido _____. (perfeito)

j) Que _____ (belo) saia e vestidos você comprou!

k) Que _____ (belo) vestidos e saia você ganhou!

Expressões formadas do verbo ser + adjetivo

Expressões do tipo: é preciso, é bom, é necessário, é proibido, é obrigatório etc. não variam.

> Atenção é **necessário** para se fazer um bom trabalho.
> subst. fem. adj. masc.

> Atividade é **bom** para a saúde.
> subst. fem. adj. masc.

> Venda de bebida é **proibido**.
> subst. fem. adj. masc.

Se, no entanto, o substantivo estiver precedido de artigo ou de outro determinante, a concordância será obrigatória.

> Muita **atenção** é necessária para se fazer um bom trabalho.
> pron. indef. subst. fem. adj. feminino

> Esta **atividade** é boa para a saúde.
> pron. demonst. subst. fem. adj. feminino

> A **venda** de bebidas é proibida.
> art. definido subst. feminino. adj. feminino.

Leia a tira a seguir.

ENTÃO É PROIBIDO MISTURAR COISAS NO LEITE...

ESTOU RALADO...

COMO VOU FAZER MEU NESCAU?..

Alexandre Beck

BECK, Alexandre. *Armandinho.*

1 No jornal, Armandinho leu: 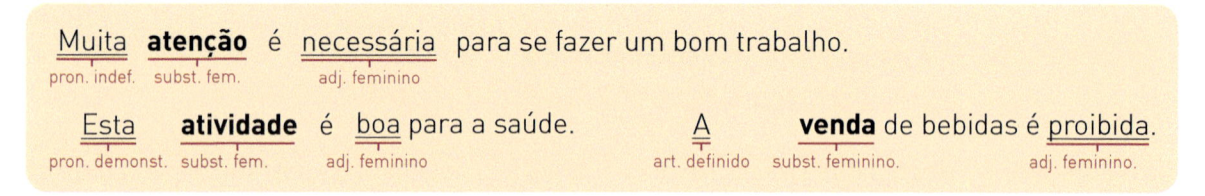 É proibido misturar coisas no leite.

a) A que "coisas" o jornal se referia: (I) açúcar, chocolate, café etc. ou (II) substâncias químicas para

conservar o leite (formol, soda cáustica e outras nocivas para o ser humano)? _____

b) Qual dessas opções Armandinho pensou ser a do jornal? _____

2 No jornal, poderia também estar escrito:

> É proibida qualquer mistura no leite.

a) Nessa segunda versão, que função sintática o substantivo **mistura** (acompanhado de seu adjunto

adnominal, que é: _____ e de seu complemento nominal, que é: _____)

estaria desempenhando? _____

b) Complete com a forma correta do adjetivo **proibido**:

I. Mistura no leite é _____. **II.** Qualquer mistura de coisas no leite é _____.

3 Complete com o adjetivo **proibido** em suas diversas possibilidades.

a) A caça de animais é _____. **d)** Caça é _____.

b) A derrubada de árvores é _____. **e)** Cortar árvores é _____.

c) Caça de animais é terminantemente _____. **f)** O corte de árvores é _____.

Concordância ideológica

Muitas vezes não fazemos a concordância com a palavra da oração, mas com o seu sentido ou com a ideia que expressa. Já vimos que esta é uma figura de sintaxe chamada **concordância ideológica** ou **silepse**.

> Toda a **turma** se levantou. **Queriam** ver bem o cartaz.
> singular   plural

O verbo **querer** está no plural porque concorda com a ideia de "muitas pessoas", e não com a forma singular do substantivo **turma**.

Lembre-se

Há **três tipos de concordância ideológica** (ou silepse)
• **de número**: principalmente quando o sujeito é um coletivo.

> A **plateia** cantou todas as músicas do *show* e **aplaudiram** no final.

Complete: o verbo aplaudir, que deveria estar no singular, foi para o plural para concordar com

_____.

• **de gênero**: principalmente com expressões de tratamento como **Sua/Vossa Excelência, Sua/Vossa Majestade, Sua/Vossa Senhoria**, que têm forma feminina, mas podem ser usadas para pessoas do sexo masculino.

> **Sua excelência** o diretor é **muito bem-vindo** nesta sala!

- **de pessoa**: o falante pode incluir-se em um sujeito de terceira pessoa.

> <u>Todos os alunos pedimos</u> nova explicação.

O sujeito: **todos os alunos** levaria normalmente o verbo para a terceira pessoa do plural. Complete: ao dizer **pedimos**, o falante se incluiu _____.

O pronome de tratamento **a gente** leva o verbo para a terceira pessoa do singular:

> • A gente vai voltar cedo hoje.   • A gente chegou na reunião antes de todos.

O emprego do verbo na primeira pessoa do plural pode acontecer no uso informal:

> • A gente vamos gostar de encontrar com ele.

Alguns estudiosos até consideram esse tipo de emprego como um caso de concordância ideológica ou silepse de pessoa. Para outros, no entanto, essa forma de concordar verbo e sujeito contraria a norma padrão.

1 Explique, em cada caso, o uso da flexão do verbo ou adjetivo destacado.

a) A constelação apareceu entre as nuvens e **brilharam** no céu.

_____

b) Os brasileiros **temos** orgulho de nossa pátria.

_____

c) Passou um bando lá no alto. **Encheram** o ar de trinados.

_____

d) Reclamaram dos alunos que **atrapalhamos** a assembleia.

_____

e) V. Exª. virá **acompanhada** de seu esposo? / V. Exª. virá **acompanhado** de sua esposa?

_____

Concordância no uso padrão e não padrão

O que estudamos até aqui a respeito de concordância verbal e nominal refere-se ao **uso padrão** formal da língua.

No uso **não padrão**, podemos observar algumas das palavras estudadas empregadas de forma diferente daquela aqui descrita. Como a língua é viva e está sempre mudando, é possível que alguns desses usos venham a ser aceitos por todos no futuro: "Ela ficou meia cansada de tanto falar" / "O sinal bate meio-dia e meio". Por enquanto, essas formas não são aconselháveis em textos, falados ou escritos, no **uso padrão**.

Atividades

Leia o texto a seguir.

https://brasil.elpais.com/brasil/2017/07/10/ciencia/1499677431_375547.html

E se no futuro o trabalho, tal como o entendemos, não fizer parte de nossa vida?

"Fomos induzidos a viver uma relação com o trabalho semelhante à que temos com a religião"

'Os Jetsons' eram como os 'Flinstones' no futuro.

Ter um trabalho nos proporciona estabilidade, ao mesmo tempo que nos rouba liberdade na hora de administrar nosso tempo. Essa contradição abre o debate sobre se trabalhar é uma fonte de felicidade ou infelicidade. A instabilidade econômica e a chamada quarta revolução industrial, que substituirá o esforço humano por máquinas, pode nos obrigar a repensar nosso eu profissional. A
5 filósofa, feminista e autora de repercussão internacional Nina Power (Reino Unido, 1978) analisa se, em tempos em que o futuro do trabalho é pouco promissor, deveríamos buscar alternativas.

E se dentro de pouco tempo o trabalho, tal como o entendemos, não fizer parte de nossas vidas? "Work isn't working" (o trabalho não está funcionando) é um lema que Power pronuncia com frequência para definir a situação atual. [...]

10 A felicidade foi devorada pelo capitalismo, proclama em seus escritos, nos quais defende que nos fizeram entender a qualidade de vida como um acúmulo de posses materiais que obtemos a partir do trabalho. Por isso, em suas intervenções públicas ela expõe a possibilidade de ser feliz com novas formas de emprego ou a ausência dele.

"As novas gerações são as que estão menos de acordo com uma existência **laboral** feita de ho-
15 rários impossíveis e salários miseráveis. O capitalismo nos vendeu que o contrário do trabalho é a vadiagem; mas os mais jovens já não compram essa ideia. Tampouco acreditam que devamos nos sentir felizes porque nossas longas jornadas de trabalho nos tornam mais produtivos", diz Power a Verne, por telefone.

[...]

20   Ela se refere à geração ***millennial***, que considera ser a chave da mudança: são os nascidos entre 1981 e 1994 e que fazem parte da sociedade que, segundo o Manpower Group, constituirá em 2020 um total de 35% da força de trabalho mundial.

    [...]

    A filósofa argumenta que em muitos países "nos induziram a viver uma relação com o trabalho
25 semelhante à que temos com a religião". Ou seja, com uma elevada carga moral: "Até mesmo aqueles que realizam sua vocação profissional a vivem como se correspondesse a um chamado, algo que costumamos relacionar com a fé".

    Em uma sociedade cada vez mais **secular**, essa suposta **simbiose** entre trabalho e felicidade que nos foi vendida, de conotações quase **místicas**, já não faz sentido – e menos ainda para o
30 setor feminino da população, afirma a autora do ensaio *One Dimensional Woman* (a mulher unidimensional).

    [...] uma das possibilidades que se apresentam para um futuro próximo é que as máquinas ocupem boa parte dos trabalhos que agora os humanos desempenham. "Nesse caso, seria uma oportunidade para prestar mais atenção a profissões próximas do cuidado humano, aquelas das
35 quais a inteligência artificial não se pode encarregar. São trabalhos relacionados com o cuidado de bebês, de idosos ou doentes, e que, na atualidade, são os mais mal pagos e os que permanecem mais ocultos em termos de reconhecimento social", destaca.

    [...]

MARTÍNEZ, Héctor Llanos. E se no futuro o trabalho, tal como o entendemos, não fizer parte de nossa vida? *El País*, São Paulo, 17 jul. 2017. Disponível em: https://brasil.elpais.com/brasil/2017/07/10/ciencia/1499677431_375547.html. Acesso em: 12 maio 2020.

1 Qual é a finalidade principal do texto?

_____

_____

_____

2 Explique a contradição que lemos logo no primeiro parágrafo: "ter um trabalho nos proporciona estabilidade, ao mesmo tempo que nos rouba liberdade na hora de administrar nosso tempo".

_____

_____

_____

> **Vocabulário**
>
> **Laboral:** relativa a trabalho.
> ***Millennial:*** também chamada de "geração Y", ou "geração da internet", refere-se às pessoas nascidas entre 1981 e 1994, podendo se estender até os primeiros cinco anos dos anos 2000, segundo alguns autores.
> **Místico:** que(m) tem tendência a crer no sobrenatural e na interferência deste em sua vida.
> **Secular:** que não pertence a uma ordem religiosa e participa do mundo civil.
> **Simbiose:** associação de dois organismos que vivem juntos, com benefício de ambos ou de apenas um deles.

3 Em que parágrafos do texto são mencionados os jovens nascidos entre 1981 e 1994? O que a autora afirma sobre essa geração com relação a trabalho?

_____

_____

_____

4 Segundo o texto, qual é a desvantagem de associar trabalho a uma elevada carga moral?

_____

_____

_____

5 Explique o que a autora propõe no último parágrafo.

_____

_____

6 Procure no texto e sublinhe o trecho que resume as ideias apresentadas na reportagem.

7 No trecho a seguir, circule as conjunções, depois identifique com colchetes e classifique as orações que elas iniciam:

O capitalismo nos vendeu que o contrário do trabalho é a vadiagem ; mas os mais jovens já não compram essa ideia . Tampouco acreditam que devamos nos sentir felizes porque nossas longas jornadas de trabalho nos tornam mais produtivos .

_____

_____

_____

8 Releia o trecho a seguir e observe as formas sublinhadas:

As novas gerações são as que estão menos de acordo com uma existência laboral feita de horários impossíveis e salários miseráveis.

Agora explique o gênero, número e pessoa dessas formas, usando o conceito de concordância nominal e verbal.

_____

_____

_____

9 Releia o seguinte trecho do texto:

"Até mesmo aqueles que realizam sua vocação profissional a vivem como se correspondesse a um chamado, algo que costumamos relacionar com a fé",

Agora, reescreva-o substituindo **aqueles que** por **quem**.

_____

_____

10 Leia os períodos a seguir e circule a forma mais adequada (umas das opções entre parênteses) para garantir uma concordância verbal e nominal de acordo com o padrão formal.

a) Uma longa jornada de trabalho não é (necessário/necessária) para que nos tornemos mais (produtivo/produtivos).

b) Uma possibilidade provável que se (apresenta/apresentam) para um futuro próximo é que um robô (ocupe/ocupem) trabalhos que agora o ser humano (desempenha/desempenham).

c) A geração *millennial* (é/são) (a/as) que (está/estão) menos de acordo com uma existência laboral feita de carga horária (impossível/impossíveis) e remunerações (baixo/baixa/baixos/baixas).

d) Quem (nasceu/nasceram) entre 1981 e 1994 e que (faz/fazem) parte da sociedade (constituirá/constituirão) em 2020 um total de 35% da força de trabalho mundial.

11 Complete as frases abaixo com o verbo flexionado no tempo indicado entre parênteses.

a) Ele disse que _____ dois pontos para você ser aprovado. (bastar, presente do indicativo)

b) A reunião está desanimada porque ainda não _____ meu irmão e seus amigos. (chegar, pretérito perfeito do indicativo)

c) A multidão _____ a banda. (aplaudir, pretérito perfeito do indicativo)

d) A professora e eu não _____. (entender-se, presente do indicativo)

e) Não foram eles que _____ os primeiros lugares. (tirar, pretérito perfeito do indicativo)

f) Não seremos nós quem _____ de resolver o problema. (ter, futuro do indicativo)

g) _____ muitas discussões antes de eles resolverem quem faria a apresentação. (haver, pretérito perfeito do indicativo)

h) Eu acho que já _____ uns dez minutos que ela saiu. (fazer, presente do indicativo)

i) Neste mês _____ dois aniversários. (festejar, pretérito perfeito do indicativo)

12 Indique a forma das palavras entre parênteses que completa adequadamente cada frase.

a) Eles se assustaram _____ com o resultado do exame. (bastante)

b) Eu pedi para eles trazerem _____ amigos para a festa. (bastante)

c) Eu sei que você pagou _____ por esse anel. (caro)

d) Esses brinquedos são muito _____. (caro)

e) Minha mãe ficou _____ tonta depois da corrida. (meio)

f) Eu só preciso de _____ hora de exercício por dia. (meio)

g) Eles enfeitaram _____ as barraquinhas! (muito)

h) A festa tinha _____ barraquinhas. (muito)

i) Ela pediu _____ bagunça. (menos)

j) Ele veio por vontade _____. (próprio)

k) Maria fica relendo sempre as _____ revistas. (mesmo)

l) Vitamina C é _____ para resfriado. (bom)

m) Você tem muitos vestidos e blusas _____. (colorido)

13 Passe para o plural as expressões destacadas e reescreva as frases, fazendo as alterações necessárias.

a) Já faz **um mês** que ele saiu do hospital.

_____

b) Definiu-se a **finalidade** do projeto.

_____

c) Deve fazer **um ano** que ela foi embora.

_____

d) Ele me perguntou se tinha havido **problema** com o computador.

_____

e) Ele me perguntou se tinha ocorrido **problema** com o computador.

_____

f) Ele perguntou se existia **razão** para acreditar nela.

_____

g) Esta semana se fará a **prova** de segunda chamada.

_____

h) Eu sabia que havia **razão** de sobra para acreditar nela.

_____

i) Houve um **acidente** com a minha bicicleta.

_____

j) Parece que aconteceu uma **confusão** na saída da escola.

_____

k) Parece que houve uma **confusão** na saída da escola.

_____

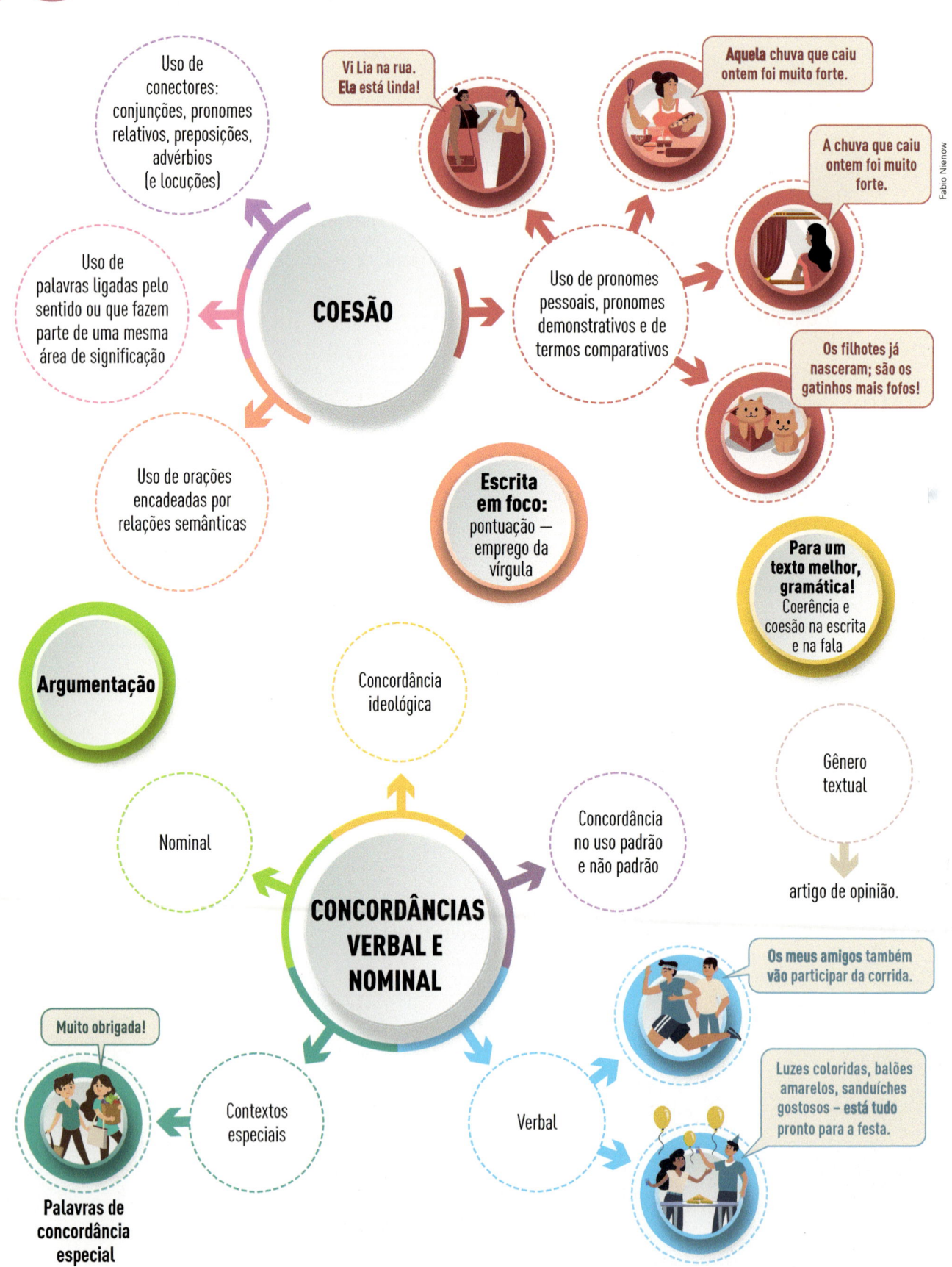

Uso de conectores: conjunções, pronomes relativos, preposições, advérbios (e locuções)

Vi Lia na rua. **Ela** está linda!

Aquela chuva que caiu ontem foi muito forte.

A chuva que caiu ontem foi muito forte.

Uso de palavras ligadas pelo sentido ou que fazem parte de uma mesma área de significação

COESÃO

Uso de pronomes pessoais, pronomes demonstrativos e de termos comparativos

Os filhotes já nasceram; são os gatinhos mais fofos!

Uso de orações encadeadas por relações semânticas

Escrita em foco: pontuação — emprego da vírgula

Para um texto melhor, gramática! Coerência e coesão na escrita e na fala

Argumentação

Concordância ideológica

Gênero textual

Nominal

Concordância no uso padrão e não padrão

CONCORDÂNCIAS VERBAL E NOMINAL

artigo de opinião.

Os meus amigos também **vão** participar da corrida.

Muito obrigada!

Contextos especiais

Verbal

Luzes coloridas, balões amarelos, sanduíches gostosos – **está tudo** pronto para a festa.

Palavras de concordância especial

Fabio Nienow

Sempre é possível desenvolver uma nova capacidade de sair de si mesmo rumo ao outro. Sem tal capacidade, não se reconhece às outras criaturas o seu valor, não se sente interesse em cuidar de algo para os outros, não se consegue impor limites para evitar o sofrimento ou a degradação do que nos rodeia. A atitude basilar de se autotranscender, rompendo com a consciência isolada e a autorreferencialidade, é a raiz que possibilita todo o cuidado dos outros e do meio ambiente; e faz brotar a reação moral de ter em conta o impacto que possa provocar cada ação e decisão pessoal fora de si mesmo. Quando somos capazes de superar o individualismo, pode-se realmente desenvolver um estilo de vida alternativo e torna-se possível uma mudança relevante na sociedade.

Carta encíclica *Laudato si'*, do Santo Padre Francisco sobre o cuidado da casa comum. Disponível em: http://w2.vatican.va/content/francesco/pt/encyclicals/documents/papa-francesco_20150524_enciclica-laudato-si.html. Acesso em: 11 maio 2020.

Manifestação contra mudanças climáticas.

Estrutura das palavras

Leia o poema e responda às questões.

A cachorrinha

Mas que amor de cachorrinha!
Mas que amor de cachorrinha!

Pode haver coisa no mundo
Mais branca, mais bonitinha
5 Do que a tua barriguinha
Crivada de mamiquinha?
Pode haver coisa no mundo
Mais travessa, mais tontinha
Que esse amor de cachorrinha
10 Quando vem fazer festinha
Remexendo a traseirinha?

MORAES, Vinicius de. *A arca de Noé*: poemas infantis. São Paulo: Cia. das Letras, 1991. p. 42.

1 Qual é o assunto do poema? **atividade oral**

2 À primeira vista, devido ao tipo de linguagem usada, como o poema aparenta ser? Assinale a(s) alternativa(s) e explique sua resposta.

☐ ridículo.   ☐ sentimental.   ☐ infantil.

3 Sublinhe, no texto, as estruturas que se repetem ao longo do poema.

4 Além de estruturas, que palavras ou partes de palavras se repetem?

_____

5 O uso da repetição tem influência na sonoridade do poema? Com que tipo de texto ele se parece? Justifique sua resposta. **atividade oral**

6 Observe e responda o que as palavras abaixo têm em comum:

> cachorrinha   bonitinha   mamiquinha

a) quanto à forma? _____

b) quanto ao(s) sentido(s) que expressam? _____

7 O uso das palavras no grau diminutivo tem alguma função no poema?

_____

8 Observe novamente as palavras citadas na atividade 6. É possível afirmar que elas são formadas de pequenos pedaços, tanto no que se refere à forma quanto no que diz respeito ao sentido? Exemplifique com a palavra **cachorrinha**.

_____

_____

A significação das palavras é o resultado da junção da significação de diversos "pedaços" que nelas podemos encontrar.
Veja a palavra **mestras**, por exemplo:

mestr-	"pessoa que ensina"
-a-	"do sexo feminino" (expresso pela flexão de gênero feminino)
-s	"várias"

Na estrutura das palavras, podemos encontrar várias partes com um significado próprio. São unidades significativas que se chamam **elementos mórficos** (ou **morfemas**).

↑ Cada morfema de uma palavra é responsável por uma parcela de sua significação.

Há palavras formadas de um só morfema e outras formadas de vários.

- cruz → um só morfema
- menin-a → dois morfemas
- menin-a-s → três morfemas

Observe alguns dos elementos mórficos que usamos para formar palavras em português:

Elemento mórfico ou morfema	O que é	Significado	Exemplos
Radical	é a base de significado para as palavras de uma família e que está presente nestas palavras	sentido relacionado à realidade, ao mundo externo à língua	**amig**-a **amig**-ável **amig**(u)-inho
Vogal temática (VT)	é a vogal que se junta ao radical, preparando-o para receber as terminações ou outros elementos mórficos	sentido voltado para a gramática da língua	fal-**a**-va
Tema	é o radical que já recebeu a vogal temática (isto é, radical + vogal temática = tema)		**fala**-va (**FAL-** + **-a-**)
Desinência (Terminação)	é o morfema que se acrescenta no final das palavras e que faz as flexões	indica gênero ou número (em substantivos, adjetivos, certos pronomes e numerais), modo, tempo, número ou pessoa (nos verbos)	cantor-**a-s** fal-a-**sse**
Prefixo	é o morfema colocado antes do radical de uma palavra para formar outra (ou seja, para fazer uma derivação)		**des**respeito (prefixo **des-**)
Sufixo	é o morfema colocado depois do radical de uma palavra para formar outra (ou seja, para fazer uma derivação		ros**inha** (sufixo **-inha**) animada**mente** (sufixo **-mente**) cuidad**oso** (sufixo **-oso**)

Radical

Leia a tira a seguir.

ZIRALDO. O Menino Maluquinho. Jornal *O Globo*, Rio de Janeiro, 16 jun. 2012. Globinho, p. 6.

1 Você já pensou no que vai ser no futuro? O Maluquinho já. Quais são os planos dele? **atividade oral**

2 Que tipos de piloto você conhece?

3 Por que a mãe do Maluquinho ficou tão assustada no último quadrinho?

4 Quando a mãe de Maluquinho imagina que o filho planeja ser piloto de avião, ela apresenta dois argumentos para o menino desistir de seus planos. Quais?

A mãe do menino não sabia que tipo de piloto ele queria ser, porque a palavra tem vários sentidos e empregos. Além do sentido e da função, as palavras têm uma forma, composta de vários pedaços que se combinam.

> **Radical** é a base de significado para as palavras de uma mesma família. É um **morfema lexical**, porque o seu sentido está relacionado a conceitos concretos ou abstratos externos à língua, ou seja, encontrados no mundo real. Eles estão presentes em substantivos, adjetivos, verbos e advérbios terminado em **-mente**.

5 Observe as famílias de palavras a seguir, no caderno, e descubra o radical delas.

a) perigoso / perigo / perigar

b) menino / meninada / meninice / menininho / meninão

c) tranquilo / tranquilidade / tranquilamente / tranquilíssimo

6 Como você raciocinou para responder à atividade anterior? **atividade oral**
Essas palavras, formadas em torno do mesmo radical, constituem uma **família de palavras**. São palavras **cognatas**.

7 Indique o radical destas palavras:

a) malucagem / malucar / maluco / maluqueira / maluquice / maluquinho _____

b) felicíssimo / feliz / felizmente / felizardo / felicidade / felicitar _____

O radical pode sofrer pequenas alterações na ortografia, para manter a mesma pronúncia, como na mudança de **maluc-** para **maluqu-** ou de **feliz-** para **felic-**.

Vogal temática

1 Junte os radicais a seguir aos morfemas escolhidos para tentar flexionar os verbos no presente do indicativo e na 1ª pessoa do plural.

Radical	morfemas	como ficaria o verbo	Radical	morfemas	como ficaria o verbo
perig-			beb-		
cant-			part-		

Muitas vezes, não é possível juntar morfemas diretamente ao radical de uma palavra, pelo fato de isso resultar em uma sequência difícil de pronunciar em português.

No verbo **falar**, por exemplo, o radical **fal-** não poderia receber diretamente a terminação (desinência) de pretérito imperfeito do indicativo.

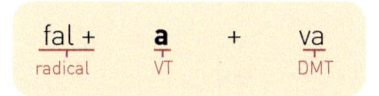

> fal- + va
> radical   desinência de modo e tempo

Para resolver esse problema, coloca-se uma vogal no final do radical, a fim de prepará-lo para receber a desinência.

> fal + **a** + va
> radical   VT   DMT

> ↑ **Vogal temática** é a vogal que se junta ao radical, preparando-o para receber as desinências.
> A vogal temática é um **morfema gramatical**, pois o seu sentido é voltado para a gramática da língua.

Vogal temática nos nomes

Nos nomes, as vogais temáticas são: **-o**, **-a** e **-e**.

> • macac- -o   • president- -e   • bol- -a

Muitas vezes, a vogal temática dos nomes cai ao acrescentarmos a desinência de feminino **-a**.

> • macac- -o
> • maçac- -x̶ **-a**
>   radical VT desinência de gênero

> • president- -e
> • president- -x̶ **-a**
>   radical VT desinência de gênero

Outras vezes, o nome não precisa de vogal temática para receber as desinências.

As palavras que não recebem vogal temática são chamadas de **atemáticas**, como **pintor**, **cantor** e **peru**. Veja:

> • cantoras = cantor + -a + -s
>   radical   desin. de gênero   desin. de plural
>
> • pintoras = pintor + -a- + -s
>   radical   desin. de gênero   desin. de plural
>
> • perus = peru + -s
>   radical   desin. de plural

Vogal temática nos verbos

Nos verbos, como você já sabe, as vogais temáticas são: **-a**, **-e**, **-i**. Elas indicam a conjugação a que pertence o verbo.

Vogal temática	Conjugação	Exemplos		
-a-	primeira	fal-	-a-	-r
		fal-	-a-	-sse
		cant-	-a-	-r
		cant-	-a-	-rá
		compr-	-a-	-r
		compr-	-a-	-ndo
		radical	VT	desinência
-e-	segunda	vend-	-e-	-r
		vend-	-e-	-sse
		perd-	-e-	-r
		perd-	-e-	-rá
		corr-	-e-	-r
		corr-	-e-	-ndo
		radical	VT	desinência
-i-	terceira	part-	-i-	-r
		part-	-i-	-sse
		dorm-	-i-	-r
		dorm-	-i-	-rá
		sent-	-i-	-r
		sent-	-i-	-ndo
		radical	VT	desinência

Lembre-se

Já vimos que o verbo **pôr** e seus derivados, como **repor**, **depor**, **sobrepor** etc. pertencem à segunda conjugação, embora no infinitivo não terminem em **-er**.

É que hoje eles têm uma forma diferente da que tinham na época do português arcaico. No século XIV, a forma do infinitivo de **pôr** era **poer**, da segunda conjugação, com a vogal temática **-e**.

Atualmente, nos verbos terminados em **-or** (**pôr** e seus derivados), só encontramos a vogal temática **-e-** em tempos diferentes do infinitivo: pus-**e**--sse, pus-**e**-r.

1 Compare as palavras e indique, no caderno, o **radical** e a **vogal temática** em cada uma destas famílias.

a) escol- -a
escol- -a- -r
escol- -inha

b) bol- -a
bol- -ada
bol- -a- -zinha
em- -bol- -a- -r

c) resolv- -e- -r
resolv- -e- -ram
resolv- -e- -mos

d) viaj- -a- -r
viaj- -a- -vam
viaj- -a- -remos

e) part- -i- -r
part- -i- -rias

Desinência (ou terminação): fazendo a flexão

Leia o texto a seguir.

MAGRI, Diogo. Do Pacaembu ao Maracanã [...]. *El País*, São Paulo, 31 mar. 2020. Disponível em: https://brasil.elpais.com/esportes/2020-03-31/do-pacaembu-ao-maracana-templos-do-futebol-se-transformam-para-combater-coronavirus.html. Acesso em: 16 maio 2020.

https://brasil.elpais.com/esportes/2020-03-31/do-pacaembu-ao-maracana-templos-do-futebol-se-transformam-para-combater-coronavi

Do Pacaembu ao Maracanã, templos do futebol se transformam para combater coronavírus

Estruturas esportivas do país são recrutadas pelas autoridades para auxiliar no atendimento médico durante a pandemia da Covid-19

1 Observe o título da notícia da página anterior. A forma verbal **transformam** está flexionada em

que tempo e em que pessoa? _____

2 Como ficaria essa forma verbal se o sujeito da oração ou o tempo da ação fossem alterados? Complete as orações a seguir com o verbo **transformar** na forma adequada a cada caso e de acordo com o tempo verbal entre parênteses.

a) O Maracanã se _____ para combater coronavírus. (presente)

b) Semana passada, o Pacaembu se _____ para combater coronavírus. (passado)

c) Todo ano os estádios se _____ para combater coronavírus. (passado)

3 Por que essas alterações seriam feitas? atividade oral

Esses morfemas acrescentados são **desinências verbais**.

> As desinências são morfemas gramaticais que se acrescentam no final das palavras e servem para indicar as flexões, isto é, noções da gramática do português obrigatórias para todos que falam a nossa língua.

- **Desinências nominais** indicam a mudança de **gênero** e de **número** nos substantivos, adjetivos, em certos pronomes e numerais:

| cantor | cantor- | -a |
| | | flexão de gênero |

| cantor- | -a- | -s |
| | flexão de gênero | flexão de número |

- **Desinências verbais** indicam a mudança de **modo**, de **tempo**, de **número** e de **pessoa** nos verbos:

falava → fal- -á- -va- -mos
(flexão de modo e de tempo / flexão de número e pessoa)

fal- a- -sse
(flexão de modo e de tempo)

Alguns tempos verbais ou pessoas do discurso não apresentam desinências. É essa ausência que nos faz reconhecer aquela pessoa ou aquele tempo verbal. Observe, no boxe ao lado, nas formas verbais à esquerda, a ausência de uma desinência pessoal, que está presente nas formas da direita:

| (se) ela falasse | (se) elas falassem |
| eu cantava | nós cantávamos |

1 Acrescente desinências nas palavras listadas a seguir, de forma a fazer a flexão solicitada entre parênteses.

a) bonit- ⟶ ☐ (feminino plural)

b) menin- ⟶ ☐ (feminino singular)

c) barata- ⟶ ☐ (plural)

d) estuda- ⟶ ☐ (terceira pessoa do plural do pretérito imperfeito do indicativo)

e) canta- ⟶ ☐ (primeira pessoa do singular do futuro do pretérito do indicativo)

Prefixos e sufixos: fazendo a derivação

Podemos também alterar a forma das palavras acrescentando a elas elementos mórficos derivacionais, os chamados **afixos**, que são: os **prefixos**, antes do radical, e os **sufixos**, depois do radical.

Prefixo

Leia a tira a seguir.

ZIRALDO. *O Menino Maluquinho.* Disponível em: http://meninomaluquinho. educacional.com. br/imagensPaginas/ mmp401_18%20de%20 fevereiro.jpg. Acesso em: 15 maio 2020.

1 No terceiro quadrinho da tira, um integrante do Clube da Turma afirma que o Menino Maluquinho, em seu discurso, falou como político na TV. Você concorda? Justifique, apontando alguma característica que você reconheça na fala e nos gestos do Maluquinho que se pareça com o que vemos no discurso de alguns políticos. **atividade oral**

2 As palavras do Maluquinho estão listadas a seguir. Compare-as e, para cada uma, indique:

> • o prefixo usado; • o sentido do prefixo; • o sentido da palavra completa.

a) insuportável _____

b) inaceitável _____

c) imoral _____

d) inconsequente _____

e) imediatas _____

f) impossível _____

3 Observando as respostas da atividade anterior, o que podemos reparar a respeito: **atividade oral**
a) da localização do prefixo nas palavras?
b) da forma do prefixo?
c) do sentido do prefixo?

> ↑ O **prefixo** é colocado antes do radical de uma palavra para formar outra (ou seja, para fazer uma **derivação**).

4 Observe, em cada item a seguir, uma palavra e outra palavra derivada (em destaque).  Depois, indique o prefixo usado e o significado de cada palavra derivada.

a) real ⟶ **irreal**

b) pôr ⟶ **repor**

c) leal ⟶ **desleal**

↑ Os morfemas **i-**, **re-** e **-des** são prefixos. Eles alteram o sentido das palavras primitivas, formando novas palavras.

5 Sua vez: derive palavras de cada uma das listadas abaixo, usando, para isso, um dos prefixos:

> a-   anti-   bis-   des-   extra-   im-   in-   i-   re-   super-

a) capaz_____

b) começar_____

c) homem_____

d) inflamatório_____

e) justiça_____

f) leal_____

g) moral_____

h) neto_____

i) ordinário_____

j) possível_____

Conheça, a seguir, alguns prefixos usados em português e o que eles indicam.

Prefixo	Sentido	Exemplos
re-	repetição	rever, repor
des-	negação	desleal, desfazer
ante-	anterioridade	antebraço, antepor
retro-	movimento para trás	retrovisor, retroceder
trans-	movimento para além de	transatlântico, Transamérica
super-	excesso	superatrasado, superpovoado
contra-	oposição ou ação conjunta	contraespionagem, contracenar
entre-	posição intermediária	entreabrir, entrelinha
anti-	oposição, ação contrária	antiaéreo, antitabagismo
hiper-	posição superior, excesso	hipertenso, hiperativo
peri-	posição ou movimento em torno	perímetro, periorbital
anfi-	duplicidade, em torno	anfíbio, anfiteatro
in-	negação	infeliz, indigno
in-	movimento	implantar, irromper (o mesmo prefixo, com a forma um pouco alterada por razões ortográficas)

Você pode conhecer outros prefixos na seção **Listas para consulta**, p. 256.

Sufixo

Leia a tira a seguir.

BARBOSA, Gilmar. *Pau pra toda obra*. São Paulo: Devir, 2005. p. 13.

1 Que tipo de observação e crítica o rapaz faz no primeiro quadrinho? **atividade oral**

2 O que o pintor quis dizer com a palavra checão?

3 Por que o pintor pediu logo um checão?

4 Compare as palavras **chequ-e** e **chec-ão**. O que podemos observar em sua ortografia?

5 Decomponha a palavra **checão**, apontando que elementos mórficos a formam.

> ↑ O **sufixo** é colocado depois do radical de uma palavra para formar outra (ou seja, para fazer uma **derivação**).

- voz (substantivo) → voz**inha** (substantivo diminutivo)
- real (adjetivo) → real**idade** (substantivo)
- sabor (substantivo) → sabor**oso** (adjetivo)
- veloz (adjetivo) → veloz**mente** (advérbio)

Os morfemas **-inha**, **-dade**, **-oso**, **-mente** são sufixos. Repare como eles alteram o sentido ou a classe gramatical das palavras primitivas, formando, assim, outras palavras.

6 Vamos encontrar os sufixos usados nas palavras. Lembre-se de que, para encontrar os elementos que estruturam uma palavra, devemos compará-la com outras da mesma família. Faça, no caderno, a comparação e encontre os sufixos, como no modelo.

> **prefeitura** → Podemos compará-la com: prefeito. Sufixo: -ura.

a) canaliza

b) duquesa

c) complementação

d) asfaltamento

e) municipal

Conforme a **classe da palavra** que vai ser formada, os sufixos podem ser:

- nominais;
- verbais;
- adverbiais.

Tipo	Uso	Exemplos
Sufixo nominal	usado para formar um substantivo ou um adjetivo	pont **-eira** (substantivo) pont **-inha** (substantivo) pont **-udo** (adjetivo) radical — sufixo nominal
Sufixo verbal	usado para formar um verbo	cabec- **-e-** -a- -r vel- **-ej-** -a- -r radical — sufixo verbal — VT (1ª conj.) — desinência (infinit.)
Sufixo adverbial	usado para formar um advérbio	sabid- -a- **-mente** (advérbio) animad- -a- **-mente** (advérbio) radical — desinência (gênero) — sufixo adverbial

Sufixos nominais

Formam substantivos ou adjetivos. No quadro a seguir estão alguns dos mais usados em português. Aposto que você conhece a maioria deles.

Você pode conhecer outros sufixos nominais na seção **Listas para consulta**, p. 256.

Sufixo	Exemplos	Sufixo	Exemplos
-áceo(a) (semelhança, pertinência)	galináceo, rosácea, herbáceo	-ismo (doutrina, escola, teoria, sistema, modo de proceder ou pensar, ação)	socialismo, capitalismo, sensacionalismo
-agem (ação, resultado de ação, relação íntima)	viagem, miragem, imagem	-ista (partidário ou sectário de doutrina, sistema, teoria, princípio, agente, ocupação, origem)	anarquista, dentista, paulista
-al, -ar (pertinência, coleção, quantidade, cultura de vegetais)	genial, mortal, areal, familiar, militar, exemplar	-ite (inflamação)	amigdalite, bronquite, gastrite
-aria, -eiro(a) (atividade, estabelecimento comercial, coleção)	pizzaria, padaria, estrebaria, livreiro, galinheiro, caseira	-mento(a) (instrumento, coleção, ação ou resultado da ação)	ferramenta, vestimenta, casamento
-dade (qualidade, modo de ser, estado)	dignidade, bondade, maldade	-(d)or, -(t)or, -(s)or (agente, profissão, instrumento de ação)	trabalhador, corredor, escritor
-ouro(a) (pertinência, ação)	vindouro, ancoradouro, manjedoura	-oso(a) (abundância, plenitude)	famoso, apetitoso, meticuloso
-dura, -tura, -sura (resultado da ação, instrumento de uma ação)	assadura, armadura, ditadura	-tico(a) (relação)	energético, aromático, aquático
-ença, -ência (ação ou resultado da ação)	crença, doença, presença, falência, ocorrência, prudência	-tude, -dão (formador de substantivos abstratos)	amplitude, juventude, similitude, solidão, gratidão, retidão
-eu (origem, procedência, relação)	hebreu, judeu, europeu	-udo(a) (provido ou cheio de)	peludo, barbudo, carnuda
-ez, -eza (formam substantivos abstratos)	altivez, surdez, palidez, riqueza, beleza, safadeza	-ugem (semelhança, quantidade)	ferrugem, penugem, rabugem
-ice, -ície (formam substantivos abstratos)	velhice, meninice, doidice	-vel (possibilidade ou posse)	pagável, estimável, cabível

1 Indique o sufixo e a classe gramatical de cada uma das palavras a seguir.

a) avareza

g) formosura

m) pantanal

b) capitalista

h) homenagem

n) perecível

c) diferença

i) israelita

o) romantismo

d) estomatite

j) leitor

p) saudosa

e) febril

k) livraria

q) violência

f) ferimento

l) narigudo

r) formatura

Entre os sufixos nominais, podemos citar, ainda, os sufixos aumentativos e os sufixos diminutivos.

> Os **sufixos aumentativos** trazem a ideia de aumento de tamanho ou de quantidade, ou seja, de grau aumentativo (a ideia mais comum):
>
> chapéu ⟶ chapelão (chapéu grande)

Também podem ser usados com outros sentidos:
- ideia depreciativa, pejorativa:

  - beiço → beiçorra (beiço grande e, possivelmente, feio)

- ideia positiva, de aumento de intensidade ou de qualidade:

  - cheque → checão (cheque muito valioso)
  - amigo → amigão (muito amigo, grande amigo)
  - prova → provão (prova muito boa)
  - gol → golaço (gol muito bonito e bem-feito)

Os sufixos aumentativos podem se juntar a radicais de:
- substantivos:

  - parede → paredão

- verbos:

  - chorar → chorão

- adjetivos:

  - amigo → amigão

Quando usamos o sufixo **-ão**, normalmente a palavra formada é masculina:

- a estrada → o estradão
- uma prova → um provão

Veja alguns **sufixos aumentativos** usados em português:

Sufixo	Exemplos
-(z)arrão	homenzarrão
-aça	barcaça
-aço	ricaço
-alhão	grandalhão
-alhaz	facalhaz
-anzil	corpanzil
-ão	dedão
-aréu	fogaréu
-arra	bocarra
-orra	cabeçorra

Você pode conhecer outros sufixos aumentativos na seção **Listas para consulta**, p. 256.

Os **sufixos diminutivos** trazem, basicamente, a ideia de diminuição de tamanho ou de quantidade, ou seja, de grau diminutivo:

bola ⟶ bolinha (bola pequena)

Também podem ser usados com outros sentidos:

- ideia depreciativa, pejorativa:

  - jornal → jornaleco (jornal sem qualidade)
  - casa → casebre (casa pequena e desconfortável)

- ideia de abrandamento de pedido:

  - semana → (só uma) semaninha
  - vez → (só uma) vezinha

- ideia de sentimento carinhoso, de simpatia, de amizade:

  - mãe → mãezinha (mãe querida)

2 Copie do poema "A cachorrinha", que iniciou esta unidade, todas as palavras que usam o sufixo diminutivo para expressar o carinho do eu poético por seu animal de estimação.

_____

_____

Veja alguns **sufixos diminutivos** usados em português:

Sufixo	Exemplos
-acho, -a	riacho, bolacha
-ebre	casebre
-eco, -a	amoreco, soneca
-ete	lembrete
-eto, -a	cloreto, maleta
-inho, -a	dedinho, capinha
-ino, -a	pequenino
-isco	chuvisco
-ito	rapazito
-ote	velhote
-zinho	paizinho

Para um texto melhor, gramática! ■■■
Sufixos

No padrão formal de uso da língua, principalmente na linguagem científica, encontramos palavras formadas com sufixos modelados no latim, língua indo-europeia que foi falada pelos habitantes do Lácio (região da Itália) e pelos antigos romanos, que deu origem ao português e a outras línguas.

São exemplos desses sufixos:

- -ulo (-ula)
- -áculo (-ácula)
- -ículo (-ícula)
- -culo (-cula)
- -úsculo (-úscula)
- -únculo (-úncula)

Veja:

Diminutivos eruditos	
corpo	corpúsculo
globo	glóbulo
gota	gotícula
grão	grânulo
homem	homúnculo
modo	módulo

Você pode conhecer outros diminutivos eruditos na seção **Listas para consulta, p. 256.**

Línguas originárias do latim

O latim era a língua falada no antigo Império Romano (de 27 a.C. a 476 d.C.). Durante cinco séculos, esse império conquistou territórios e levou sua cultura e sua língua aos povos que lá habitavam. Aos poucos, o latim foi se transformando em cada região, dando origem às línguas românicas.
Existem muitas semelhanças entre as línguas românicas, elas compartilham algum vocabulário básico e várias estruturas gramaticais. Apesar disso, os falantes nativos de cada uma não entendem os nativos de outras línguas.

Fabio Nienow

Etiópia

Somália

Guiné-
-Bissau

Angola

Moçambique

OCEANO
PACÍFICO

OCEANO
ATLÂNTICO

OCEANO
ÍNDICO

Domínio romano
no século IV

Línguas latinas como língua oficial

Português Espanhol Francês Italiano

Fontes: ILARI, Rodolfo. *Linguística românica*. São Paulo: Ática, 1999. p. 55. Disponível em: https://edisciplinas.usp.br/pluginfile.php/4468834/mod_resource/content/1/ILARI_LinguisticaRomanica.pdf; IME-USP. A questão do latim vulgar. *In*: IME-USP, [São Paulo], [20--?]. Disponível em: https://www.ime.usp.br/~tycho/participants/psousa/cursos/aulas/aula_latim_vulgar.html. Acessos em: 14 maio 2020.

Sufixos verbais

Em geral, na língua portuguesa, formamos novos verbos acrescentando a vogal temática **-a** e a desinência **-r** (-ar) a substantivos e adjetivos:

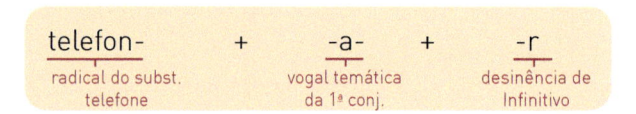

telefon-	+	-a-	+	-r
radical do subst. telefone		vogal temática da 1ª conj.		desinência de Infinitivo

Muitas vezes, porém, entre o radical e a vogal temática do novo verbo, usa-se um **sufixo**, que traz uma nuance de sentido especial ao verbo formado.

- suave → suav- **-iz-** -ar (verbo)
- salto → salt- **-it-** -ar (verbo)
- dedo → ded- **-ilh-** -ar (verbo)

Veja alguns desses sufixos:

Sufixo	Exemplos
-ear	cabecear
-ejar	velejar
-icar	bebericar
-inhar	escrevinhar
-izar	utilizar
-ilhar	fervilhar
-itar	debilitar

Todos os verbos citados acima são da **primeira conjugação**, ou seja, terminados em **-ar**. Existe um sufixo que forma verbos da **segunda conjugação** (terminados em **-er**):

- **-ec-** -er → escurecer
- **-esc-** -er → florescer

1 Separe as palavras a seguir em elementos mórficos, indicando, para cada uma:

- o radical;
- o sufixo;
- a vogal temática;
- a desinência de infinitivo;
- a conjugação.

Lembre-se de que o raciocínio que fazemos para descobrir esses elementos é a comparação mental entre diversas palavras da mesma família, o que nos permite deduzir os elementos formadores.

a) cabecear

b) chuviscar

c) pontilhar

_____

_____

_____

_____

_____

_____

d) alvorecer

e) florescer

f) fortalecer

_____

_____

Sufixos adverbiais

Leia o primeiro verso da canção *O pato* de João Gilberto, famoso compositor, cantor e violista brasileiro, criador da bossa nova, falecido em 2019.

O pato vinha cantando alegremente, quém, quém

GILBERTO, João. *O pato. In*: PORTAL EBC, [Brasília, DF], 27 jul. 2015. Disponível em: https://tvbrasil.ebc.com.br/abzdoziraldo/post/o-pato-coral-maluquinho-se-diverte-ao-interpretar-classico-da-mpb. Acesso em: 16 maio 2020.

1 Qual palavra introduz a ideia de circunstância animada? Sublinhe-a.

2 Qual é a classe dessa palavra? _____

3 Ao decompor a palavra **alegremente**, que sufixo identificamos? _____

> ↑ Um **sufixo adverbial** é aquele que se junta a um radical para formar um **advérbio**.

O sufixo **-mente** é geralmente acrescentado à forma feminina de um adjetivo.

• perigos-	-a-	-mente	(advérbio)
• animad-	-a-	-mente	(advérbio)
• apaixonad-	-a-	-mente	(advérbio)
radical	desinência de gênero	sufixo adverbial	

Os advérbios derivados de adjetivos terminados em **-ês** são formados a partir da forma masculina.

cortês → cortesmente

4 Examine cada palavra a seguir e determine:

- sua classe gramatical;
- a palavra da qual ela foi derivada;
- o sufixo usado para derivá-la.

Uma consulta ao dicionário pode ajudar.

a) amargor

_____

b) beleza

_____

c) cabecear

_____

d) crueldade

_____

e) dedilhar

_____

f) dignidade

_____

g) fracamente

_____

h) galinheiro

_____

Aqui não se trata mais de uma flexão obrigatória na gramática do português; o falante é que escolhe se quer usar ou não uma palavra com um sufixo ou prefixo.

Afixos	Definição	Exemplos
prefixo	elemento mórfico colocado antes do radical de uma palavra para formar outra (ou seja, para fazer uma derivação)	desleal (prefixo des-)
sufixo	elemento mórfico colocado depois do radical de uma palavra para formar outra (ou seja, para fazer uma derivação)	casinha (sufixo -inha) tristemente (sufixo -mente) carinhoso (sufixo -oso)

Alterações nos morfemas

Em alguns casos, quando juntamos morfemas, precisamos alterá-los, acrescentando uma **vogal** ou **consoante de ligação**, que não possuem significação. Elas alteram um pouco um determinado morfema, mas o significado original se mantém.

Observe os pares de palavras abaixo e veja os **acréscimos aos sufixos**:

- laranj- -**eira**
- cha- -l- -**eira**
- raiz -**inha**
- cidade -**z**- -**inha**
- pedr- -**ada**
- pau -**l**- -**ada**

e **aos radicais**:
- gás
- gas -**ô**- -**metro**

Em outros casos, podemos também suprimir algum elemento do próprio morfema, para possibilitar a sua junção com outro. Já falamos sobre o prefixo **in-**:

- **in**- -feliz
- **i**- -mortal
- **i**- -rregular

Na seção **Listas para consulta**, p. 256, você pode ver radicais de origem grega e latina, prefixos e sufixos usados em português.

1 Reescreva as palavras a seguir, preenchendo as lacunas com consoantes ou vogais de ligação.

a) boqu ____ aberto

b) cafe ____ eira

c) cafe ____ al

d) cha ____ eira

e) frio ____ ento

f) frut ____ fero

g) gas ____ metro

h) inset ____ cida

i) lan ____ gero

j) pa ____ eiro

k) paris ____ ense

l) pest ____ cida

m) pe ____ inho

n) pont ____ agudo

o) sono ____ ento

Atividades

Leia o texto a seguir.

TEXTO 1

Diversãozinha

Quando tamanho não é documento

Mania carioca de usar nomes com –inho não engana ninguém: por trás do diminutivo se escondem festões, bares badaladérrimos e outros programas animadaços.

Carioca é cheio de manias. Tem mania de falar "vamos nos ver" e não marcar nada. De chegar atrasado rigorosos quinze minutos em qualquer programa. De sair de casa carregando um casaco por causa do ar-condicionado forte no cinema. De aplaudir o pôr do sol. E mania de falar (quase) tudo no diminutivo... Bota mania nisso.

5 Só neste fim de semana, pode apostar, tem um sambinha legal, uma festinha com um DJ badalado, um cineminha para começar a noite, um jantar com um gatinho (ou uma gatinha), [...] uma noitada de patricinha, um jogo de algum timinho, uma reuniãozinha na casa de um amigo ou, ainda, se São Pedro ajudar, uma prainha bacana.

10 Tamanho, para o carioca, não é mesmo documento. Muito pelo contrário. A lista de programas com nome no diminutivo e diversão **superlativa** engorda quando esbarramos com uma festa que se chama Bailinho, um enorme bar de três andares batizado de Barzin ou com um teatro cuja segunda

15 sala ganhou o nome de Poeirinha.

> **Vocabulário**
>
> **Superlativo:** um adjetivo está no grau superlativo quando expressa uma qualidade em grau máximo ou muito intenso.

Se até o grande Vinicius de Morais ficou conhecido como Poetinha, sem jamais desmerecer versos geniais que assinou, não é preciso mais argumentos: o sufixo -inho é o máximo.

RIBEIRO, Carolina. O *Globo*, Rio de Janeiro, 2 nov. 2012. Rio *Show*, p. 23.

1 Segundo a reportagem, o carioca usa muito o **diminutivo**. Complete a tabela abaixo, copiando, do segundo parágrafo, todos os substantivos que estão no grau diminutivo e indicando as demais informações pedidas.

Substantivo no diminutivo	Radical	Sufixo diminutivo	Mesmo substantivo no grau normal

2 No primeiro parágrafo da reportagem, em "Carioca é cheio de manias", reconhecemos uma figura de linguagem em que se usa um indivíduo (carioca) em lugar do grupo (os cariocas). Como se chama essa figura?

_____

3 Nem sempre, porém, o carioca se refere ao sentido de diminuição quando usa o diminutivo. Em que parágrafo esse argumento foi apresentado?

_____

4 O que significa o trecho "A lista de programas com nome no diminutivo e diversão superlativa"?

_____

_____

_____

_____

5 Da introdução, que fica logo abaixo do título, retire dois adjetivos que estão no grau superlativo.

_____

_____

6 Depois de examinar as palavras entre parênteses abaixo, aponte nas palavras em destaque quais são os **prefixos** e **sufixos** empregados.

a) (rigor) **rigoroso** _____

b) (merecer) **desmerecer** _____

c) (marcar) **remarcar** _____

d) (ligar) **ligação** _____

7 Flexione a palavra **badalada**, para que ela fique no masculino plural. Indique qual é a desinência de número.

_____

8 Flexione a palavra **amigo**, para que ela fique no feminino singular. Indique qual é a desinência de gênero.

_____

9 Flexione a palavra **enganar**, para que ela fique na terceira pessoa do plural do presente do indicativo. Indique qual é a desinência número-pessoal.

_____

Leia a tira a seguir.

SOUSA, Maurício de. *Turma da Mônica.*

10 Na história, como estava o clima abaixo e acima das nuvens?

atividade oral

11 Como se explica a diferença de opinião entre Cebolinha e Cascão de um lado e o Anjinho de outro?

12 Como isso se aplica nas nossas relações cotidianas? Que cuidados devemos tomar ao ouvir opiniões que discordam do nosso ponto de vista?

13 A partir das palavras que se seguem, no caderno, forme famílias de três palavras mantendo os mesmos radicais, usando para isso desinências, vogais temáticas e/ou prefixos e sufixos.

a) chuva _____

b) lama _____

c) lua _____

d) noite _____

e) perfeito _____

f) real _____

g) vento _____

h) campo _____

i) certo _____

j) ferro _____

k) terra _____

14 Decomponha as seguintes palavras em: radicais, vogais temáticas, prefixos, sufixos e desinências. Atenção, pois alguns elementos não aparecem em algumas palavras.

a) casa

_____

_____

b) cobrissem

_____

_____

c) aproveitar

_____

_____

d) pintoras

_____

_____

e) saltar

_____

_____

f) pensava

_____

_____

15 Circule, no segundo quadrinho da tira, duas palavras que não possam ser divididas em vários elementos mórficos.

16 Usando **sufixos aumentativos** ou **diminutivos**, derive palavras das que se seguem.

a) amigo _____

b) vento _____

c) chuva _____

d) carro _____

e) noite _____

f) presente _____

17 Forme palavras com os sufixos a seguir e determine a que classe gramatical elas pertencem.

a) –ada

_____

b) –agem

_____

c) –ice

_____

d) –dor

_____

e) –ismo

_____

f) –ência

_____

g) –eiro

_____

h) –vel

_____

i) –ecer

_____

j) –mente

_____

18 Aponte, para cada forma verbal listada, qual é:

- o infinitivo (terminado em **-r**);
- o radical;
- o tema;
- a vogal temática e a conjugação;
- as desinências (se houver).

a) saberás

_____

b) nadamos

_____

c) latissem

_____

d) morderá

_____

e) valem

_____

f) voava

_____

19 Identifique os sufixos e aponte a classe gramatical das palavras.

a) arrozal _____

b) artista _____

c) bruxaria _____

d) crueldade _____

e) falsidade _____

f) folhagem _____

g) imigratório _____

h) lunático _____

i) normalidade _____

j) nortista _____

k) professor _____

l) realismo _____

m) sentimento _____

n) tintura _____

o) tribunal _____

p) venenosa _____

Leia o texto a seguir.

T E X T O 3

Os teus olhos

O céu azul, não era
Dessa cor, antigamente;
Era branco como um lírio,
Ou como estrela cadente.

5 Um dia, fez Deus uns olhos
Tão azuis como esses teus,
Que olharam admirados
A taça branca dos céus.

Quando sentiu esse olhar:
10 "Que doçura, que primor!"
Disse o céu, e ciumento,
Tornou-se da mesma cor!

ESPANCA, Florbela. *Poesia de Florbela Espanca*. Porto Alegre: L&PM POCKET, 2002. p. 28.

Leonardo Conceição

20 Qual é o assunto do poema?

21 Circule todas as ocorrências de palavras que têm o radical **olh-**.

22 Copie aqui as três ocorrências da figura de linguagem comparação.

_____

_____

23 Escolha uma dessas ocorrências e reescreva-a, transformando-a em **metáfora**.

_____

_____

24 Que figura de linguagem encontramos nos dois últimos versos? Explique sua resposta.

_____

_____

_____

25 A **rima** é a repetição de sons iguais ou semelhantes, que nem sempre está presente nos poemas. Leia novamente o texto, observe as palavras que rimam e sublinhe-as.

26 Explique a circunstância que a oração destacada a seguir traz para o texto e classifique-a. Dica: observe a conjunção que a inicia.

> **Quando sentiu esse olhar:** / "Que doçura, que primor!"

_____

27 Separe os elementos mórficos que estruturam as palavras a seguir, explicando a ideia ou a função que apresentam.

a) antigamente _____

_____

b) olharam _____

_____

c) doçura _____

_____

d) ciumento _____

_____

Leia a tira a seguir.

TEXTO 4

QUINO. Mafalda e a democracia. _Toda Mafalda_. São Paulo: Martins Fontes, 1991. Disponível em: http://wordsofleisure.com/2012/02/03/tirinhas-mafalda-e-a-democracia/. Acesso em: 17 maio. 2020.

28 No dicionário, lemos as seguintes acepções para a palavra **democracia**:

> ▶ **1.** governo em que o povo exerce a soberania 2. sistema comprometido com a igualdade ou a distribuição igualitária de poder.

DEMOCRACIA. *In: Minidicionário Houaiss da língua portuguesa*. Instituto Antônio Houaiss de Lexicografia. São Paulo: Moderna, 2019. p. 248.

Essa definição é parecida com a que Mafalda leu?

29 Depois de consultar o dicionário, o que fez Mafalda?

30 E esta foi uma reação passageira ou durou algum tempo?

31 Explique que elementos gráficos da tirinha o ajudaram a chegar à resposta da atividade anterior:

a) no primeiro quadrinho.   **b)** no terceiro quadrinho.   **c)** no último quadrinho.

32 Por que Mafalda achou tão engraçado o verbete **democracia** falar em "soberania do povo"?

33 A palavra **democracia** contém os elementos de composição: **demo-** (povo) e **-cracia** (força, poder, autoridade, supremacia). Consulte o dicionário e descubra o que significam essas outras palavras:

a) tecno**cracia** _____

b) aristo**cracia** _____

34 No dicionário, podemos achar prefixos e seus significados. Você pode deduzir o significado de uma palavra derivada consultando o sentido do prefixo e o da palavra base. Nos itens a seguir:

> - identifique o prefixo de cada palavra;
> - procure o significado dos prefixos e das bases no dicionário;
> - escreva o significado de cada palavra.

a) contra-atacar _____

b) desarmamento _____

c) pós-eleitoral _____

d) pré-adolescência _____

e) reconstruir _____

35 Faça o que se pede.

> - Procure no dicionário o sentido dos prefixos: **anti**- / **in**- / **re**- / **super**-.
> - Junte um desses prefixos a cada palavra do quadro da página seguinte e forme palavras derivadas que se encaixem na definição dada.
> - Escolha uma das novas palavras e use-a em uma frase.

Palavras	Definição da nova palavra	Nova palavra
a) abalado	que não é ou está abalado	
b) abastecer	abastecer de novo	
c) alérgico	que é contra a alergia	
d) aquecimento	aquecimento excessivo	
e) choque	que evita ou amortece choques	
f) começar	começar de novo	
g) dependente	que não é dependente	
h) mercado	mercado grande, com mercadorias variadas	
i) organizar	organizar novamente	
j) popular	que é contra os desejos do povo	
k) puro	que não é puro	
l) vaidoso	que é vaidoso em excesso	

36 Qual é o sentido dos vocábulos a seguir, colocados lado a lado?

a) Indefesso e indefeso.

b) Algente e albente.

c) Facundo e fecundo.

d) Famigerado e famoso.

e) Válido e valido.

f) Hético e ético.

g) Sociedade e saciedade.

37 No dicionário, você também encontra o sentido de sufixos e pode deduzir o significado de uma palavra verificando o significado do sufixo e o da palavra base. Com um dicionário em mãos:

- identifique o sufixo em cada palavra abaixo;
- procure o significado da palavra base e do sufixo;
- crie, no caderno, outras palavras derivadas usando os mesmos sufixos. Lembre-se de que, para criar o advérbio de modo terminado em **-mente**, você deve flexionar o adjetivo primitivo para o feminino.

a) apressadamente

b) facilidade

c) notável

d) palidez

e) pobreza

Fabio Nienow

É muito importante que as pessoas tenham a consciência de que suas atitudes no dia a dia influenciam diretamente na conservação do meio ambiente. Em uma comunidade onde os cidadãos praticam hábitos ecologicamente corretos, não jogam lixo nas ruas nem despejam esgoto nos rios, economizam água e luz e reciclam seus materiais, por exemplo, a chance de desfrutar um meio ambiente saudável é muito maior.

CONSELHO NACIONAL DA RESERVA DA BIOSFERA DA MATA ATLÂNTICA; FUNDAÇÃO SOS PRÓ MATA ATLÂNTICA; INSTITUTO DE PESQUISAS DO JARDIM BOTÂNICO DO RIO DE JANEIRO. *Cartilha recursos florestais da Mata Atlântica*. Rio de Janeiro: Embrapa; Cenargen, 1999. p. 28.

Formação de palavras

As línguas estão sempre mudando, porque servem basicamente para as pessoas viverem em sociedade, comunicarem-se e se entenderem.

Leia a tira a seguir.

SOUSA, Mauricio de. *Turma da Mônica*.

1 Sobre o que Papa-Capim e seu amigo Kava conversam na mata?

_____

_____

2 No segundo quadrinho, Kava pergunta: "E aquilo, Papa-Capim? Como os caraíbas chamam **aquilo**?". A que ele se refere com esse pronome demonstrativo?

_____

_____

3 Explique a ironia da fala de Papa-Capim no último quadrinho.

_____

_____

_____

_____

4 Por que os garotos se interessam por nomes de animais selvagens e astros?

Na tirinha, vimos como as palavras de uma língua e os textos que compomos com elas mostram os interesses, os hábitos, a alimentação, o vestuário, as crenças... resumindo, a cultura de um grupo. Isso tudo é determinante para a construção do vocabulário dos vários grupos sociais.

> ↑ **Léxico** é o conjunto de todas as palavras de uma língua.

O léxico de uma língua está sempre se renovando, ampliando-se.

Leia a tira a seguir.

System32

vidadesuporte.com.br

André Farias de Oliveira/Vida de Suporte

System32 é uma pasta e também um arquivo, dentro dessa pasta, no Windows. É parte do sistema operacional (estrutural), sendo necessário para que outros programas funcionem. Sem ele o computador pode até não parar de funcionar totalmente, mas muitas funções deixam de funcionar.
Fazendo uma analogia, deletar arquivos estruturais é como tirar a roda de trás de uma bicicleta e tentar andar com ela.

SYSTEM32. *Vida de suporte.* 23 mar. 2017. Disponível em: https://vidadesuporte. com.br/wp-content/uploads/2017/03/ Suporte_1676.jpg.
Acesso em: 16 maio 2020.

1 O que a moça queria fazer em seu computador? Como ela pretendia atingir esse objetivo?

2 Por que o coração do rapaz do suporte técnico ficaria acelerado se isso acontecesse?

3 Você conhece a palavra **deletar**?

   a) Parece uma palavra do português?_____

   b) Qual é sua classe gramatical?_____

   c) De que conjugação?_____

4 Que parte da palavra nos mostra essas informações?_____

O verbo **deletar** começou a ser usado ainda na sua forma do inglês (verbo *to delete*) por pessoas que trabalhavam com computadores. Depois, seu uso foi se generalizando, ele acabou se transformando em uma palavra com características da nossa língua e foi aceito por grande parte dos falantes de português.

Isso acontece porque, à medida que o mundo vai mudando, tanto na cidade quanto na mata ou no campo, à proporção que novos objetos, máquinas ou atividades vão surgindo, aparecem também novas palavras para dar nome a essas inovações.

Algumas outras palavras, em compensação, vão sendo cada vez menos usadas, por exemplo, **gramofone** – que era o avô dos **toca-discos**, que, por sua vez, foi substituído pelo **toca-CD** (*CD player*) –, que só pode ser achado, hoje em dia, em museus ou em casas de colecionadores.

As palavras se alteram em sua forma, no seu sentido, no modo e na frequência com que são usadas.

Leia a tira a seguir.

Buraco negro

BURACO negro. *Vida de suporte.* 9 dez. 2018. Disponível em: https://vidadesuporte.com.br/wp-content/uploads/2018/10/Suporte_2114.jpg. Acesso em: 16 maio 2020.

1 Na conversa entre o rapaz do suporte e seu estagiário, Aspira, ele quer certificar-se de quê?

_____

2 E ele fez? Observe o último quadrinho. O que vemos lá?

_____

3 O que o estagiário pensou estar vendo nessa tal tela?

_____

4 O que o estagiário quis dizer com: "**muito irado** esse teu papel de parede..."?

_____

O adjetivo **irado**, particípio do verbo **irar** (sentir ou provocar raiva), está assim apresentado no *Dicionário Eletrônico Houaiss da Língua Portuguesa*:

> ▶ **Irado** – adj. (sXIII cf. FichIVPM)
> 1. tomado de ira ou que a manifesta; iracundo, enraivecido, furioso
> 2. tormentoso, revolto <mar i.>

IRADO. *Dicionário eletrônico Houaiss da língua portuguesa.* São Paulo: Objetiva, 2010.

No entanto, entre os jovens de algumas cidades do Brasil, como o Rio de Janeiro, o adjetivo tem um sentido positivo, elogioso – como vimos na tirinha: uma festa irada, um filme irado, um sol irado.

Processos de formação de palavras

Leia a tira a seguir.

Ziraldo. *O Menino Maluquinho.*

1 Na tira criada por Ziraldo, o Menino Maluquinho pensa em palavras inventadas e usadas por alguns homens públicos brasileiros.

a) Em quais palavras do português ele pensa?

_____

b) Para usar o verbo **inacreditar**, em que palavras ele deve ter pensado?

_____

_____

c) Qual prefixo aparece nestas quatro palavras: imexível, inexiste, imperdível, inacredito?

_____

d) Qual é o sentido desse prefixo nessas palavras?

_____

e) Qual é a palavra que o Menino Maluquinho criou? _____

f) E qual é o sentido dessa palavra?

_____

g) O que precisaria acontecer para que o verbo criado pelo menino se tornasse uma palavra da língua?

_____

Depois que boa parte dos usuários da língua passa a empregar essa nova palavra, ela se incorpora ao léxico como um **neologismo**.

> **Neologismo** é uma palavra ou sentido novo criado ou absorvido pelo léxico de uma língua. Os neologismos são as inovações linguísticas que se firmam entre os falantes de determinada língua.
> Podem ser novas palavras, novos empregos de uma palavra, uso de expressões adaptadas de outra língua etc.

Ao criar novas palavras, usamos, muitas vezes sem nem prestar atenção, processos que já são utilizados há muito tempo em nossa língua. São eles:

- a composição;
- a derivação;
- abreviação;
- a sigla;
- a onomatopeia.

Composição

Leia a charge ao lado.

Disponível em: https://amarildocharge.files.wordpress.com/2019/07/blog22.jpg. Acesso em: 16 maio 2020.

Amarildo

atividade oral

1 O guarda-chuva da mãe era preto?

2 Que tipo de crítica essa charge faz?

3 Como é formada a palavra guarda-chuva?

Lembre-se

Podemos formar uma nova palavra pela junção de dois ou mais radicais. Esse novo vocábulo é **uma palavra composta**.

Palavras simples	têm apenas um radical	chuva, feira, sol, roseira, plano
Palavras compostas	têm mais de um radical	guarda-chuva, terça-feira, guarda-sol, cor-de-rosa, planalto

As palavras compostas têm sentido diferente daquelas usadas na sua composição:

- amor + perfeito → amor-perfeito (flor)
- guarda + chuva → guarda-chuva (objeto que protege da chuva)
- plano + alto → planalto (acidente geográfico)
- filho + de + algo → fidalgo (homem nobre)
- outra + hora → outrora (antigamente, noutro tempo)

4 Escreva frases utilizando uma ou mais palavras compostas apresentadas anteriormente.

_____

_____

_____

_____

Observando os exemplos, você pode notar que os radicais que se juntam para compor a nova palavra podem ou não sofrer alterações fonéticas (perda ou alteração de alguma vogal ou consoante ou do acento tônico).

Por isso, temos dois tipos de composição:

Composição por	Uso	Exemplos
justaposição	Quando, na junção dos radicais, não ocorre nenhuma alteração fonética.	arco + íris → arco-íris couve + flor → couve-flor sexta + feira → sexta-feira gira + sol → girassol
aglutinação	Quando, na junção dos radicais, ocorre alguma alteração fonética.	água + ardente → aguardente (bebida alcoólica) em + boa + hora → embora (mesmo que, ainda que) plano + alto → planalto (superfície elevada e plana) ponta + aguda → pontiagudo (que tem ponta afiada, aguçada)

Repare que em **girassol** houve uma alteração na ortografia: foi preciso usar dois **s** para manter a mesma pronúncia:

gira + sol → girassol

Derivação

Derivação é a formação de uma nova palavra — **a palavra derivada** — a partir de uma única palavra primitiva, geralmente com o acréscimo de sufixos ou prefixos, que recebem o nome genérico de afixos.

Palavra	Uso	Exemplos
primitiva	Serve de base para a formação de palavras derivadas. Não é formada de outra palavra.	flor, bola, ferro
derivada	Forma-se a partir de outra palavra pelo acréscimo de afixos.	desequipar (derivada de **equipar**) floreira (derivada de **flor**) bolinha (derivada de **bola**) enferrujado (derivada de **ferro**)

Derivação prefixal

Leia os versos da canção a seguir.

Palpite infeliz

Quem é você que não sabe o que diz?
Meu Deus do Céu, que palpite infeliz!

Palpite infeliz, de Noel Rosa.

1 Nesses dois versos, sublinhe a palavra em que encontramos um prefixo.

2 Qual é o prefixo? _____

3 De que adjetivo esta palavra foi derivada?

> Na **derivação prefixal**, acrescenta-se um prefixo antes do radical. O sentido de um prefixo se mantém o mesmo nas palavras que ele ajuda a formar.

Fique atento ■■■

Como identificar um prefixo?
Muitas vezes, o começo de uma palavra parece um prefixo, mas não é. Veja, por exemplo, as palavras:

> infeliz   impraticável   indiscreto   intranquilo   imagem

Todas elas começam com **in-** (ou **im-**). Mas será que, em todas as palavras citadas, essas letras fazem parte de um morfema/elemento mórfico ou fazem parte do radical da palavra? Essas letras são mesmo o prefixo **in-**, com o sentido de negação?

4 Para descobrir essa resposta, siga as orientações a seguir.
- Para cada palavra da lista anterior, vamos pensar em duas outras nas quais o **in-** não apareça e que tenham o mesmo radical. Assim, descobriremos se o **in-** é mesmo um prefixo. Observe.

1ª palavra	2ª palavra	3ª palavra
a) infeliz	feliz	felizmente
b) impraticável	praticável	pratiquei
c) indiscreto	discreto	discrição
d) intranquilo	tranquilo	tranquilidade
e) imagem	imaginar	imaginativo

- Depois de observar as três colunas da tabela anterior, sublinhe os radicais de todas palavras.
- No item **e**, observe que as palavras das três colunas começam da mesma forma e têm o mesmo sentido no radical; por isso, podemos concluir que não houve o uso de um prefixo.
- Procurando cada uma das palavras das outras linhas no dicionário, observamos seu sentido e podemos ver se há a ideia de negação (infeliz: quem ou o que não é feliz etc.).

5 Agora, descubra se as palavras listadas a seguir começam todas com o mesmo prefixo. Para isso, siga as orientações.

- Para cada palavra listada a seguir, pense em duas outras que tenham o mesmo radical; assim, você descobre se o morfema é mesmo um prefixo.
- Procure no dicionário cada palavra, observando o seu sentido, para ver se a mesma ideia se mantém.

a) Recomeçar: _____ **c)** Retomar: _____

b) Repensar: _____ **d)** Reto: _____

Derivação sufixal

Leia a tira seguir.

Foi um ano péssimo na opinião dos pessimistas.

Foi um ano ótimo na opinião dos otimistas.

Como realmente foi o ano?

Fico com a opinião do analista.

André Dahmer

DAHMER, André. Disponível em: https://sto-blog.s3.amazonaws.com/images/2016/02/05/charge-1.jpg. Acesso em: 22 jun. 2020.

1 Circule o sufixo usado nos três quadrinhos e sublinhe os termos em que ele aparece.

2 As palavras primitivas que deram origem aos termos do primeiro e segundo quadrinhos são:

_____

> Na **derivação sufixal**, a nova palavra é criada pelo acréscimo de um sufixo depois do radical. Observe:
>
> • encanta- **-mento** • homen- **-zarrão** • mal- **-dade** • polui- **-ção** • sapat- **-inho**

3 Leia a declaração da jornalista Eliane Brum a seguir.

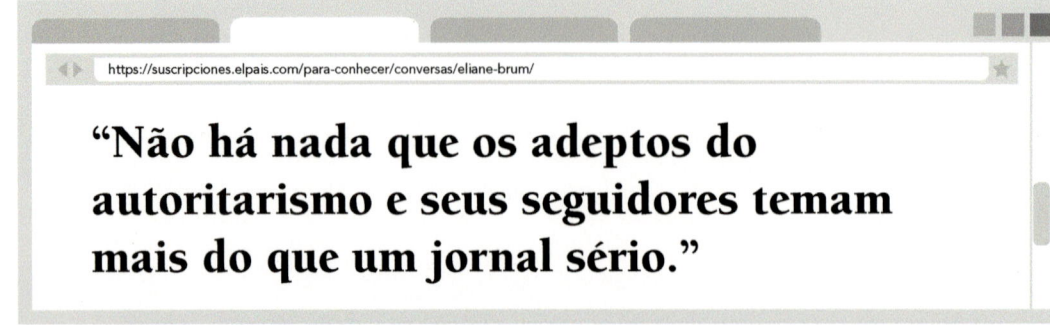

https://suscripciones.elpais.com/para-conhecer/conversas/eliane-brum/

"Não há nada que os adeptos do autoritarismo e seus seguidores temam mais do que um jornal sério."

CONVERSAS / ELIANE BRUM. São Paulo, [2020?]. 1 vídeo (ca. 1 min). Publicado pelo canal El País. Disponível em: https://suscripciones.elpais.com/para-conhecer/conversas/eliane-brum/. Acesso em: 18 maio 2020.

a) Sublinhe, na frase, a palavra que é formada por derivação sufixal.

b) Circule o sufixo dessa palavra.

Derivação prefixal e sufixal

Leia o cartaz a seguir.

No dia 16 de setembro - sábado, a Secretaria Municipal de Saúde de Marechal Floriano realiza o "DIA D" da Multivacinação em todas as unidades de saúde do município.

Menores de 15 anos devem comparecer à unidade de saúde mais próxima, trazendo o cartão de vacinação. Serão oferecidas todas as vacinas da rotina do SUS.

© 2020 Prefeitura de Marechal Floriano

Venha colocar o cartão de vacinas em dia! - **DATA DA CAMPANHA: DE 11 A 22 DE SETEMBRO**

Somente no sábado, as unidades vão funcionar até as 17 horas. Nos demais dias será o horário de funcionamento da sala de vacina da unidade de saúde.

1 O cartaz anuncia uma campanha de **multivacinação**.

a) Compare essa palavra com: **multimídia**, **multinacional** e **multilateral**. Que elemento mórfico se repete nelas? Sublinhe-o.

b) O que ele significa?   atividade oral

2 Copie no caderno a frase encontrada no balão de fala do cartaz que explica o que é uma multivacinação.

Os textos de propagandas, em geral, são criações interessantes, pois lançam mão de uma diversidade de recursos para atrair o leitor. No caso da campanha de vacinação, temos o uso:

- da imagem: uma família inteira de "gotinhas" sorrindo e animada com a vacinação;
- da palavra **multivacinação**: uma única palavra já dá a informação de que todas as vacinas estarão disponíveis.

3 Separe os elementos mórficos da palavra **multivacinação**:

I. Prefixo: _____ II. Radical: _____ III. Sufixo: _____

Na **derivação prefixal e sufixal**, a nova palavra é obtida pelo acréscimo de um prefixo antes e de um sufixo depois do radical.

- feliz → **in-** feliz **-mente**
- estrutura → **super-** estrutur- **-al**

Mas observe que poderíamos ter usado apenas o prefixo ou apenas o sufixo, e o resultado ainda seria uma palavra possível de ser usada:

- **in-** feliz / feliz **-mente**
- **super-** estrutur(a) / estrutur- **-al**

219

Derivação parassintética ou parassíntese

Leia o título e o subtítulo da notícia a seguir.

www1.folha.uol.com.br/mercado/2020/03/programa-de-renda-minima-e-vital-para-deter-empobrecimento-na-crise-do-coronavirus.shtml

Programa de renda mínima é vital para deter empobrecimento na crise do coronavírus

Muitos trabalhadores vão ficar, nas próximas semanas, sem dinheiro algum, e risco de convulsão social é real

OTTONI, Bruno; PEREIRA Vitor. Programa de renda mínima é vital para deter empobrecimento na crise do coronavírus. *Folha de S.Paulo*, São Paulo, 31 mar. 2020. Disponível em: www1.folha.uol.com.br/mercado/2020/03/programa-de-renda-minima-e-vital-para-deter-empobrecimento-na-crise-do-coronavirus.shtml. Acesso em: 22 jun. 2020.

1 Agora, no caderno, separe os elementos mórficos que formam as palavras a seguir e classifique-as:

a) empobrecimento   **b)** trabalhadores

Na palavra **empobrecimento**, temos prefixo e sufixo. Porém, observe:

- pobre → **em**- pobr **-ec**- -er

Mas atenção: você não diz ~~empobre~~ nem ~~pobrecer~~.

> Ou seja, na derivação parassintética a nova palavra é criada pelo **acréscimo simultâneo** de um prefixo antes e de um sufixo após o radical.

Fique atento

Agora entenda a diferença entre derivação prefixal e sufixal e derivação parassintética.

Na **derivação parassintética ou parassíntese**, os afixos (prefixo e sufixo) só podem ser usados ao mesmo tempo com o radical. Se eliminarmos um dos afixos de uma palavra formada por derivação parassintética, o resultado não é uma palavra usável em português.

> triste → entristecer (Mas não existem ~~entriste~~ nem ~~tristecer~~.)

Observe que a palavra **entristecer** é derivada de **triste**, mediante acréscimo **simultâneo** de um prefixo **en**- e de um sufixo **-ec(er)**. Nesse tipo de derivação, não é possível usar apenas o prefixo ou apenas o sufixo.

Já na **derivação prefixal e sufixal**, como a que se dá em **desanimadamente**, sabemos que não ocorreu derivação parassintética apesar de encontrarmos um prefixo e um sufixo. É fácil perceber a diferença, pois, na nossa língua, temos uma palavra formada apenas com o prefixo (**desanimada**) e outra formada apenas com o sufixo (**animadamente**).

2 Classifique as palavras a seguir quanto ao tipo de derivação: **I.** prefixal e sufixal; **II.** parassintética.

a) [ ] **amadur**ecer

b) [ ] des**alma**do

c) [ ] desap**areci**mento

d) [ ] des**leal**dade

e) [ ] em**pobr**ecer

f) [ ] en**gross**amento

g) [ ] en**tard**ecer

h) [ ] in**feliz**mente

i) [ ] in**felici**dade

j) [ ] in**justa**mente

k) [ ] in**sensat**ez

l) [ ] re**juven**escer

Derivação regressiva

Leia o título da notícia a seguir.

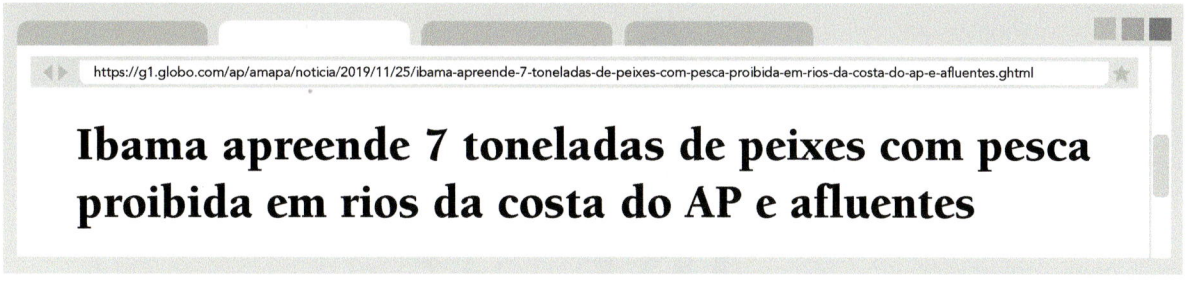

https://g1.globo.com/ap/amapa/noticia/2019/11/25/ibama-apreende-7-toneladas-de-peixes-com-pesca-proibida-em-rios-da-costa-do-ap-e-afluentes.ghtml

Ibama apreende 7 toneladas de peixes com pesca proibida em rios da costa do AP e afluentes

FIGUEIREDO, Fabiana; OLIVEIRA, Taemã; BRITO, Ronaldo. Ibama apreende 7 toneladas de peixes com pesca proibida em rios da costa do AP e afluentes. *G1*, Macapá, 25 nov. 2019. Disponível em: https://g1.globo.com/ap/amapa/noticia/2019/11/25/ibama-apreende-7-toneladas-de-peixes-com-pesca-proibida-em-rios-da-costa-do-ap-e-afluentes.ghtml . Acesso em: 22 jun. 2020.

1 Sublinhe os substantivos comuns no título acima. Dois desses substantivos podem ser ligados a verbos, dos quais são derivados. Escreva no caderno quais seriam esses verbos.

2 Qual é a diferença na formação desses substantivos? **atividade oral**

Esse processo de formação de palavras é a derivação regressiva.

> Na **derivação regressiva**, a nova palavra é obtida pela redução da palavra primitiva.

Nesse processo de criar palavras, em vez do acréscimo de um elemento à palavra primitiva, ocorre o contrário: a supressão de morfemas da palavra primitiva. A maioria das palavras formadas por derivação regressiva é de substantivos que indicam ação, derivados de verbos. Veja:

Palavra primitiva	Palavra derivada	Palavra primitiva	Palavra derivada
atacar	o ataque	errar	o erro
censurar	a censura	perder	a perda
cortar	o corte	resgatar	o resgate
descansar	o descanso	sustentar	o sustento
enlaçar	o enlace	tocar	o toque

Veja mais exemplos na seção **Listas para consulta**, na p. 256.

Fique atento

Para descobrir se um substantivo deriva de um verbo ou se ocorre o contrário, podemos seguir a seguinte orientação: Se o **substantivo** denota **ação**, será palavra **derivada**, e o verbo será a palavra **primitiva**.

> **Pesca**, **compra** e **beijo** indicam ações; logo, são palavras **derivadas**.

Se o **nome** denota algum **objeto** ou **substância**, verifica-se o contrário.

> **Martelo** é um objeto; logo, é um **substantivo primitivo** que dá origem ao verbo **martelar**.

3 Determine, no caderno, se os substantivos a seguir são derivados (de um verbo) ou primitivos (dando origem a verbos). Para descobrir, basta pensar se cada um indica ação ou não.

a) a ajuda   d) o ataque   g) a busca   j) o consumo   m) o embarque

b) o amparo   e) o atraso   h) a censura   k) a crítica   n) a fala

c) a âncora   f) o beijo   i) o combate   l) a dúvida   o) o gelo

Derivação imprópria

Leia o poema a seguir.

Pobre velha música!
Não sei por que agrado
Enche-se de lágrimas
Meu olhar parado.

5 Recordo outro ouvir-te.
Não sei se te ouvi
Nessa minha infância
Que me lembra em ti.

Com que ânsia tão raiva
10 Quero aquele outrora!
E eu era feliz? Não sei:
Fui-o **outrora** agora.

PESSOA, Fernando. *Obra poética*. Rio de Janeiro: Companhia José Aguilar, 1974. p. 140-141.

Vocabulário

Outrora: antigamente.

1 Com quem o eu poético conversa no poema?

_____

2 Em que estrofe fica clara essa conversa? Que pronomes revelam esse diálogo?

_____

_____

3 O eu poético recupera um passado distante por meio de que elemento?

_____

_____

4 Explique a sensação de felicidade que o eu poético expressa nos dois últimos versos do poema.

_____

_____

_____

5 Que figura de linguagem encontramos no último verso, com o uso dos advérbios **outrora/agora**?

_____

_____

_____

6 Observe os versos a seguir e responda às questões propostas:

I. Meu **olhar** parado II. Recordo outro **ouvir-te** III. Quero aquele **outrora**!

a) Qual é a classe gramatical das palavras destacadas?

_____

b) Que outros termos as acompanham e nos dão essa certeza?

_____

_____

_____

_____

c) Em um contexto mais usual da língua, qual seria a classe gramatical mais comum dessas palavras?

• olhar: _____

• ouvir: _____

• outrora: _____

Esse novo emprego de palavras em outra classe gramatical é chamado de **derivação imprópria**.

> ↑ Na **derivação imprópria**, a nova palavra é formada por mudança da classe gramatical da palavra primitiva.

Nesse tipo de derivação, a palavra primitiva não sofre qualquer alteração em sua forma, não se acrescentam afixos (prefixos ou sufixos). A única diferença é que a palavra muda de classe gramatical.

7 Complete as lacunas com a classe gramatical das palavras em destaque:

> • Este é o **modelo** do vestido. / Este é um colégio-**modelo**.
>
> _____ _____
>
> • **Não** posso sair. / Ele me disse um **não**.
>
> _____ _____

Esse é um tipo de formação de palavras um pouco diferente dos anteriores. Aqui não se altera a forma da palavra (a morfologia), mas sim o seu emprego, o seu uso, o seu sentido (a semântica):

• adjetivos tornam-se substantivos;

> **Bons** atletas → Os **bons** serão escalados.

- verbos tornam-se substantivos;

> Quero **olhar** para o céu → O **olhar** da professora calou a turma.

- substantivos tornam-se adjetivos;

> O **prodígio** da família é meu irmão → A criança **prodígio** se alfabetizou sozinha.

- substantivos, adjetivos e verbos tornam-se interjeições;

> O **silêncio** → **Silêncio**!   (menino) **bravo** → **Bravo**!   **viva** (verbo **viver**) → **Viva**!

- palavras invariáveis tornam-se substantivos;

> Riu **porque** estava alegre. → Não entendo o **porquê** da sua alegria.

- particípios tornam-se substantivos ou adjetivos;

> Bruno já havia **feito** o dever quando cheguei. → A conquista do campeonato foi um **feito** de toda a equipe.

- substantivos próprios tornam-se comuns;

> **Neymar** é um grande craque do futebol brasileiro. → Todo garoto que joga futebol quer ser um **neymar**.

- substantivos comuns tornam-se próprios.

> **O coelho, o leão, a pereira** → **sr. Coelho, sr. Leão, sr. Pereira**.

8 Nas frases a seguir temos exemplos de derivação imprópria, ou seja, mudança da classe gramatical das palavras. Aponte qual é a classe gramatical de cada palavra destacada fora do contexto da frase e, depois, no contexto apresentado. Veja o modelo.

> **Silêncio!** Quero prestar atenção! substantivo ⟶ interjeição

a) As mais **fortes** sobrevivem. _____ → _____

b) Os **humanos** precisam cuidar de seu planeta. _____ → _____

c) O **amanhã** a Deus pertence. _____ → _____

d) Com o **passar** dos dias ela fica mais sabida! _____ → _____

e) **Puxa**! Como você se atrasou! _____ → _____

Resumindo

São consideradas palavras derivadas:

- aquelas em que é possível identificar o prefixo ou o sufixo, e esses elementos são encontrados em outras palavras da língua;

> **re**ver → **re**ter, **re**por, **re**começar
> feliz**mente** → agil**mente**, sabia**mente**, dura**mente**

- aquelas que resultam de derivação regressiva (por exemplo, **ataque** derivado de **atacar**) ou imprópria (por exemplo, **não** usado como substantivo).
  As outras palavras são consideradas primitivas.

1 Complete o quadro-resumo com os dados que faltam.

Tipo de derivação	Uso	Exemplos
prefixal	Quando a nova palavra é obtida pelo acréscimo de um _____.	**des-** poluir **in-** feliz **pré-** escolar **re-** criar **super-** homem
sufixal	Quando a nova palavra é obtida pelo acréscimo de um _____.	bon **-dade** bol **-inha**
prefixal e sufixal	Quando a nova palavra é obtida pelo acréscimo de um _____ e de um_____.	**des-** entend- -i- **-mento**
parassintética ou parassíntese	Quando a nova palavra é obtida pelo acréscimo simultâneo de um _____ e de um_____ (ou seja, o prefixo e o sufixo devem ser usados ao mesmo tempo; a palavra não fará sentido sem a presença dos dois).	**a-** manh- **-ec-** -e- -r
regressiva	Quando a nova palavra é obtida pela redução da palavra primitiva, ou seja, pela _____ de morfemas da palavra primitiva.	comprar → compra recuar → recuo
imprópria	Quando a nova palavra é obtida por mudança de _____ da palavra primitiva.	Os **bons** jogadores. → Os **bons** serão premiados. adjetivo ____ substantivo

Além da composição e da derivação, há outras maneiras de formar palavras em português. Você já conhece a onomatopeia, em que se criam palavras para imitar ruídos ou sons.

Vamos conhecer a seguir outros processos de formação de palavras.

Abreviação

Leia a charge a seguir.

Charge Técnico de patrimônio – Concurso Público Conselho Regional de Psicologia do Ceará 001/2018. Denny Design. Disponível em: https://s3.amazonaws.com/qcon-assets-production/images/provas/60463/f9d4d5445a0897f2507f.png. Acesso em: 26 jun. 2020.

1. Na charge, ocorreu uma ambiguidade entre: "O seu cachorro está correndo de moto atrás das pessoas" e "O seu cachorro está correndo atrás das pessoas de moto".

a) A qual das duas opções a senhora achou que o policial estava se referindo?

_____

b) Explique a graça e a crítica da charge, com base nessa ambiguidade.  atividade oral

c) **Moto** é uma redução de qual palavra?

_____

Esse processo de formar palavras se chama abreviação.

> Em uma **abreviação**, a nova palavra se forma pela redução de uma palavra ou expressão longa. Empregamos uma parte da palavra em lugar do todo, de modo que a compreensão não seja prejudicada.

Esse processo é muito usado na linguagem coloquial.

- automóvel → auto
- cinematógrafo → cinema → cine
- Florianópolis → Floripa
- fotografia → foto
- menina → mina
- metropolitano → metrô
- motocicleta → moto
- pneumático → pneu
- professor → fessor e profe
- telefone (ou fone de ouvido) → fone
- televisão → tevê → TV

2. Escolha uma página de um jornal ou de uma revista. Faça uma lista das abreviações que você encontrar nela. Mostre a lista a um colega e discuta o significado de cada uma delas. Depois, cheque no dicionário para ver se acertou.

_____

_____

Sigla

Observe a seguir um formulário de busca do *site* dos Correios.

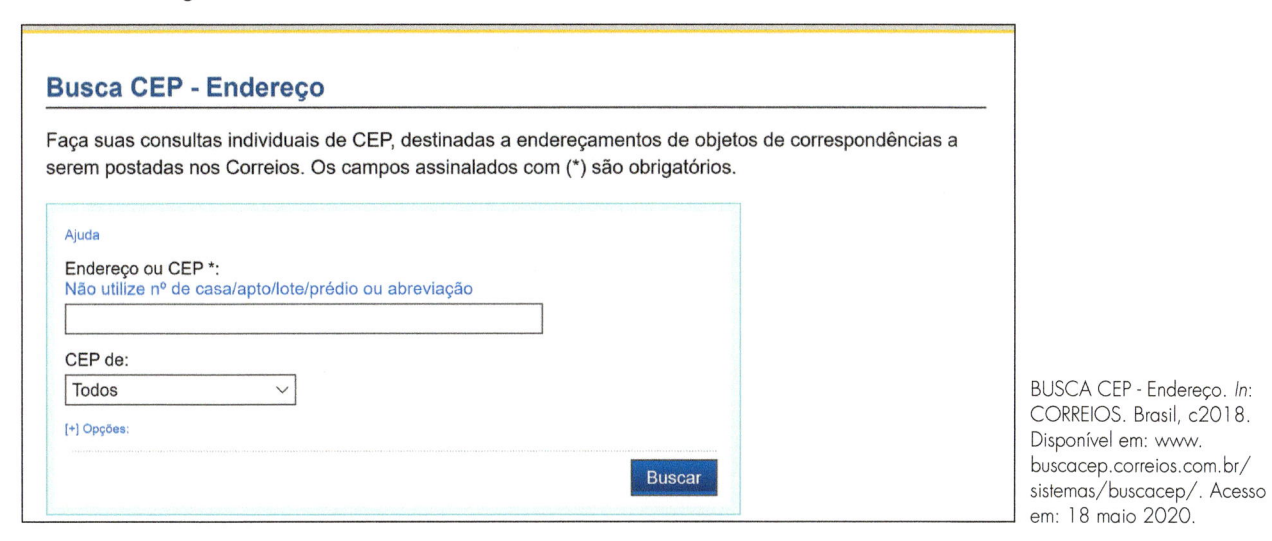

BUSCA CEP - Endereço. *In*: CORREIOS. Brasil, c2018. Disponível em: www.buscacep.correios.com.br/sistemas/buscacep/. Acesso em: 18 maio 2020.

Agora leia a definição dos Correios para **CEP**.

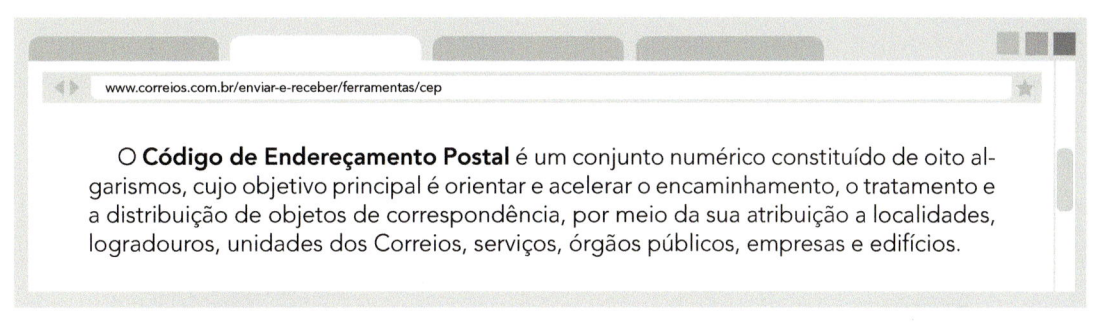

O QUE É CEP. *In*: CORREIOS. Brasil, c2019. Disponível em: www.correios.com.br/enviar-e-receber/ferramentas/cep. Acesso em: 22 jun. 2020.

O CEP já é conhecido dos brasileiros. Todos sabemos que ele é uma ferramenta que auxilia os Correios na distribuição de correspondência no país.

A palavra **CEP** é uma **sigla**, que é outro processo de formação de palavras.

> A sigla é formada por um processo semelhante ao da abreviação. Consiste na redução de longos títulos (locuções substantivas ou nomes compostos) às letras ou sílabas iniciais das palavras que os compõem.

Observe os exemplos a seguir.

BH	Belo Horizonte	**INSS**	Instituto Nacional de Segurança Social
CEP	Código de Endereçamento Postal	**IR**	Imposto de Renda
Detran	Departamento Estadual de Trânsito	**ONU**	Organização das Nações Unidas
Fifa	Federação Internacional das Associações de Futebol	**Senac**	Serviço Nacional de Aprendizagem Comercial
Funai	Fundação Nacional do Índio	**PIS**	Programa de Integração Social
IBGE	Instituto Brasileiro de Geografia e Estatística	**Unesco**	Organização Educacional, Científica e Cultural das Nações Unidas

Às vezes, as siglas provêm de outras línguas:

- Aids → *Acquired Immunodeficiency Syndrome* (Síndrome da Deficiência Imunológica Adquirida)
- DJ → *disk jockey*
- RPG → *role playing game*

As siglas podem ser compostas das:

I. letras iniciais maiúsculas das palavras que formam o nome;

- UFRJ – Universidade Federal do Rio de Janeiro

II. sílabas (ou trechos) iniciais de cada palavra que forma o nome.

- Embraer – Empresa Brasileira de Aeronáutica

Embora as siglas, na maioria das vezes, não se pareçam com palavras da língua portuguesa, elas são tratadas pelos falantes como se o fossem. Das siglas, muitas vezes, formam-se palavras derivadas.

- USP (Universidade de São Paulo) → uspiano

Leia o título da notícia a seguir.

CLÁSSICO Fla-Flu será realizado no Mané Garrincha, em Brasília. *In*: RÁDIO MANCHETE. Rio de Janeiro, c2018. Disponível em: https://radiomanchete.com.br/classico-fla-flu-sera-realizado-no-mane-garrincha-em-brasilia/. Acesso em: 22 jun. 2020.

1 Indique as siglas existentes no texto e o que elas significam.

_____

_____

_____

2 Que palavra resultou da junção dessas siglas? Qual é o seu significado? E a sua classe gramatical?

_____

_____

_____

Você já sabe que o **hífen** [-] é usado para:

- ligar elementos de palavras compostas:

> super-homem, amor-perfeito

- ligar pronomes a verbos:

> calou-se, perguntei-lhe

- separar sílabas:

> Todos gritaram "Que-re-mos mú-si-ca!"

- indicar separação de palavras no fim da linha:

> Os terremotos são movimentos **brus-cos** e rápidos da crosta terrestre.

Mas sempre fica uma dúvida na hora de empregar esse sinal!
Por isso, eis algumas regras que vão ajudá-lo a driblar essa indecisão.
Devemos usar o hífen nos seguintes casos:

Quando o primeiro termo é	Exemplos
além, **aquém**, **recém** e **sem**	além-mar recém-nascido sem-número recém-casado aquém-mar
um dos prefixos **ex**-, **vice**-	ex-diretor ex-presidente vice-governador vice-prefeito
um dos prefixos **hiper**-, **inter**- e **super**- e o segundo termo começa por **r**	hiper-resistente inter-racial super-racional
um dos prefixos **pós**-, **pré**- e **pró**-	pré-natal pré-escolar pró-europeu pós-graduação
um dos prefixos **circum**- e **pan**- e o segundo termo começa por vogal, h, m ou n	pan-americano circum-navegação

Quando o segundo termo começa com	Exemplos
h	extra-humano semi-hospitalar super-homem anti-herói
a mesma **letra final** do primeiro termo	micro-ondas semi-interno auto-observação contra-ataque

E ainda	Exemplos
quando os **dois termos** se referem a espécies botânicas e zoológicas (plantas e animais)	couve-flor erva-doce feijão-verde bem-te-vi bem-me-quer
para unir o **verbo** ao **pronome pessoal** que o completa, no meio ou depois do verbo	amá-lo deixa-se falar-lhe-ei encontrá-lo-emos
nas **locuções** já **consagradas** pelo uso	pé-de-meia água-de-colônia cor-de-rosa mais-que-perfeito à queima-roupa

Não devemos usar o hífen nos seguintes casos:

Quando	Exemplos
o prefixo (ou falso prefixo) termina em **vogal** e o segundo termo começa com **r** ou **s**. (Nesse caso, duplicamos essas consoantes.)	antirreligioso contrarregra infrassom microssistema minissaia
o prefixo (ou falso prefixo) termina **em vogal** e o segundo termo começa com **vogal diferente**	antiaéreo extraescolar coeducação autoestrada autoaprendizagem hidroelétrico plurianual autoescola infraestrutura
o primeiro termo é um dos prefixos **des-** e **in-** e o segundo elemento perdeu o **h** inicial	desumano inábil desabilitar
o primeiro elemento é o prefixo **co-**, mesmo quando o segundo elemento começar com **o**	cooperação coordenar coautor coedição coexistir
perdeu-se a noção de composição	girassol mandachuva paraquedas pontapé
nas locuções	fim de semana sala de jantar café com leite pão de mel

1 Forme substantivos, usando o hífen, se necessário. Faça as mudanças que precisar. Dúvidas? Dicionário!

a) anti herói: _____

b) anti aéreo: _____

c) anti corpo: _____

d) beija flor: _____

e) bem me quer: _____

f) cachorro quente: _____

g) contra ruptura: _____

h) co ocupante: _____

i) couve flor: _____

j) des humanizar: _____

k) ex amigo: _____

l) extra abdominal: _____

m) infra assinado: _____

n) mal acabado: _____

o) mini série: _____

p) pombo correio: _____

Empréstimos: fonte de revitalização lexical

Leia a tira a seguir.

LANGONA, Fabiane. Disponível em: https://pbs.twimg.com/media/DUjvCnJWkAEPL2w.jpg. Acesso em: 19 maio 2020.

1 O que a personagem da tira queria receber? **atividade oral**

2 E o que e como acabou recebendo?

3 Atualmente todo mundo chama correio eletrônico de e-mail. Você sabe de onde vem essa palavra?

Ela foi emprestada do inglês com várias outras palavras da área de computação. Essa tecnologia era nova no Brasil e não havia ainda vocabulário que desse conta dessa área semântica.

> **Empréstimo** é a incorporação de palavras ou de expressões de línguas de outros povos ao vocabulário de uma língua.

Em qualquer língua, podemos encontrar palavras que vieram de outros idiomas, por meio de contatos entre nativos e estrangeiros que passam a viver em seus países.

Em português, também encontramos palavras que vieram de outras línguas (por exemplo, dos povos que estavam aqui na época do Descobrimento, dos escravizados vindos da África ou dos imigrantes de diferentes países). Todos esses povos contribuíram para a formação de nossa identidade cultural.

As importações tecnológicas e culturais também trazem novas palavras.

O pombo-correio difere-se das outras raças pelo corpo adaptado para voar longas distâncias, ser mais resistente e facilmente domesticado. Sua principal característica é o apego ao local de criação: os pombos-correio são criados em pombais e, quando soltos, sempre voltam para "casa". Na Roma Antiga, por exemplo, eles eram mantidos em um pombal central e, quando adultos, conduzidos em pombais móveis. Para mandar uma mensagem, bastava prendê-la na pata da ave e soltá-la, que ela voaria o mais rápido possível para o local de origem. Hoje as competições e treinos são feitos da mesma forma: os pombos são soltos em outra cidade e retornam para casa. Os participantes são responsáveis por marcar a hora de chegada que, quando comparada com a das outras aves, determina o vencedor.

COURY, Rafaela. Os pombos-correio ainda existem! *Gazeta do Povo*, Curitiba, 9 ago. 2014. Disponível em: www.gazetadopovo.com.br/viver-bem/animal/os-pombos-correio-ainda-existem/. Acesso em: 19 maio 2020.

- *browser* — também chamado navegador;
- *download* — é o ato de copiar (transferir) um arquivo de um *site* da internet para o seu próprio computador;
- *emoticons* (*emotions* + *icons*) — são caracteres usados para simbolizar sentimentos e estados de humor em comunicações pela internet;
- *home page* — é a página principal de um *web site*.

Atualmente, por causa do desenvolvimento acelerado da tecnologia em países onde se fala o inglês, especialmente na área da informática, uma porção de palavras dessa língua vêm sendo usadas em nosso dia a dia: primeiro, em sua forma e pronúncia originais; depois, elas vão se "aportuguesando", ganham uma pronúncia adaptada à nossa língua, derivados dentro do sistema do português, e acabam se incorporando ao nosso vocabulário.

No início da unidade, vimos a palavra *delete*, que em inglês significa "apagar". Usada com frequência no universo da informática, ela acabou estendendo sua significação para qualquer ação de apagar e se tornou um **neologismo**: o verbo **deletar**.

Na língua portuguesa, quando os empréstimos se espalham e passam a fazer parte do vocabulário dos falantes, eles sofrem geralmente um processo de aportuguesamento, ou seja, são adaptados às características da pronúncia, da morfologia e da ortografia do português. Veja alguns exemplos bem conhecidos:

> - a palavra **futebol** vem do inglês (*football*);
> - a palavra **abajur** vem do francês (*abat-jour*);
> - a palavra **nhoque** vem do italiano (*gnocchi*);
> - a palavra **carioca** vem do tupi (*kari'oca*);
> - a palavra **samba** vem de um dialeto africano (*semba*).

Por outro lado, a maioria das palavras do português tem origem em duas línguas da Antiguidade, o **grego** e o **latim**.

O latim era falado no Império Romano, que conquistou vasto território a partir de Roma, a sua sede, incluindo a região onde hoje fica Portugal, e levou a essas regiões sua cultura, em especial, o latim, sua língua, que já sofrera forte influência do grego.

Portugal, por sua vez, foi o país que colonizou o Brasil, legando-nos seus costumes e sua língua — o português. É por isso que podemos encontrar radicais e prefixos de origem grega e latina em muitas palavras do português atual. Conhecê-los pode nos ajudar a compreender melhor o significado de algumas palavras de nossa língua.

Examine os exemplos que se seguem.

Radicais de origem grega	Sentido	Exemplo
antropo-	ser humano	antropófago, Antropologia
astro-	corpo celeste	astronave, astronauta
biblio-	livro	biblioteca, bibliografia
bio-	vida	biologia, biografia
cosmo-	mundo, universo	cosmovisão, cosmopolita
cracia-	poder, autoridade	democracia, tecnocracia
datilo-	dedo	datilografia, datiloscopia
deca-	dez	decâmetro, decalitro
tele-	ao longe, distância	telefone, telescópio
zoo-	animal	zoologia, zoógrafo

Radicais de origem latina	Sentido	Exemplo
ambi-	ambos	ambivalência, ambidestro
arbori-	árvore	arborícola, arborizar
bi-, bis-	repetição, duas vezes	bisavô, bilíngue
-cida	que mata	inseticida, regicida
-cola	que cultiva	vinícola, citrícola
deci-	décimo	decímetro, decigrama
frater-	irmão	fraterno, fratricida
multi-	numeroso	multilateral, multiangular
ocul(i)-	olho	oculista, oculiforme
petr(i)-	pedra	petrificar, petróleo

Observe que vários termos das Ciências Naturais, da Matemática, da Medicina podem ser encontrados nessa relação.

Na seção **Listas para consulta**, na p. 256, apresentamos outros radicais e prefixos de origem grega e latina muito presentes no português. Consulte essa relação sempre que achar necessário, e até para comprovar a presença dessas duas línguas nas origens do português.

Atividades

Leia o texto a seguir.

Trânsito

Toda família deve ter assentos infantis adequados para transportar as crianças no carro. Eles podem ser encontrados em vários modelos, para todas as faixas de idade.

De modo geral, toda criança com menos de 10 quilos deve ser transportada no banco traseiro, com a face voltada para a traseira do carro. E a maneira correta de transportar recém-nascidos é dentro de um 5 "**moisés**" preso pelo cinto de segurança do banco traseiro do carro.

Quando a criança já está crescidinha, deve se sentar sobre almofadões ou travesseiros para que o cinto de segurança se adapte melhor ao seu tamanho. Ele deve passar pelo ombro da criança. Nunca pelo pescoço. E o banco do carro não pode estar reclinado. Lembre-se que o cinto diminui 10 as chances de **traumas** mesmo estando mal adaptado ao tamanho da criança, e é melhor do que não usá-lo.

ZIRALDO. *Manual de sobrevivência do Menino Maluquinho*. São Paulo: Melhoramentos.

Guilherme Yukio/Shutterstock.com

Vocabulário

Moisés: cesta, caixa ou recipiente com alças usado para transportar recém-nascidos.
Trauma: ferimentos provocados por acidente.

1 Qual é o objetivo do texto "Trânsito"?

_____

_____

2 Como deve ser transportada uma criança com menos de dez quilos em um carro?

_____

_____

3 No transporte de recém-nascidos em cadeirinhas especiais, como se deve proceder?

_____

_____

4 O termo destacado em "é melhor do que não usá-**lo**" está substituindo que outra palavra do texto?

_____

5 Nas palavras a seguir, identifique os radicais, os sufixos e os prefixos:

a) traseiro: _____

b) recém-nascidos: _____

c) segurança: _____

d) crescidinha: _____

e) almofadão: _____

f) inseguro: _____

6 Depois de conhecer a história relatada no boxe, como você explica o neologismo **moisés**, usado para designar uma cesta, caixa ou recipiente com alças, em que se transportam recém-nascidos? Que processo foi usado na criação dessa palavra, nesse uso específico?

_____

_____

_____

> Uma das histórias da Bíblia conta que, no Antigo Egito, houve um malvado faraó que mandou matar todos os filhos homens descendentes de José, filho de Jacó, para evitar que a família continuasse crescendo e prosperando. Um desses bebês foi escondido dos soldados pelos pais até a idade de três meses. Porém, quando viram que o neném acabaria sendo descoberto, colocaram-no em uma cesta e o soltaram no Rio Nilo. Por sorte, uma das filhas do faraó o salvou, batizou-o de Moisés e o criou com todo carinho.

TEXTO 2

Leia o texto a seguir.

O Brasil é recordista mundial em diversidade biológica (**bio-diversidade**): em seu território concentra-se o maior número de espécies vegetais e animais do planeta. Cerca de 20% das espécies conhecidas no mundo estão aqui e muitas delas não são encontra-
5 das em nenhum outro lugar – são as chamadas espécies endêmicas.
Para preservar essa enorme riqueza, foram criadas as Unidades de Conservação, espaços delimitados do território que recebem proteção especial, de acordo com suas características.

Pedro Helder Pinheiro/Shutterstock.com

BRASIL. Ministério do Meio Ambiente. *Cartilha Nossa mata, nossa vida.* Brasília, DF: MMA. p. 11.

7 Indique se são falsas (**F**) ou verdadeiras (**V**) as afirmativas feitas em relação às palavras que aparecem destacadas no texto lido.

a) ☐ Em **biodiversidade** há um radical que significa "vida".

b) ☐ **Concentra-se** é uma forma flexionada do verbo **concentrar-se**.

c) ☐ **Recordista** é palavra derivada de **recorde**.

d) ☐ **Número** é uma palavra derivada.

e) ☐ **Mundial** é uma palavra formada por derivação sufixal.

f) ☐ **Riqueza** é uma palavra derivada.

8 O espaço disponível para notícias em um jornal é pequeno e caro, e essas limitações exigem do jornalista uma linguagem econômica. Por isso, muitos recursos de linguagem são utilizados. Observe os itens a seguir, com siglas comuns em jornais, e indique a expressão nominal correspondente a cada sigla destacada.

a) **PF** prende quatro por fraude. _____

b) **CPI** chama novas testemunhas para depor. _____

c) Técnicos do **Detran/RS** irão supervisionar os cursos de transporte escolar.

_____

d) A **ONG** Moradia e Cidadania recebe doação para projetos sociais.

_____

e) Vasco empatou com o Iraty-**PR** em 2 a 2. _____

9 Relacione as palavras listadas ao seu tipo de formação: **I.** derivação por sufixação; **II.** derivação parassintética; **III.** derivação por prefixação e sufixação; **IV.** derivação por prefixação.

a) ☐ adormecer   e) ☐ emagrece   i) ☐ mundial

b) ☐ capacidade   f) ☐ incompleto   j) ☐ reprocessamento

c) ☐ contribuição g) ☐ endurecer   k) ☐ recomeçar

d) ☐ efetivamente h) ☐ extraordinária

10 Com base nas palavras listadas a seguir, forme novas palavras usando o processo indicado entre parênteses.

a) segunda (composição por justaposição):

_____

b) plano (composição por aglutinação):

_____

c) passar (derivação por prefixação):

_____

d) comunicar (derivação por sufixação):

_____

e) dimensão (derivação por prefixação e sufixação):

_____

f) noite (parassíntese):

_____

g) errar (derivação regressiva):

_____

h) televisão (abreviação):

_____

11 Imagine que *As Cavernas de Aço* seja o nome de um novo jogo de RPG ou de computador. Você seria capaz de criar uma sigla para identificá-lo? Qual?

_____

12 A derivação regressiva também está bastante presente nos textos informativos jornalísticos; por isso, é comum ver em jornais manchetes como a seguir.

- Sublinhe em cada título e notícia um substantivo formado por **derivação regressiva** e indique, no caderno, de que verbo ele deriva.

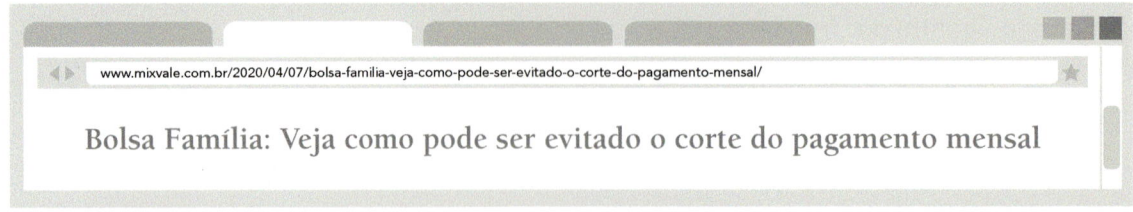

www.mixvale.com.br/2020/04/07/bolsa-familia-veja-como-pode-ser-evitado-o-corte-do-pagamento-mensal/

Bolsa Família: Veja como pode ser evitado o corte do pagamento mensal

BOLSA família: Veja como pode ser evitado o corte do pagamento mensal. *Mix Vale*, [s. l.], 7 abr. 2020. Disponível em: www.mixvale.com.br/2020/04/07/bolsa-familia-veja-como-pode-ser-evitado-o-corte-do-pagamento-mensal/. Acesso em: 19 maio 2020.

www.mixvale.com.br/2020/04/07/confira-as-regras-para-o-saque-aniversario-do-fgts-aos-trabalhadores/

Confira as regras para o saque-aniversário do FGTS aos trabalhadores

CONFIRA as regras para o saque-aniversário do FGTS aos trabalhadores. *Mix Vale*, [s. l.] 7 abr. 2020. Disponível em: www.mixvale.com.br/2020/04/07/confira-as-regras-para-o-saque-aniversario-do-fgts-aos-trabalhadores/. Acesso em: 19 maio 2020.

http://origemsurf.folha.uol.com.br/2018/04/17/ataques-de-tubarao-proximos-a-evento-mundial-reacendem-debate-sobre-seguranca-ou-a-falta-dela/

Ataques de tubarão reacendem debate sobre segurança (ou a falta dela)

PEDROSO, Janaína. Ataques de tubarão reacendem debate sobre segurança (ou a falta dela). *Folha de S.Paulo*, São Paulo, 17 abr. 2018. Disponível em: http://origemsurf.folha.uol.com.br/2018/04/17/ataques-de-tubarao-proximos-a-evento-mundial-reacendem-debate-sobre-seguranca-ou-a-falta-dela/. Acesso em: 19 maio 2020.

www.folhavitoria.com.br/geral/noticia/04/2020/laboratorio-e-criado-na-ufes-para-conserto-de-equipamentos-hospitalares

Laboratório é criado na Ufes para conserto de equipamentos hospitalares

LABORATÓRIO é criado na Ufes para comserto de equipamentos hospitalares. *Folha Vitória*, Vitória, 7 abr. 2020. Disponível em: www.folhavitoria.com.br/geral/noticia/04/2020/laboratorio-e-criado-na-ufes-para-conserto-de-equipamentos-hospitalares. Acesso em: 19 maio 2020.

Leia a tira a seguir.

ZIRALDO. *O Menino Maluquinho.*

13 Compare as palavras inventadas pelos meninos: "inacreditar" e "increio" (do verbo "increr"). Que tipo de morfema é **in-** e qual o seu sentido nessas palavras? _____

14 Qual foi o processo usado para a criação das duas palavras? _____

15 Como você explica a fala do Menino Maluquinho no último quadrinho: "Virou bagunça!"?

_____

16 Vamos relembrar o uso do hífen. Reescreva estas palavras na forma ortográfica correta. Consulte o dicionário se tiver dúvidas.

a) anti ácido: _____

j) mini submarino: _____

b) além mar: _____

k) pós colonial: _____

c) bem criado: _____

l) pré adolescente: _____

d) contra senso: _____

m) sem família: _____

e) des umedecer: _____

n) sem terra: _____

f) ex presidente: _____

o) semi árido: _____

g) extra curricular: _____

p) super humano: _____

h) infra ordem: _____

q) super lotar: _____

i) João de barro: _____

r) super simples: _____

17 A partir de cada palavra da lista a seguir, forme outra usando a derivação parassintética.

a) corrente: _____

g) negro: _____

b) doce: _____

h) noite: _____

c) doente: _____

i) podre: _____

d) grande: _____

j) raiva: _____

e) manhã: _____

k) rico: _____

f) mole: _____

l) rijo: _____

18 Reescreva, no caderno, as palavras a seguir na forma correta.

a) anti concepcional

e) dente de leão

i) mal estar

m) semi analfabeto

b) banana prata

f) extra humano

j) pós operatório

n) semi círculo

c) cana de açúcar

g) extra ordinário

k) sem lar

o) sempre viva

d) co operação

h) inter relação

l) sem número

p) super alimentação

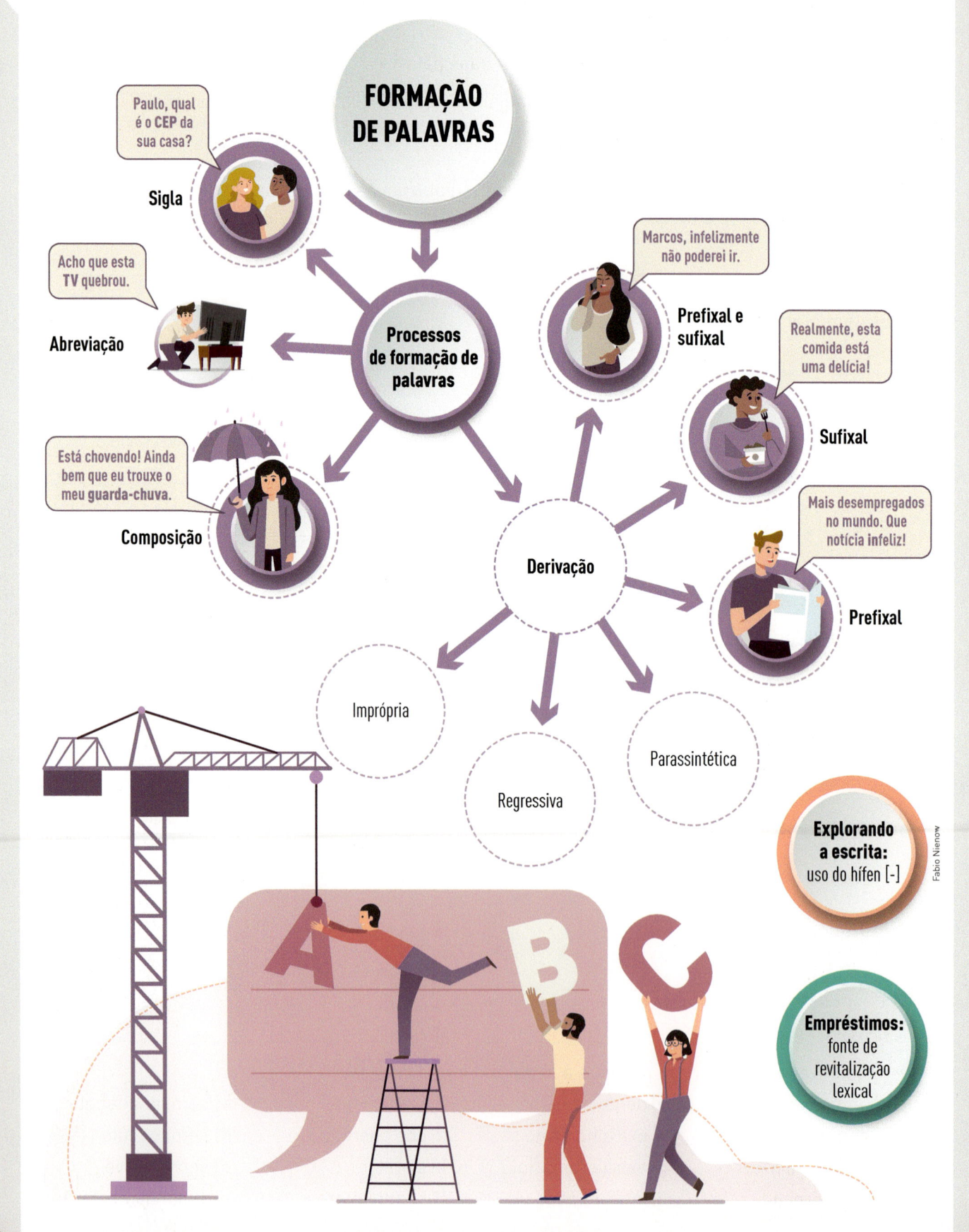

A linguagem serve para comunicar. Mas comunicar, para os humanos, não é somente transmitir informações. Frequentemente, fala-se para não dizer nada, ou diz-se o contrário do que se quer dizer, ou ainda o que o interlocutor já sabe.

Figuras de linguagem

Leia o texto a seguir.

De um dos cabeços da Serra dos Órgãos desliza um fio de água que se dirige para o norte, e engrossado com os **mananciais** que recebe no seu curso de dez léguas, torna-se rio **caudal**.

5 É o Paquequer: saltando de cascata em cascata, enroscando-se como uma serpente, vai depois se espreguiçar na várzea e embeber no Paraíba, que rola majestosamente em seu vasto leito.

Dir-se-ia que, **vassalo** e **tributário** desse rei das 10 águas, o pequeno rio, altivo e **sobranceiro** contra os rochedos, curva-se humildemente aos pés do **suserano**. Perde então a beleza **selvática**; suas ondas são calmas e serenas como as de um lago, e não se revoltam contra os barcos e as canoas que resvalam sobre elas: 15 escravo submisso, sofre o **látego** do senhor. [...]

ALENCAR, José de. *O guarani*. 20. ed. São Paulo: Ática, 1996.
Disponível em: www.dominiopublico.gov.br/pesquisa/
DetalheObraForm.do?select_action=&co_obra=1843.
Acesso em: 22 jun. 2020.

Serra dos Órgãos, Rio de Janeiro (RJ).

Vocabulário

Caudal: (água) que jorra ou escorre em abundância.
Látego: chicote.
Manancial: nascente de água, fonte.
Selvático: da selva, selvagem.
Sobranceiro: que está em posição de superioridade.
Suserano: que ou quem está acima dos outros.
Tributário: rio que deságua em outro curso de água.
Vassalo: que(m) é súdito de um soberano.

1 O romance *O Guarani* (1857), de José de Alencar, se inicia com uma descrição do Rio Paquequer, no Rio de Janeiro, onde grande parte da ação se desenrola. Ao escrever a frase a seguir, com o que o narrador está comparando os movimentos do rio?

atividade oral

[...] saltando de cascata em cascata, enroscando-se como uma serpente, vai depois se espreguiçar [...]

2 O Rio Paquequer, segundo o texto, nasce pequeno, é um "fio de água". O que lhe acontece durante seu curso de dez léguas?

3 No texto, a natureza é vista como um ser vivo. Para descrever o Rio Paquequer, são usados adjetivos que se aplicam, normalmente, aos seres humanos. Sublinhe no texto esses adjetivos.

4 Qual é a figura de linguagem que trata como humano qualquer outro ser, vivo ou não, dando-lhe voz e atitudes humanas?

A comparação, a metáfora e a personificação são **figuras de linguagem**. Na Unidade 8 do volume do 8º ano já vimos algumas delas.

> As **figuras de linguagem** são construções características em que empregamos palavras em sentido figurado, ou seja, com sentidos diferentes daqueles que utilizamos de modo geral, mas dele derivados ou a ele relacionados.

Usamos esses recursos quando buscamos dar mais expressividade àquilo que dizemos ou escrevemos. Funcionam como elementos importantes na construção de textos expressivos e coesos. Com as figuras de linguagem, realçamos uma ideia, expressamos uma sensação ou destacamos uma forma de ver determinada situação. Elas podem estar relacionadas às palavras, à sintaxe ou à camada fônica.

As **figuras de linguagem relacionadas às palavras** referem-se ao seu significado, que muda em relação ao significado que os falantes usam normalmente.

As **figuras de linguagem relacionadas à sintaxe** ou à construção são desvios feitos em relação à sintaxe. São alterações feitas na concordância entre os termos da oração, na sua ordem, nas suas possíveis repetições ou omissões.

As **figuras de linguagem relacionadas à camada fônica** usam os sons para ilustrar ou simbolizar determinados efeitos que o texto pretende causar.

Vamos lembrar a seguir as figuras de linguagem que já conhecemos.

Figuras de linguagem		
de palavras	comparação ou símile	Ele é cheiroso como uma flor.
	metáfora	Ela é uma flor.
	metonímia	Beber um copo de suco.
	personificação	O sol atravessou a rua.
	antítese	Fez-se do amigo próximo o distante.
	paradoxo	Quem acha vive se perdendo.
	sinestesia	E um doce vento, que se erguera...
	eufemismo	Ele não é muito simpático. (É antipático.)
	pleonasmo	Subir para cima.
de sintaxe	polissíndeto	Se chover, se esfriar, se escurecer, não vou.
	assíndeto	Pediu, chorou, implorou!
	hipérbato ou inversão	Ouviram do Ipiranga as margens plácidas.
fônicas	aliteração	Quem com ferro fere, com ferro será ferido.
	onomatopeia	O tique-taque do relógio da sala me acordou.

5 Reescreva, no caderno, as comparações a seguir, transformando-as em metáforas.

a) A vida é veloz como chuva de verão.

b) Arnaldo é esperto como uma raposa.

c) O bebê é forte como um touro.

d) Os olhos do gato brilhavam como esmeraldas.

e) Os frutos desta árvore são amarelos como pingos de ouro.

6 Explique as metonímias a seguir, relacionando as duas colunas.

I. Uso do nome do autor pela obra.

II. Uso do continente (recipiente que contém alguma coisa) pelo conteúdo.

III. Uso da parte pelo todo.

IV. Uso da causa (meios ou instrumentos) pelo resultado.

V. Uso do singular pelo plural.

VI. Uso da marca pelo produto.

VII. Uso do físico pelo moral.

a) [ ] Tomar um copo de água.

b) [ ] Tirar um xerox.

c) [ ] José tem um bom coração.

d) [ ] O brasileiro torceu por sua seleção.

e) [ ] Lino tem quatro bocas para alimentar.

f) [ ] Ele está lendo Ruth Rocha.

g) [ ] Viver de seu trabalho (o resultado de seu trabalho).

7 Qual figura de sintaxe aparece na frase: "Parou, olhou o goleiro, escolheu o ângulo, fez o gol".

8 Que efeito esse recurso traz ao texto?

Vamos conhecer novas figuras de linguagem para ajudá-lo a caprichar em seus textos e apreciar ainda mais os autores que você lê?

Figuras de linguagem relacionadas à sintaxe

Silepse ou concordância ideológica

Leia as frases a seguir.

> **Toda a plateia** aplaudiu. **Queriam** homenagear o palestrante.
> singular   plural

1 No período acima, qual é o sujeito da primeira oração?

2 **Plateia** é um substantivo singular ou plural?

3 Em que pessoa está o verbo dessa oração?

4 O verbo **querer**, da segunda oração, está na terceira pessoa do plural. O que explica essa flexão?

Muitas vezes, não fazemos a concordância do verbo ou do pronome com a **palavra** usada na oração, mas com o **sentido** ou a **ideia** que expressa. Há três tipos de silepse ou concordância ideológica: de número, gênero e pessoa.

- **Silepse de número:** principalmente quando o sujeito é um coletivo.

> O **coro** cantou todas as músicas e **agradeceram** no final.

O verbo **agradecer**, que deveria estar no singular, foi para o plural para concordar com a ideia de "muitas pessoas" do coletivo **coro**.

5 Sublinhe, na frase a seguir, as palavras em que ocorre a silepse de número.

> Gente, fiquem quietos para ouvirmos as palavras do diretor.

- **Silepse de gênero:** ocorre com expressões de tratamento como Sua/Vossa Excelência, Sua/Vossa Majestade e Sua/Vossa Senhoria, que têm forma feminina, mas podem ser usadas para pessoas do sexo masculino.

> **Sua Excelência**, o ministro, é muito **bem-vindo** nesta casa!
> **Sua Santidade**, o papa Francisco, é **respeitado** por todos.

- **Silepse de pessoa:** o falante pode incluir-se em um sujeito de terceira pessoa.

> **Todas as bailarinas pedimos** outro ensaio.

O sujeito **todas as bailarinas** levaria normalmente o verbo para a terceira pessoa do plural. Ao dizer **pedimos**, o falante se incluiu no grupo das bailarinas que pediram outro ensaio.

6 Indique e explique o tipo de silepse (de número, gênero ou pessoa) empregado em cada frase a seguir.

a) A alcateia apareceu entre as árvores e rosnaram para nós.

_____

b) Os brasileiros temos orgulho de nossa pátria.

_____

c) Passou um bando lá no alto. Voavam em direção ao norte.

_____

d) Premiaram os pesquisadores que nos dedicamos à cura dessa doença.

_____

e) Vossa Excelência comparecerá acompanhado de sua esposa?

_____

Elipse

Leia a tira a seguir.

BROWNE, Dik. *Hagar, o Horrível.*

1 No primeiro quadrinho, o que Helga quis dizer?

2 O que Hagar entendeu que Helga havia perguntado?

3 Reescreva a frase de Helga no item **a** de maneira que fique explícito o que ela quis dizer no primeiro quadrinho; e no item **b** o que Hagar entendeu que ela havia dito. Procure fazer frases completas, sem omitir nenhum elemento.

a) _____

b) _____

4 Qual é a função da palavra **café** na frase do item **a**?

_____

5 Que outros termos estariam faltando na frase do item **a**?

_____

6 Como foi possível termos esses dois entendimentos do que Helga disse se ela usou apenas uma palavra?

> A **elipse** é a figura de sintaxe em que se omite um ou alguns termos em uma enunciação. O termo omitido é facilmente deduzido porque é possível compreendê-lo através do contexto ou da situação.

Muitas vezes, a elipse elimina termos redundantes, dando agilidade ao texto.
Leia o poema a seguir.

Mudam-se os tempos, mudam-se as vontades,
Muda-se o ser, muda-se a confiança;
Todo o mundo é composto de mudança,
Tomando sempre novas qualidades.

5 Continuamente vemos novidades,
Diferentes em tudo da **esperança**;
Do mal ficam as mágoas na lembrança,
E do bem (se algum houve ...), as saudades.

O tempo cobre o chão de verde manto,
10 Que já coberto foi de neve fria,
E em mi[m] converte em choro o doce canto.

E, afora este mudar-se cada dia,
Outra mudança faz de **mor** espanto,
Que não se muda já como **soía**.

CAMÕES, Luís de. *Obra completa*. Rio de Janeiro: Aguilar, 1963. p. 284.

7 Qual é o tema do soneto?  atividade oral

8 Sublinhe, na primeira estrofe, as ocorrências de palavras que confirmam essa resposta.

9 Que figura de linguagem ocorre na primeira estrofe?

10 Que função tem, nessa estrofe, o uso dessa figura de linguagem?

11 O eu poético afirma, na segunda estrofe, que ocorrem novidades, tanto do mal quanto do bem. Quais são suas consequências?

12 Que mudança espanta mais o eu poético?

13 Que palavra falta no verso 8?

14 Que figura de sintaxe ocorre, então, nesse verso?

Figuras de linguagem relacionadas às palavras

Gradação

[...]
A folha
Luzente
Do orvalho
5 **Nitente**
A gota
Retrai:
Vacila,
Palpita;
10 Mais grossa,
Hesita,
E treme
E cai.

Mr. Witoon Boonchoo/Shutterstock.com

DIAS, Gonçalves. A tempestade. *In*: DIAS, Gonçalves. *Poesia Completa e Prosa*. Rio de Janeiro: José Aguilar, 1997. p. 584.

1 Descreva o que acontece, segundo o poema, com a gota de chuva.

atividade oral

Podemos dizer que estamos observando várias etapas do aumento e queda da gota.
Foi usado um recurso que reúne palavras ou expressões sucessivas, mostrando a progressão de uma ação, de uma sensação etc. Esse recurso é chamado de **gradação**.

A **gradação** é uma sequência de ideias apresentadas em ordem crescente ou decrescente de intensidade, por meio do uso de várias palavras ou expressões. O sentido de cada palavra acaba enriquecendo o sentido das demais.

Observe as frases a seguir.

> É bom, é ótimo, é maravilhoso, é excepcional!
> O carro começou a ratear, tremeu, roncou, parou de vez.

2 Leia a sequência de adjetivos na primeira frase e a de verbos na segunda. O que há de comum entre elas?

_____

_____

_____

3 Que efeito esse recurso traz?

_____

_____

_____

Hipérbole

Leia a charge abaixo.

1 Como a personagem vê as declarações dos candidatos?

2 Você encontra algum exagero na fala dos personagens da charge? Quais?

atividade oral

_____

Esse exagero é uma figura de linguagem muito usada em nossas conversas do dia a dia, chamada **hipérbole**.

> ↑ **Hipérbole** é o emprego de uma ideia exagerada, para fazer a frase mais expressiva.

- Já te pedi **mil vezes** esse favor.
- Estou **morto de frio**!

No dia a dia, bem como em nossos textos escritos, usamos muitas expressões que aumentam o que está sendo dito, atribuindo proporções ou qualidades maiores do que as reais. O emprego desse exagero pode ter diferentes objetivos: chamar a atenção do interlocutor, ser aceito pelos interlocutores, dar relevo especial a alguma informação.

3 Na charge, qual é a intenção dos candidatos ao usar esses exageros que a senhora chama de **mentiras**?

O emprego da hipérbole, muitas vezes, revela o grau de interesse ou de envolvimento que o enunciador tem com o fato apresentado. O seu ponto de vista sobre um assunto se amplia, mostrando, muitas vezes, sua visão passional do fato. E é possível causar maior impacto e entusiasmo com o que diz.

4 Escolha duas entre as hipérboles a seguir e ilustre-as, no caderno, com exemplos de frases criadas por você.

> morrer de fome   um milhão de vezes   há horas
> um calor de matar   um rio de lágrimas

Ironia

Leia o texto a seguir.

...Marcela amou-me durante quinze meses e onze **contos de réis**; nada menos. Meu pai, logo que teve **aragem** dos onze contos, sobressaltou-se **deveras**; achou que o caso excedia as **raias** de um capricho juvenil.

Desta vez, disse ele, vais para a Europa; vais cursar uma universidade, prova-
5 velmente Coimbra; quero-te para homem sério e não para **arruador** e **gatuno**. E como eu fizesse um gesto de espanto: – Gatuno, sim, senhor; não é outra coisa um filho que me faz isto...

[...]

Oronoz/Album/Fotoarena

MACHADO DE ASSIS, J. M.. *Memórias póstumas de Brás Cubas*. Rio de Janeiro: Fundação da Biblioteca Nacional, [20–?]. Disponível em: www.dominiopublico.gov.br/download/texto/bn000167.pdf. Acesso em: 5 jun. 2020.

Vocabulário

Aragem: brisa.
Arruador: vadio, vagabundo.
Contos de réis: expressão adotada no Brasil e em Portugal para indicar um milhão de réis.
Deveras: muito.
Gatuno: ladrão.
Raia: limite.

Nesse capítulo, o narrador – o próprio Brás Cubas – fala de sua paixão juvenil por Marcela, com quem gastou muito dinheiro (onze contos de réis) tentando agradá-la.

1 A atitude do rapaz provocou qual reação no pai?

2 Que palavras demostram o aborrecimento do pai de Brás Cubas?

3 Releia o primeiro período do texto. O que o narrador resume nesse período?

4 Em sua descrição, qual é a visão do narrador sobre sua amada?

5 Que tipo de adjetivo podemos usar para especificar esse comentário?

☐ apaixonado   ☐ irônico   ☐ realista

Trata-se da figura de palavras chamada **ironia**.

Na ironia, empregamos palavras que devem ser compreendidas exatamente no sentido oposto ao que aparentam transmitir.

6 No primeiro período do texto de Machado de Assis, que palavra está sendo usada pelo sentido oposto?

> A **ironia** é um instrumento poderoso para o sarcasmo, que importuna, aborrece os outros, mas pode também gerar humor.

- Muuuui amigo! (Dito para alguém que não se comportou como amigo.)
- Chegou cedo, hein? (Dito para alguém que chegou atrasado.)
- Tenho uma ótima notícia pra te dar! (Ao contar uma notícia ruim.)

7 As frases a seguir podem conter ironia ou não, dependendo da situação e da forma como são enunciadas. Leia cada uma em voz alta duas vezes: a primeira vez, sem ironia, a segunda, acompanhada de entonação ou de gestos que mostrem que você está sendo irônico.

a) Esse cantor é muito afinado!

b) Cortou o cabelo? Ficou ótimo!

c) Nossa, o goleiro do seu time fechou o gol!

d) O seu vestido novo é lindo!

e) Eu adoro macarrão!

Fique atento ■■■

Quando falamos uma frase em que há ironia, sempre a acompanhamos de expressões fisionômicas próprias ou de entonação especial. Na língua escrita, às vezes, o emissor coloca a palavra entre aspas, para deixar claro ao leitor que se trata de uma **ironia**.

Figuras de linguagem relacionadas à camada fônica

Assonância

Observe o verso e, depois, leia-o em voz alta:

> És tal e qual a nau quando ao mar alto larga.

ALMEIDA, Guilherme de. És tal [...], 1965. p. 72 apud AZEREDO, José Carlos de. *Gramática Houaiss da língua portuguesa*. São Paulo: Publifolha, 2018. p. 546.

Leonardo Conceição

1 O que podemos observar a respeito da repetição de sons?

A repetição dessa vogal, que é aberta, leva ao leitor a ideia de amplidão e liberdade do mar aberto.

> A repetição sistemática de determinada vogal tônica na sequência de um enunciado chama-se **assonância**.

No 8º ano conhecemos a aliteração, que é o uso de palavras nas quais aparece um fonema consonantal repetido, para sugerir um determinado som ou efeito. Aqui, estamos conhecendo a repetição de vogais, que pode também trazer um efeito de sentido especial.

2 No poema "A cavalgada", do poeta parnasiano Raimundo Correia, é narrada a cavalgada de fidalgos que voltam de uma caçada. Sublinhe as palavras que se referem ao som (barulho e/ou silêncio).

A lua banha a solitária estrada...
Silêncio!... Mas além, confuso e brando,
O som longínquo vem se aproximando
Do galopar de estranha cavalgada.

5 São **fidalgos** que voltam da caçada;
Vêm alegres, vêm rindo, vêm cantando.
E as **trompas** a soar vão agitando
O remanso da noite embalsamada...

E o bosque estala, move-se, estremece...
10 Da cavalgada o **estrépito** que aumenta
Perde-se após no centro da montanha...

E o silêncio outra vez **soturno** desce...
E límpida, sem mácula, alvacenta
A lua a estrada solitária banha...

CORREIA, Raimundo. A cavalgada. *In*: CORREIA, Raimundo. *Sinfonias*. Rio de Janeiro: Faro & Liro, 1883. Disponível em: www.academia.org.br/academicos/raimundo-correia/textos-escolhidos. Acesso em: 22 jun. 2020.

Mike Pellinni/Shutterstock.com

Vocabulário

Estrépito: rumor de vozes, algazarra.
Fidalgo: algo ou alguém com título de nobreza.
Soturno: sombrio, melancólico.
Trompa: instrumento musical de sopro metálico.

3 Observe o primeiro e o último versos do poema. Que vogal se repete?  atividade oral

4 Os versos indicados na atividade anterior mostram a estrada silenciosa, antes e depois da passagem da cavalgada. No silêncio, o que fica na estrada solitária?

Podemos, agora, complementar o quadro de figuras de linguagem que aprendemos no volume do 8º ano com estas, que conhecemos agora:

Figuras de linguagem		
de sintaxe	silepse ou concordância ideológica	Todos os alunos aplaudimos a premiação do colega.
	elipse	(nós) Vamos juntos para a escola, (nós) tomamos um sorvete no caminho e (nós) chegamos a tempo para a aula.
de palavras	gradação	É bom, é ótimo, é maravilhoso.
	hipérbole	Já pedi mil vezes pra fechar a porta!
	ironia	Esta é uma ótima surpresa... (a surpresa é desagradável)
da camada fônica	assonância	"A lua banha a estrada solitária..."

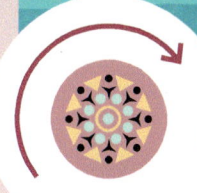

Caleidoscópio

ADJETIVOS GENTÍLICOS NAS CAPITAIS BRASILEIRAS

Você sabe o que é um **manauara**? E um **soteropolitano** ou um **ludovicense**? São pessoas que nasceram em três capitais de estados brasileiros. Confira:

Cristiane Viana

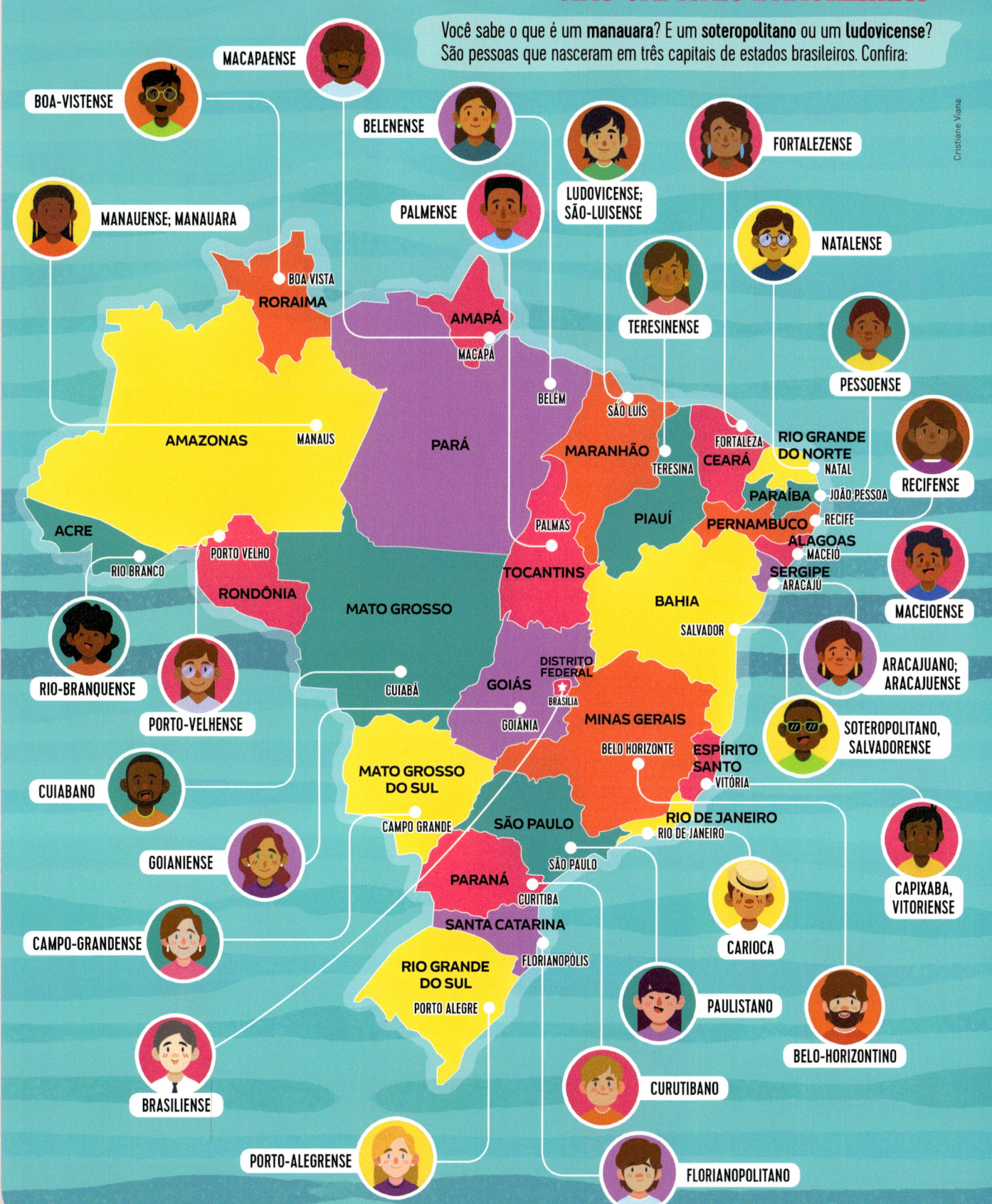

Atividades

Leia o texto a seguir.

O guarda-chuva

Há entre nós, eu e o guarda-chuva, uma velha **quizília**, **mercê** da qual nunca fomos camaradas. Esse objeto **fúnebre**, negro, que parece um triste viúvo, sempre de **luto** e pingando lágrimas é **de per si** signo de mau **agouro** e
5 de tempestades. Lembra um longo morcego pendurado e bamboleando no braço do pedestre ou uma asa murcha de Satanás desmoralizado.

Em casa é sempre incômodo. Aberto, dá azar. Fechado, colocado num canto, após um temporal, encharca o
10 assoalho com uma pocinha de água como se ali um cachorro sem raça se houvesse **acoitado** e feito pipi. Muito luluzinho de estimação já apanhou, sem culpa, por causa de guarda-chuva. Como arma de defesa não presta: quebra à toa e uma guarda-chuvada é sempre amortecida pelo pano.

É mais uma carícia que uma pancada. Queiram ou não queiram, porém, essa barraquinha errante é
15 necessária, senão indispensável. Sob o círculo de céu negro que ela rasga sobre nossa cabeça abrigamo-nos destes chuviscos gélidos de um inverno que se anuncia cruel, poupando-nos **constipações** e gripes. Não há, pois, remédio senão aguentar essa calamidade.

DEL PICCHIA, Menotti. *Entardecer*. São Paulo: Círculo do Livro, 1978. p. 113.

beeboys/Shutterstock.com

Vocabulário

Acoitar: dar ou receber abrigo.
Agouro: predição a respeito do futuro.
Constipar(-se): apanhar um resfriado.
De per si: considerado isoladamente, em si mesmo, sem ligação com os outros.
Fúnebre: que evoca ideia de morte ou mortos.
Luto: vestir-se de negro pela morte de alguém; estar triste, pesaroso.
Mercê de: graças a, em virtude de.
Quizília: antipatia, inimizade.

> Menotti del Picchia, autor do texto acima, foi um escritor brasileiro, além de poeta, jornalista, político, romancista, contista, cronista e ensaísta. Sua obra de mais destaque foi o poema "Juca Mulato" (1917), considerado o precursor do Movimento Modernista da Semana de Arte Moderna de 1922.

1 No texto 1, que é do gênero crônica, o autor expõe e defende sua opinião a respeito do guarda-chuva. Podemos afirmar que o modo de estruturação desse texto é:

a) ☐ argumentativo – apresenta um ponto de vista e defende-o.

b) ☐ descritivo – descreve personagens, pessoas, lugares, objetos.

c) ☐ diálogo – mostra a conversa entre duas ou mais pessoas.

d) ☐ expositivo – apresenta ou expõe um assunto de forma organizada.

e) ☐ instrucional – ensina a fazer alguma coisa ou a usar um equipamento.

f) ☐ narrativo – conta fatos que ocorreram ou foram inventados.

2 Nos dois primeiros parágrafos, o autor parece gostar ou não de guarda-chuva? atividade oral

3 Em "Esse objeto fúnebre, negro, que parece um triste viúvo, sempre de luto e pingando lágrimas", as expressões "triste viúvo" e "pingando lágrimas" baseiam-se em duas figuras de linguagem. O que elas sugerem?

4 No segundo parágrafo, quais são as características negativas enumeradas contra o guarda-chuva?

5 Qual é a característica positiva do objeto apresentada no último parágrafo?

6 Releia este trecho do texto e classifique as orações indicadas a seguir.

> Sob o círculo de céu negro que ela rasga sobre nossa cabeça abrigamo-nos destes chuviscos gélidos de um inverno que se anuncia cruel, poupando-nos constipações e gripes.

a) [Sob o círculo de céu negro abrigamo-nos destes chuviscos gélidos de um inverno]

_____

b) [que ela rasga sobre nossa cabeça]

_____

c) [que se anuncia cruel,]

_____

d) [poupando-nos constipações e gripes.]

_____

7 Trata-se de um período:

a) ☐ simples (oração absoluta).

b) ☐ composto por coordenação.

c) ☐ composto por subordinação.

d) ☐ composto por coordenação e subordinação.

8 Reescreva os termos destacados nas frases abaixo da forma como eles ficariam se o emissor não tivesse usado **eufemismos** para atenuar o que dizia.

a) Meu avô que estava doente finalmente **descansou para sempre**.

_____

b) Minha prima **não foi feliz** nos exames.

_____

c) Não fale assim de seu irmão, isso **não é verdade!**

_____

d) Ela **não foi nada educada** ao falar com sua vizinha.

_____

Leia a tira a seguir.

Calvin & Hobbes, Bill Watterson
© 1995 Watterson/Dist. by Universal Press Syndicate

TEXTO 2

WATTERSON, Bill. *Calvin e Haroldo.*

9 O que Calvin estava fazendo na aula? `atividade oral`

10 Ele admite esse comportamento para a professora?

11 Em vez de dizer o que estava fazendo, o que ele diz?

12 A expressão dita por Calvin é usada em que área do conhecimento?

13 O que o menino pretendia ao dizer tal expressão?

14 A expressão usada por Calvin no último quadrinho é uma figura de linguagem, usada para suavizar o que ele estava fazendo. Que figura é essa?

15 Que outra figura de linguagem encontramos no terceiro quadrinho?

16 Para que essa figura foi empregada?

17 Explique por que a palavra **Calvin** é escrita com letras cada vez maiores, do primeiro ao terceiro quadrinho.

Leia a tira a seguir.

TEXTO 3

Alexandre Beck 2372/17
Alexandre Beck

BECK, Alexandre. *Armandinho.*

18 Armandinho e o pai conversam sobre ironia. Explique o exemplo dado no primeiro quadrinho: Há amigos e "amigos"... . `atividade oral`

19 Se não fosse usada a ironia, como poderia ficar esse exemplo do primeiro quadrinho?

20 Qual a dúvida de Armandinho, no último quadrinho?

21 Entre vários outros sentidos, a palavra **bode** pode significar "briga, encrenca". Em qual das frases a seguir temos uma ironia?

☐ O bode é um animal de chifres grandes e pelos no queixo que parecem uma barba comprida.

☐ Essa sua atitude não vai dar certo, pode dar "bode".

Leia o texto a seguir.

A situação da Amazônia é muito grave, por isso precisamos desmobilizar a bomba-relógio que causa o desmatamento e
a queimada, o contrabando, o tráfico de drogas e de animais,
o roubo do sonho de muitos brasileiros, das riquezas de nosso
5 solo, dos peixes dos rios, do ouro e da madeira. Em cinco séculos de civilização, dizimaram-se mais de noventa por cento dos
índios e vinte por cento da Floresta Amazônica.

A ignorância, a indiferença, o não querer saber e não
querer conhecer são os maiores aliados da pilhagem da flo-
10 resta. A destruição é tão frequente que não mais impressiona. Se a situação continuar assim, o que será
da floresta daqui a 30 ou 40 anos? Talvez um deserto. Será que continuaremos a ignorar o que está
ocorrendo? A insistência na pecuária bovina extensiva, que já destruiu a Mata Atlântica, a Caatinga
e o Cerrado, pode agora contribuir para a destruição da floresta.

Incêndio na Floresta Amazônica.

A Amazônia é uma região essencialmente jovem. Mais de dois terços da população tem menos de
15 25 anos. O futuro da região necessita de carinho, cuidado e dedicação. É preciso valorizar os jovens,
estimular sua autoestima. Por que não incentivar o ecoturismo, a energia a partir do babaçu, o couro ve-
getal, as calorias do açaí, a castanha da Amazônia, a farmácia da floresta, os peixes da aquicultura, a
extração da madeira com manejo florestal sustentável etc. Somos todos cidadãos do planeta Terra e temos
responsabilidade por sua preservação.

MEIRELLES FILHO, João. O livro de ouro da Amazônia. *Revista JB Ecológico*, Rio de Janeiro, p. 25, 11 mar. 2004. (Fragmento.)

22 Nessa carta, o autor apresenta e defende uma posição. Por isso, podemos dizer que
em seu texto foi usado que modo de estruturação?

23 Essa posição defendida pelo autor é sobre qual assunto?

24 O que ele defende?

25 O autor fala de dois principais fatores que contribuem para a destruição e roubo da floresta.
Quais são eles?

26 Em que parágrafo podemos ler sobre isso?

27 Qual é a relação entre a pecuária bovina extensiva e as florestas?

28 O autor diz que "A Amazônia é uma região essencialmente jovem". Por que ele se refere à juventude
da Amazônia?

29 Cite algumas das soluções que o autor sugere.

30 Qual é o argumento final usado para conclamar a todos a cuidar da Amazônia?

31 Entre as estratégias argumentativas usadas pelo autor, podemos citar:

a) ☐ afirmações radicais, de efeito;

b) ☐ comparação de épocas ou lugares;

c) ☐ estabelecimento de conversa com o interlocutor;

d) ☐ exagero em certos aspectos do texto (para destacar e dar ênfase);

e) ☐ recuo no tempo por meio da narração de um fato;

f) ☐ uso de perguntas para despertar a atenção do leitor (perguntas retóricas).

32 Em um texto argumentativo é preciso organizar as ideias. Para isso, os períodos precisam manter entre si coerência semântica e coesão sintática, e as conjunções são bastante importantes. Leia os períodos a seguir e faça o que se pede.

- Separe as orações com colchetes e classifique-as.
- Sublinhe os verbos.
- Circule as conjunções ou locuções conjuntivas.
- Classifique os períodos.

a) A situação da Amazônia é muito grave, por isso precisamos desmobilizar a bomba-relógio que causa o desmatamento e a queimada.

_____

_____

b) É preciso valorizar os jovens, estimular sua autoestima.

_____

_____

c) Somos todos cidadãos do planeta Terra e temos responsabilidade por sua preservação.

_____

_____

33 Nas frases a seguir, apresentamos outras figuras de sintaxe. Indique as conjunções, se houver, e diga se ocorre **polissíndeto** ou **assíndeto**.

a) Na semana da prova, estudava a matéria, fazia o dever, copiava a lição, estudava outra vez.

_____

b) Não adianta pedir, nem chorar, nem implorar, você está de castigo.

_____

c) O ônibus já vinha na esquina, chegou, freou, abriu as portas, entramos.

_____

d) Preocupados com a hora da festa, todos ajudavam, e varriam, e decoravam, e preparavam quitutes, e iam se animando.

_____

e) Veio, conheceu o neto, ajudou a filha uns tempos, embarcou e voltou para casa.

_____

34 Nas frases da atividade anterior, foi usada outra figura de linguagem relacionada ao som. Observe bem o sentido dos trechos e diga que figura foi essa.

_____

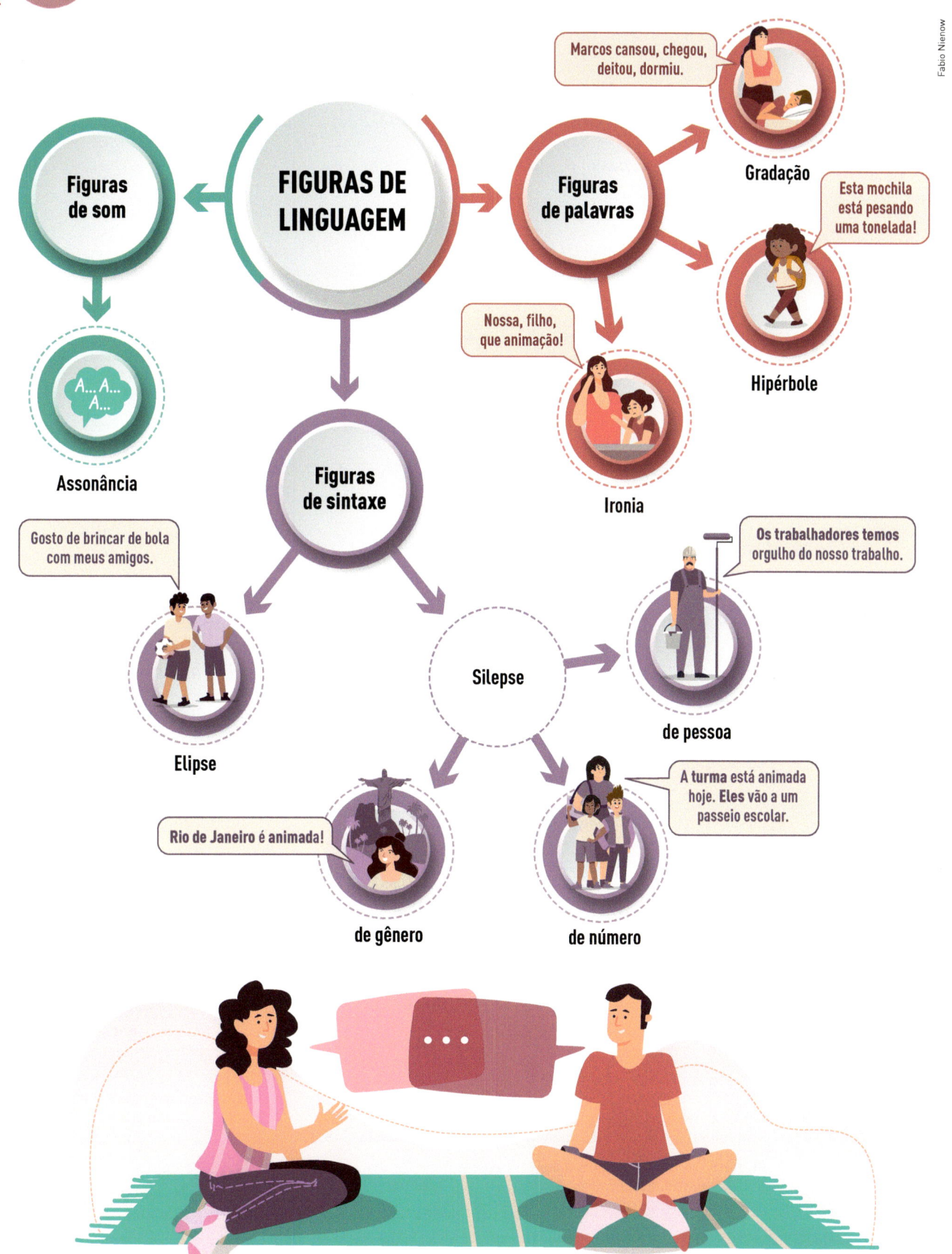

Fabio Nienow

FIGURAS DE LINGUAGEM

Figuras de som

Figuras de palavras

Figuras de sintaxe

Figuras de palavras

Marcos cansou, chegou, deitou, dormiu.
Gradação

Esta mochila está pesando uma tonelada!
Hipérbole

Nossa, filho, que animação!
Ironia

Figuras de som

A... A... A...
Assonância

Figuras de sintaxe

Gosto de brincar de bola com meus amigos.
Elipse

Silepse

Os trabalhadores temos orgulho do nosso trabalho.
de pessoa

Rio de Janeiro é animada!
de gênero

A turma está animada hoje. Eles vão a um passeio escolar.
de número

Listas para consulta

Unidade 3

Pronomes relativos	
Variáveis	**Invariáveis**
o qual, a qual, os quais, as quais	que
cujo, cuja, cujos, cujas	quem
quanto, quanta, quantos, quantas	onde

Função do pronome relativo	Período completo	Oração adjetiva
Sujeito	Pelé, [**que** foi chamado de "o atleta do século"], ajuda as crianças.	[**que** (Pelé) foi chamado de "o atleta do século"] sujeito predicado
Objeto direto	A blusa [**que** ela comprou] é parecida com esta.	[ela comprou **que** (a blusa)] verbo OD
Objeto indireto	A quantia [de **que** preciso] só ele pode me emprestar.	[preciso de **que** (da quantia)] verbo OI
Adjunto adverbial	A rua [**onde** ela mora] é muito movimentada.	[ela mora **onde** (na rua)] verbo adj. adv.
Adjunto adnominal	Esta é a pessoa [**cujas** filhas você conheceu na praça].	você conheceu na praça as filhas **cujas** (da pessoa) subst. adj. adn.
Complemento nominal	Empenhou-se na competição com toda a energia [de **que** era capaz].	era capaz de **que** (da energia) subst. CN
Predicativo do sujeito	Não reconheço mais Maria na moça responsável [**que** ela é hoje].	Ela é **que** (moça responsável) Hoje predicativo do sujeito
Agente da passiva	Adoro a minha avó, [por **quem** sou correspondido com igual amor]!	Sou correspondido por **quem** (minha avó) agente da passiva

Unidade 4

Orações subordinadas adverbiais			
	Principais conjunções	**Circunstâncias que expressam**	**Exemplos**
causais	porque, pois que, visto que, já que, como, que	causa, motivo, razão	Ela sabia **porque** tinha estudado.
comparativas	como, assim como, que, quanto (as duas últimas precedidas de: mais, menos, tanto, na oração principal), que nem (em textos informais)	comparação	Ele se preparou para a corrida, **como** você.
concessivas	embora, ainda que, se bem que, mesmo,mesmo que, mesmo assim, apesar de, por mais que	concessão	**Mesmo que** chova, venha estudar aqui amanhã.
condicionais	se, caso, contanto que, desde que	condição	**Se** ela chorar, dê a mamadeira.

Orações subordinadas adverbiais		
	Principais conjunções	Circunstâncias que expressam	Exemplos
conformativas	conforme, segundo, como, consoante	Conformidade	**Conforme** combinamos, fiz quindim.
consecutivas	(tão, tal, tanto...) que	consequência, resultado	Riu **tanto que** chegou a chorar.
finais	para que, a fim de que, que	finalidade	Acordei cedo **para que** pudesse preparar tudo.
proporcionais	à medida que, à proporção que, ao passo que	proporção, simultaneidade em relação à principal	**À medida que** os anos passam, Luzia fica mais esperta
temporais	quando, enquanto, logo que, desde que, até que, sempre que, mal	tempo, momento	**Quando** você dormiu, ela chegou.

Unidade 5

Use a vírgula para separar	Exemplos
o vocativo	Vem, Lu, tomar seu café!
o aposto	Emília, a diretora, saiu ainda agora.
adjuntos adverbiais deslocados	À noite, o céu fica todo estrelado.
a interjeição	Puxa, que bagunça!
palavras da mesma classe	Caderno, canetas, livros, acho que não esqueci de nada.
conjunções coordenativas intercaladas (deslocadas)	O discurso, porém, continuava.
o nome do lugar, nas datas	Belém, 15 de maio de 2015.
expressões explicativas ou retificativas	Leia a primeira página do romance, ou melhor, o primeiro capítulo e você vai adorar. Gosto de sorvetes de fruta, por exemplo, de uva.
os dois termos que ficam quando for omitido, propositalmente, o verbo ou outro termo de uma oração	Lia tem dois irmãos; José, nenhum.
orações ou termos coordenados assindéticos	Chegou, deitou, dormiu. Levem lanterna, repelente e boné na viagem.
orações subordinadas adjetivas explicativas	Janeiro, que é mês de férias, é meu preferido.

Não use a vírgula para separar	Exemplos
o sujeito do predicado	Mamãe telefonou. Rogéria entrou.
o verbo de seus complementos (OD, OI e agente da passiva)	Lícia gosta de cozinhar. Joel comprou uma bicicleta. Ela foi avisada pela amiga. Vera gosta de salada. Carlos comprou um CD irado. Ele foi avisado pelo irmão.

Não use a vírgula para separar	Exemplos
as orações subordinadas substantivas	Convém **que ele chegue logo**. or. subord. subst. subjetiva Queria **que ele chegasse logo**. or. subord. subst. objetiva direta Gosto de **que a turma me escute**. or. subord. subst. objetiva indireta
as orações subordinadas adjetivas restritivas	Farei o prato **que você pediu**. Experimentarei tudo **que ele cozinhou**.
as coordenadas, ligadas por **e**, que tenham o mesmo sujeito	O esporte **diverte e educa**. O bebê **acordou e chorou**.

Unidade 6

Prefixo	Sentido	Exemplos
ana-	inversão, mudança, repetição	**ana**logia, **aná**lise
eu-	excelência, perfeição, bondade	**eu**femismo, **eu**foria
meta-	mudança, sucessão	**meta**morfose, **metá**fora
dia-	movimento através de, afastamento	**diá**logo, **dia**gonal, **dia**fragma
hipo-	posição inferior, escassez	**hipo**crisia, **hipó**tese
para-	proximidade, semelhança, intensidade	**para**lelo, **para**sita, **para**doxo
tele-	distância, afastamento	**tele**visão, **tele**patia, **telé**grafo
ambi-	duplicidade	**ambi**destro, **ambi**guidade
pro-	movimento para frente	**pro**gresso, **pro**mover, **pro**sseguir, **pro**jeção
retro-	movimento para trás	**retro**spectiva, **retro**cesso, **retró**grado
epi-	posição superior, movimento para	**epi**derme, **epi**demia
cata-	movimento de cima para baixo	**catá**logo, **cata**rata
apo-	afastamento, separação	**apo**teose, **apó**stolo, **apo**calipse

Sufixos nominais que formam substantivos a partir de outros substantivos	
Sufixo	**Exemplos**
-ada	papelada, colherada
-ado	condado, doutorado
-ato	baronato, sulfato
-agem	folhagem, aprendizagem
-alha	fornalha, gentalha

Sufixos nominais que formam substantivos a partir de outros substantivos	
Sufixo	Exemplos
-aria	padaria, gritaria
-edo	arvoredo, passaredo
-ia	delegacia, advocacia
-ugem	penugem, ferrugem
-ume	cardume, negrume

Sufixos nominais que formam substantivos a partir de adjetivos	
Sufixo	Exemplos
-(i)dade	crueldade, realidade
-(i)dão	solidão, gratidão
-ez	sensatez, honradez
-eza	beleza, certeza
-ia	alegria, monotonia
-ice	velhice, burrice
-ície	imundície, calvície
-or	amargor, alvor
-(i)tude	altitude, plenitude
-ura	fofura, doçura

Sufixos nominais que formam substantivos a partir de substantivos e de adjetivos		
Sufixo	Sentido	Exemplos
-ismo	doutrina ou sistema artístico	impressionismo
	doutrina ou sistema filosófico	marxismo
	doutrina ou sistema político	fascismo
	doutrina ou sistema religioso	budismo
	termo científico	reumatismo
	modo de proceder ou de pensar	heroísmo

Sufixos nominais que formam substantivos e adjetivos a partir de outros substantivos e de adjetivos		
Sufixo	**Sentido**	**Exemplos**
-ista	ocupação, ofício	alpinista, desenhista
	nome pátrio e gentílico	paulista, sulista
	partidário de doutrina ou sistema artístico	impressionista
	partidário de doutrina ou sistema filosófico	marxista
	partidário de doutrina ou sistema político	fascista
	partidário de doutrina ou sistema religioso	budista

Sufixos nominais que formam substantivos a partir de verbos	
Sufixo	**Exemplos**
-ança	lembrança
-ância	sindicância
-ença	diferença
-ência	concorrência
-ante	navegante
-ente	concorrente
-inte	ouvinte
-(d)or	remador
-(t)or	inspetor
-(s)or	agressor
-ção	votação
-são	agressão
-mento	ferimento, instrumento, equipamento

Sufixos nominais que formam adjetivos a partir de substantivos	
Sufixo	**Exemplos**
-aco	maníaco
-ado	azulado

Sufixos nominais que formam adjetivos a partir de substantivos	
Sufixo	**Exemplos**
-al	semanal
-ar	escolar
-ão	alemão
-ário	diário
-eiro	goleiro
-esco	burlesco
-il	febril
-oso	dengoso
-(t)ico	simpático
-udo	ossudo

Sufixos nominais que formam adjetivos a partir de verbos	
Sufixo	**Exemplos**
-ante	semelhante
-ente	insistente
-inte	seguinte
-(á)vel	descartável
-(í)vel	previsível
-io	tardio
-(t)ivo	negativo
-(d)iço	encontradiço
-(d)ouro	duradouro
-(t)ório	preparatório

Alguns sufixos aumentativos	
Sufixo	**Exemplos**
-(z)arrão	homenzarrão
-aça	barcaça

Alguns sufixos aumentativos	
Sufixo	**Exemplos**
-aço	ricaço
-alhão	grandalhão
-alhaz	facalhaz
-anzil	corpanzil
-ão	dedão
-aréu	fogaréu
-arra	bocarra
-arraz	pratarraz
-astro	poetastro
-az	lobaz
-ázio	copázio
-eirão	moleirão
-orra	cabeçorra
-uça	dentuça

Alguns sufixos diminutivos	
Sufixo	**Exemplos**
-acho / -a	riacho, bolacha
-ebre	casebre
-eco / -a	amoreco, soneca
-ejo	lugarejo
-ela	ruela
-elho	corpelho
-ete	lembrete
-eto / -a	cloreto, maleta
-icho / -a	rabicho, barbicha
-ico / -a	burrico, atlética
-ilho / -a	pecadilho, mantilha

Alguns sufixos diminutivos	
Sufixo	**Exemplos**
-im	fortim
-inho / -a	dedinho, capinha
-ino	pequenino
-isco	chuvisco
-ito	rapazito
-ola	bandeirola
-ote	velhote
-ucho	papelucho
-usco	chamusco
-zinho / -a	bauzinho, ruazinha
-zito / -a	cãozito, florzita

Diminutivos eruditos	
corpo	corpúsculo
febre	febrícula
globo	glóbulo
gota	gotícula
grão	grânulo
homem	homúnculo
modo	módulo
monte	montículo
nó	nódulo
obra	opúsculo
parte	partícula
pele	película
questão	questiúncula
raiz	radícula
rei	régulo
verso	versículo

Unidade 7

Alguns radicais de origem grega		
Radical	Sentido	Exemplos
agogo	o que conduz	demagogo, pedagogo
agro	campo	agronomia, agropecuária
algia	dor, sofrimento	nevralgia, cefalalgia
antropo	ser humano	antropófago, antropologia
arca	que comanda	monarca, patriarca
arqueo	antigo, velho	arqueologia, arqueografia
arquia	governo, comando	monarquia, autarquia
astro	corpo celeste	astronave, astronauta
biblio	livro, biblioteca	bibliografia
bio	vida	biologia, biografia
caco	feio, mau cacofonia	cacografia
cali	belo	caligrafia, califasia
cardio	coração	cardiologia, cardiograma
cefalo	cabeça	acefalia, cefaleia
cito	célula	citologia, citoplasma
cosmo	mundo, universo	cosmovisão, cosmopolita
cracia	poder, autoridade	gerontocracia, tecnocracia
cromo	cor cromogravura,	cromatismo
crono	tempo	cronômetro, cronologia
datilo	dedo	datilografia, datiloscopia
deca	dez	decâmetro, decalitro
demo	povo	democracia, demagogo
di	dois	dissílabo, dipétalo
dromo	lugar para correr	autódromo, hipódromo
eco	casa, habitat	ecologia, ecossistema
enea	nove	eneágono, eneassílabo
etno	raça, povo	etnografia, etnologia

Alguns radicais de origem grega		
Radical	**Sentido**	**Exemplos**
fago	que come	antropófago, necrófago
filia	amizade	bibliofilia, lusofilia
fobia	aversão	claustrofobia, fotofobia
gastro	estômago	gastronomia, gástrico
geo	terra	geografia, geologia
gono	ângulo	polígono, pentágono
grafia	escrita	ortografia, caligrafia
hemo	sangue	hemorragia, hemograma
hidro	água	hidrografia, hidroginástica
hipno	sono	hipnofobia, hipnotismo
hipo	Cavalo	hipódromo, hipopótamo
homo	semelhante, igual	homônimo, homógrafo
iso	Igual	isócrono, isósceles
lito	pedra	litografia, litogravura
logia	estudo, tratado	arqueologia, astrologia
macro	grande	macrocosmo, macrocéfalo
mancia	adivinhação	quiromancia, cartomancia
mega, megalo	grande	megalomaníaco, megalópole
metro	que mede, medição	barômetro, termômetro
micro	pequeno	microcosmo, micróbio
mono	único, sozinho	monarquia, monobloco
morfo	forma	amorfo, morfologia
necro	morto	necrotério, necrologia
neo	novo, moderno	neologismo, neolatino
neuro	nervo	neurite, nevralgia
odonto	dente	odontologia, odontalgia
oftalmo	olho	oftalmologista, oftalmoscópio
orto	reto, correto	ortodoxo, ortografia

Alguns radicais de origem grega		
Radical	**Sentido**	**Exemplos**
pole, polis	cidade, metrópole	Florianópolis
poli	muito	poligamia, policlínica
pseudo	falso	pseudônimo, pseudointelectual
psico	alma, espírito	psicologia, psiquiatria
quilo	mil	quilograma, quilômetro
rino	nariz	rinite, rinoceronte
teca	coleção	filmoteca, discoteca
tele	ao longe, distância	telefone, telescópio
teo	Deus, divindade	teocentrismo, teocracia
termo	calor, temperatura	termômetro, termostato
topo	lugar, localidade	topografia, topônimo
xeno	estrangeiro	xenofobia, xenofonia
xilo	madeira	xilogravura, xilófago
zoo	animal	zoologia, zoógrafo

Alguns radicais de origem latina		
Radical	**Sentido**	**Exemplos**
agri	campo	agricultura, agrícola
ambi	ambos	ambivalência, ambidestro
arbori	árvore	arborícola, arborizar
beli	guerra	bélico, beligerante
bi, bis	repetição, duas vezes	bisavô, bilíngue
calori	calor	caloria, calorífero
cida	que mata	inseticida, regicida
cola	que cultiva	vinícola, citrícola
deci	décimo	decímetro, decigrama
equi	igual	equivalência, equidistante
fero	que contém	aurífero, carbonífero
fide	fé	fidelidade, fidedigno

Alguns radicais de origem latina		
Radical	**Sentido**	**Exemplos**
forme	forma	uniforme, disforme
frater	irmão	fraterno, fratricida
herbi	erva	herbívoro, herbicida
igni	fogo	ignição, ígneo
multi	numeroso	multilateral, multiangular
ocul(i)	olho	oculista, oculiforme
oni	tudo, todo	onipresente, onisciente
ped(i)	pé	pede pedestre, pedicuro
petr(i)	pedra	petrificar, petróleo
pisci	peixe	piscicultura, pisciano
pluvio	chuva	pluviômetro, pluviosidade
retro	movimento para trás	retroceder, retroativo
toxico	veneno	toxicomania, toxina
vitri	vidro	vitrina, vitrificar
voro	que devora	carnívoro, herbívoro

Alguns prefixos de origem grega		
Radical	**Sentido**	**Exemplos**
an-, a-	negação, ausência de	anarquia, ateu
anfi-	dualidade	anfíbio, anfiteatro
anti-	oposição, ação contrária	antiaéreo, anti-inflamatório
arqui- (arce-)	superioridade	arquiduque, arcanjo
cata-	movimento de cima para baixo	catadupa, catarata
dia-	movimento através	diagonal, diâmetro
e-, en-	posição interna	encéfalo, elipse
epi-	posição superior	epiderme
hemi-	metade	hemisfério, hemiciclo
hiper-	excesso	hipertensão, hiperatividade
hipo-	escassez, posição inferior	hipotensão, hipodérmico

Alguns prefixos de origem grega		
Radical	**Sentido**	**Exemplos**
meta-	transformação	metamorfose, metátese
para-	ao lado de	parágrafo, paralelo
peri-	em torno de	periferia, perímetro
pro-	anterior	prólogo, prognóstico
sin- (sim-, si-)	simultaneidade, companhia	sinfonia, simpatia

Alguns prefixos de origem latina		
Radical	**Sentido**	**Exemplos**
ab-, abs-, a-	afastamento, separação	abdicar, abster
ante	anterioridade	antepor, antebraço
circum-	movimento em torno	circunferência, circum-navegação
contra-	oposição, contradizer	contra-ataque
de-	movimento de cima para baixo	decair, decrescer
des-	separação, ação contrária	desmontar, desfazer
ex-, es-, e-	movimento para fora	exportar, escorrer, emigrar
in-, im-, i-	negação	infeliz, imberbe, ilegal
in-, im-, i-,	em- movimento para dentro	ingerir, importar, imigrar, embarcar
intra-	posição interior	intravenoso
re-	movimento para trás, repetição	recomeçar, refazer
sob-, so-, sub-	inferioridade	sobpor, soterrar
super-, supra-, sobre-	posição acima, excesso	superior, sobreloja, super-homem

Palavra primitiva	Palavra derivada
abalar	o abalo
afagar	o afago
alcançar	o alcance
apelar	o apelo
atacar	o ataque
caçar	o/a caça

Palavra primitiva	Palavra derivada
censurar	a censura
chorar	o choro
cortar	o corte
comprar	a compra
descansar	o descanso
enlaçar	o enlace
errar	o erro
perder	a perda
pescar	a pesca
resgatar	o resgate
recuar	o recuo
sustentar	o sustento
tocar	o toque
vender	a venda

Unidade 8

Figuras de linguagem		
	comparação	Ela é cheirosa como uma flor.
	metáfora	Ela é uma flor.
de palavras	metonímia	Beber um copo de suco.
	personificação	O sol atravessou a rua.
	antítese	Fez-se do amigo próximo o distante.
	polissíndeto	**Se** chover, **se** esfriar, **se** escurecer, não vou.
	assíndeto	Pediu, chorou, implorou!
de sintaxe	silepse ou concordância ideológica	Todos os alunos aplaudimos a premiação do colega.
	pleonasmo	Subir para cima.
	aliteração	Quem com ferro fere com ferro será ferido.
	gradação	É bom, é ótimo, é maravilhoso.
	eufemismo	Isso não é verdade! (é mentira)
fônicas	hipérbole	Já pedi mil vezes pra fechar a porta!
	ironia	Esta é uma ótima surpresa... (quando a surpresa é desagradável)
	onomatopeia	Tique-taque.

Relação de textos usados